근대유럽의 설계자

생시몽·생시몽주의자

육영수
중앙대학교 역사학과 교수. 한양대학교 영문학과와 미국 콜로라도대학교University of Colorado at Colorado Springs 역사학과를 졸업하고, 워싱턴대학교University of Washington(시애틀)에서 근현대 서양지성사 전공(지도교수: John E. Toews)으로 석사·박사학위를 취득했다. 팔레James Palais 교수에게 한국근대사를 부전공으로 배웠다. 역사이론과 방법론, 여성사와 과학기술사 등에도 관심을 갖고 공부했다.
지난 10여 년 동안 '탈-식민post-colonial'과 '트랜스내셔널transnational'을 키워드 삼아 '우리 근대Our Modernity'의 뿌리와 갈래 및 그 역사적 특징을 탐구하는 데 집중하고 있다. 한국학중앙연구원 파견교수로 네덜란드 레이던대학교와 벨기에 루뱅가톨릭대학교에서 한국사를 영어로 강의했다. 미국 코넬대학교, 독일 베를린자유대학교, 일본 국제일본문화연구센터 등에서 방문학자로 연구했다. 한국출판학술대상을 수상했고, 한국서양사학회 회장을 역임했다.
저서로『지식의 세계사: 베이컨에서 푸코까지, 지식권력은 어떻게 세계를 지배해왔는가』,『혁명의 배반, 저항의 기억: 프랑스혁명의 문화사』,『책과 독서의 문화사: 활자인간의 탄생과 근대의 재발견』 등을 출간했다. 공저로는『포스트모더니즘과 역사학』,『트랜스내셔널 역사학 탐구』,『기억은 역사를 어떻게 재현하는가』 등이 있다. 가장 최근에는「서양선교사가 주도한 근대한국학의 발명과 국제화, 1870년대~1890년대」,「미국-영국 선교사와 외교관이 주도한 근대한국학 전문화와 시스템 만들기, 1900~1940년」 등의 논문을 발표했다.

근대유럽의 설계자: 생시몽·생시몽주의자

초판 발행일 2022년 3월 1일

지은이 육영수
펴낸이 유현조
책임편집 강주한
디자인 연못
인쇄·제본 영신사
종이 한서지업사
펴낸곳 소나무
등록 1987년 12월 12일 제2013-000063호
주소 경기도 고양시 덕양구 대덕로 86번길 85(현천동 121-6)
전화 02-375-5784
팩스 02-375-5789
전자우편 sonamoopub@empas.com
전자집 post.naver.com/sonamoopub1

ISBN 978-89-7139-631-5 93920

근대유럽의 설계자

생시몽·생시몽주의자

Architects of Modern European System: Saint-Simonism in the Re-Making, 1800~1870

육영수 지음

소나무

생시몽이 그의 마지막 저서 『새로운 기독교』에서 비로소 직접적으로 노동자계급의 대변인으로 등장하여, 노동자계급의 해방을 자기 노력의 최종목표라고 선언했다는 점을 결코 잊어서는 안 될 것이다.

칼 마르크스

나는 1830년 생시몽 학파의 영도자인 바자르와 앙팡탱을 소개받았다. 자유주의가 흔히 내세우는 주장에 대한 그들의 비판 속에는 중요한 진리가 가득 들어 있는 것같이 생각되었다. 생시몽 학파가 세상에 발표한 계획, 즉 노동과 자본이 사회 전체의 이익을 위해서 관리되어 모든 개인이 사상가로, 교사로, 예술가로 또는 생산자로 노동의 일부분을 분담하지만 누구나 그 능력에 따라 적당한 일을 맡고 또 자기가 일한 만큼 보수를 받는 사회로 개조하려는 계획은 오웬의 사회주의보다 훨씬 우수한 사회주의로 생각되었다.

존 스튜어트 밀

책을 엮으며

30대 후반에 쓴 박사학위 논문주제를 세월이 흘러서 다시 마주하는 기분은 이상하고도 복잡하다. 학문세계에 입문하려던 '처음으로 돌아가서' 초보학자였던 나를 만나고, 직업으로서의 학문을 수행하면서 내가 선택한 '가지 않은 길'을 회고해 보는 쓸쓸하고도 고마운 시간이었다. 거창하게 말하자면, 나의 청년시절 지적 편력에 묻어 있는 '세계사적인' 의미를 곱씹어 보는 힘들고도 즐거운 글 노동이었다. 생시몽 사망 200주년(2025년)을 앞두고 우리 학계에 처음으로 생시몽주의 연구서를 선보이게 되어서 다행이라는 나의 개인적인 감상에 동의하는 사람들이 많기를 바랄 뿐이다.

나는 과거탐구와 역사쓰기를 너의 세대와 나의 세대가 서로 왕래하면서 '기억의 공동체'를 함께 만들고 공유하려는 것이라고 생각한다. 박사학위 주제를 대대적으로 새롭게 쓰고 수정·보완하여 저서로 출간하는 것은 생시몽주의 사상에 관심을 가져야 할 이 땅의 새로운 독자를 마음에 두었기 때문이다. 최근에 다시 불붙은 남녀평등, 인종차별, 공정사회, 다문화사회, 능력만능주의, 제국의 부활과 탈식민주의 같은 뜨거운 논쟁에 대한 역사적 성찰을 얻기 위해 먼지 쌓인 생시몽주의를 재발견하여 읽어야 할 시간이 돌아왔다.

이 책이 권위주의 국가에서 성장하며 저항했던 70~80세대(386/586세대)와 '민주화된 선진국'에서 태어나 이유 있는 분노에 휩싸인 신세대(MZ세대)가 서로 이해·소통하는 작은 창문이 되기를 저자로서 기대한다. 자유주의와 사회주의라는 양극단 속에서 19세기 프랑스를 살아갔던 생시몽과 생시몽주의자들의 실험과 한계는 지금 여기에서도 아직 끝나지 않은 모험담이며 '지나간 미래'이기 때문이다.

부끄러운 이 책을 온갖 나쁜 권력과 싸우며 우리가 넘어지지 않도록 온몸과 마음으로 받치고 있는 여러분께 바친다. 자신의 순수한 열정과 정의로운 희생을 훈장 삼아 경력이나 생계수단으로 교환하지 않고 자기 자리를 말없이 지키는 사람께 고개를 숙인다. '제 자리를 알고 떨어진 꽃잎'처럼 살고 사랑하다가 역사의 올바른 길을 밝히는 별이 된 그대의 이름을 찾아 부르며 가없는 존경심과 감사인사를 보낸다.

차례

머리말*

1

지난 2세기 동안 생시몽과 생시몽주의에 대한 학문적인 관심은 철학, 정치학, 사회학, 역사학, 경제학, 행정학, 문화연구 등 다양한 분야에 걸쳐 전개되었다. 사회신학, 실증주의, 초기사회주의, 유럽연방주의, 산업주의, 테크노크라시, 세계박람회 등 생시몽과 그의 후예들이 남긴 풍부한 지적 유산은 19세기 프랑스라는 시간적·공간적 경계를 넘어서 서양현대 지성사에 중요한 발자취를 남겼다.

1980년대 후반 베를린장벽의 붕괴를 신호탄 삼아 도미노처럼 이어진 현실사회주의 국가의 붕괴는 오랫동안 '유토피아적 사상'이라는 불명예스런 꼬리표를 떼지 못한 생시몽주의에 대한 재평가를 요구했다. 그 연장선상에서 오랫동안 주로 정치·사회·경제적 영역에 제한되던 생시몽주의에 대한 탐구가 참여문학, 여성문제, 인종주의 등과 같은 문화적 주제로 그 지평이 확장되었다. 생시몽주의에 대한 일종의 '문화적 전환'이 지난 30년 동안 활발하게 진행된 것이다.

서양학계의 생시몽주의에 대한 새롭고도 지속적인 (재)해석과는 대조적으로 국내의 연구는 상대적으로 빈약한 수준에 머물고 있다. 생시몽이 남긴 많은 글 가운데 극히 소수만 국내에 번역 소개되었다.[1] 생시몽에 대

* 최신 자료를 공유해주고 전체 초고를 꼼꼼히 읽고 수정 의견을 전해준 양재혁 선생에게 특별

한 본격적인 연구논문은 1980년대에 선보였는데 이를 바탕으로 한 최갑수의 박사학위논문("생시몽의 사회사상," 서울대, 1991)이 초석을 놓았다.[2] 육영수는 그의 박사학위 논문(Young Soo YOOK, "Transformations and Continuities: Émile Barrault and Saint-Simonianism, 1828~1865," Ph. D. dissertation. University of Washington, 1995) 일부를 수정 보완하여 생시몽주의자들의 행적과 사상적 특징에 관한 일련의 논문을 1990년대 후반에 발표했다.[3] 최근에는 프랑스에서 생시몽주의 오리엔탈리즘으로 박사학위("L'Orient de Saint-Simon et Saint-Simoniens: Une étude du discours, 1825~1840," Université Paris VIII, 2012)를 취득한 양재혁이 생시몽주의자들의 '동양 담론'을 추적 비평한 글을 지난 10년 사이에 활발히 발표했다.[4] 국내

한 감사를 드린다. 프랑스 고유명사 표기와 수정본 전체 교정을 도와준 문지영 선생과 옛 원고 복원작업을 맡아준 고반석과 김만중에게도 고마운 빚을 졌다. 따로 밝히지 않은 이 책의 모든 1차·2차 사료 번역은 나의 것이다. 이 저서에 포함되었을 수도 있는 사실적인 오류와 해석상의 편견도 순전히 나의 것이다.

1) 로버트 오웬, 쌩 시몽, 사르르 푸리에, 이문창 옮김, 『사회에 관한 새 견해, 산업자의 정치적 교리문답, 산업적 협동사회적 새 세계』(형설출판사, 1983); 생시몽, 박선주 옮김, 『생시몽 새로운 그리스도교』(좁쌀한알, 2018).

2) 최갑수, 「생시몽의 계급이론」, 『서양사연구』 2(1980); 「생시몽주의와 전체주의: 생시몽주의자들의 정치사상을 전체주의로 파악하려는 시도에 관한 일고찰」, 『서양사연구』 5(1983); 「문화혁명으로서의 '신기독교론': 생시몽의 사회주의에 대한 하나의 접근」, 『서양사연구』 11(1990).

3) 육영수, 「생시몽주의의 "총체성"과 현실참여, 1828년~32년」, 『서양사론』 47(1995. 12); 「생시몽주의의 페미니즘—3가지 모델」, 『역사학보』 150(1996. 6); 「생시몽주의자들과 1848년 혁명: 두 갈래 길」, 『역사학보』 161(1999. 3); 「생시몽주의자들의 동양관 연구. 1825~1850—에밀 바로를 중심으로」, 『프랑스사연구』 창간호(1999. 6); 「생시몽주의자들의 사회미학, 1802~1830: 이론」, 『서양사학연구』 7(2002. 12).

4) 양재혁, 「생시몽(Saint-Simon) 그리고 동양—"정신 진보"의 거대서사와 동양의 부재」, 『사림』 45(2013. 6); 「생시몽주의 운동 담론에서의 동양의 여성성(1825~1832년)」, 『프랑스사연구』 30(2014. 2); 「앙팡탱주의(Enfantinisme)의 보편적 연합 담론에 관한 연구—동,서양

학계, 미국학계, 프랑스학계에서 각각 학문적 훈련을 받은 위 세 사람이 서로 앞서고 뒤따르며 생시몽·생시몽주의에 대한 연구의 불씨를 이어갔던 것이다.

유감스럽게도, 생시몽·생시몽주의에 관한 종합적인 연구서가 아직까지 국내학계에 한 권도 출판되지 않았다. 단독저서 혹은 모노그래피의 부재는 역사학계와 사회과학의 많은 연구자들이 생시몽주의를 상식적인 차원에서 이해(오해)하는 데 그치는 경향을 부채질했다(고 나는 생각한다). 생시몽은 그저 로버트 오웬, 샤를 푸리에와 함께 유토피아 사회주의 3인방 가운데 한 사람이거나 실증주의 주창자였던 오귀스트 콩트의 괴팍한 스승에 불과하다는 편견이 여전히 지배적이다. 국내학계의 공백을 조금이라도 메워 생시몽주의를 '유토피아주의의 망령'과 '실증주의적 결정론'에서 구출하여 재발견하려는 것이 이 저서의 기본적이며 궁극적인 목표이다.

이런 의도로 본 저서는 다음 두 측면에 방점을 찍는다.

첫째, 생시몽주의를 '원조 생시몽'과 '학파 창시자 앙팡탱'의 전매특허가 아니라 다양한 사회적 배경과 시대적 사명감으로 생시몽주의 학파에 합류한 여러 멤버들의 공동 지식소유권으로 재평가한다. 독자가 이 책에서 올랭드 로드리그, 필리프 뷔셰, 에밀 바로, 미셸 슈발리에, 쉬잔 부알캥, 이스마일 위르뱅 등의 다양한 목소리를 통해 생시몽주의의 전체적인 윤곽

문명 화해 관념을 중심으로」, 『서양사론』 123(2014. 12); 「유럽 문명에 대한 앙리 생시몽(Henri Saint-Simon)의 역사 분석」, 『서양사론』 127(2015. 12); 「수잔 부알캥(Suzanne Voilquin)의 이집트 체류—숭고미와 오리엔탈리즘」, 『프랑스사연구』 33(2015. 8); 「제3공화국 이전 프랑스의 알제리 '연합' 식민 정책에 대한 소고—바르텔르미 앙팡탱(Barthélemy Enfantin)의 알제리 식민 이론을 중심으로」, 『서양사론』 131(2016. 3); 「이스마일 위르뱅(Ismaÿl Urbain)의 동양 관련 담론 연구」, 『서양사론』 144(2020. 3).

과 지향성을 엿볼 수 있도록 배려함이다.

둘째, 2000년 이후에 해외에서 축적된 최신 연구 성과를 반영하여 좀 더 업그레이드 된 생시몽주의를 독자에게 전달하고자 한다. 탈식민주의와 트랜스내셔널 역사학 등과 같은 최신 경향이 어떻게 전통적인 생시몽주의 해석과는 다른 '수정주의적 견해와 해석'을 낳았는지에 대한 균형 있고 종합적인 이해를 도와주려는 것이 저자의 욕심이다.

2

본 저서는 크게 두 파트로 구성된다. "생시몽주의 학파와 근대 프랑스 역사와 사회"라는 소제목을 붙인 제1부에서는 생시몽과 생시몽주의자들이 1789년 프랑스혁명 이후 제2제정에 이르는 격변기에 '새로운' 근대 프랑스 건설을 위해 어떻게 고심하고 활약했는지를 추적한다. '생시몽주의'로 총칭되는 지적 운동이 태동, 변천, 발전하는 과정을 역사적 맥락에 대입하여 입체적으로 이해하려는 것이 제1부의 목표이다.

제1장(생시몽의 생애와 사상)에서는 생시몽이 살았던 시대를 씨줄과 날줄로 삼아 직조한 주요 사상의 무늬와 색깔을 소개한다. 귀족 군인 출신인 그가 미국독립전쟁과 1789년 프랑스혁명을 경험한 뒤, 비판적인 지식인으로 변신하여 '인간과학'과 '산업주의' 같은 근대사상의 초석을 놓는 과정을 설명한다.

제2장(생시몽주의 학파의 형성과 전개, 1825년~1829년)과 제3장(생시몽주의의 대중화와 7월 왕정)에서는 1825년 생시몽 사망 이후 그의 친구들과 제자들을 중심으로 '생시몽주의 학파'가 결성되어, 1830년 7월 혁명 전후에 전성기를 누리다가, '여성문제'를 빌미 삼은 공권력의 개입으로 갑작

스럽게 해체되는 과정을 들여다본다. 7월 혁명을 전후해서 '민중(과 여성) 속으로' 들어간 생시몽주의가 7월 왕정 후반부에는 '왕의 사제'로 변신하는 이야기가 주요 내용이다.

제2장과 제3장 사이에는 [톺아 읽기 1]을 삽입하여 다섯 명 멤버의 사회경제적 배경과 개인적인 애증의 스토리에 반영되는 생시몽주의의 다양한 얼굴을 입체적으로 스케치하고자 한다.

제4장(생시몽주의 조직 해체 이후의 생시몽주의자들: 1848년 혁명과 제2공화국 그리고 제2제정)은 낭만적인 동방여행에서 귀국한 생시몽주의자들이 제2공화국과 제2제정기에 어떤 명분과 경로로 현실정치에 테크노크라트로 복귀하는지를 추적한다. 특히 1848년 혁명을 분수령으로 삼아 (옛) 생시몽주의자들이 체제순응적인 협력자와 체제비판적인 공화·사회주의자로 갈라서게 되는 배경과 원인에 초점을 맞춘다.

후반부인 제2부에서는 "생시몽주의 사회사상의 스펙트럼"이라는 소제목으로 생시몽주의를 구성·지탱하는 지적 갈래의 주요 내용을 해부하고 그 유기적인 연관성을 해설한다.

제5장(생시몽·생시몽주의자들과 사회주의)은 생시몽이 천착한 '사회문제'의 내용과 그 한계를 지적하고, 생시몽주의자들의 손에서 그것이 어떻게 확장·보완되는지를 분석한다. 그들이 주창한 '사회주의'의 독특한 지향성과 역사적 의의를 '포스트 베를린 장벽 붕괴'의 시점에서 재고해 보고자 한다.

제6장(생시몽주의 사회미학: 역사적 기원·특징·유산)에서는 생시몽, 올랭드 로드리그, 에밀 바로 등으로 이어지는 생시몽주의자들의 사회참여적인 미학이론을 살펴봄으로써 19세기 후반에 열매 맺는 예술적 '앙가주

망' 운동의 역사적 기원을 이해하고자 한다.

제7장(생시몽주의 페미니즘과 '육체의 복권')은 여성의 본질과 남녀관계에 대한 앙팡탱과 뷔셰의 철학적인 논쟁과 바로가 제기한 여성문제를 사회적 접근으로 곱씹어본다. 왜 생시몽주의자들이 서양 근대여성운동의 선구자로 기억되어야 하는지를 따져 묻고 대답하기 위함이다.

[톺아 읽기 2]는 남성 생시몽주의자들이 주도하는 페미니즘에 내포된 가부장적인 편견에 저항한 여성회원들을 다룬다. 이들은 따로 독립하여 최초의 여성전문저널인 『여성논단』을 창간하여 '홀로서기'를 시도한다. 그 의의와 그 역사적 유산에 대한 짧은 삽화를 덧붙인다.

제8장(생시몽주의자들의 '이집트 원정'과 오리엔탈리즘)과 제9장(알제리의 생시몽주의자들: 이주·식민정책의 3가지 모델)은 백인 부르주아 남성 생시몽주의자들에서 묻어나는 인종주의와 유럽중심주의를 비판하고자 그들의 '이집트 원정'과 '알제리 식민 프로젝트'에 각각 초점을 맞춘다. 식민지 계몽주의의 사도이며 프랑스 '문명화사명'의 선발대인 생시몽주의자들이 수행한 오리엔트에서의 궤적을 탈식민주의 시각으로 복기해 보려는 것이다.

제1부

생시몽주의 학파와 근대 프랑스 역사와 사회

제1장

생시몽의 생애와 사상

앙리 생시몽은 프랑스의 유서 깊은 귀족집안 출신으로 1760년 태어나 1825년 사망했다. 사상가이자 사회개혁가로 활약한 초창기에는 클로드앙리 생시몽Claude-Henri Saint-Simon이라는 이름으로 서명했지만, 후반부에는 앙리 생시몽Henri Saint-Simon이라는 이름을 선호했다. 그는 19세기 유럽의 정치, 경제, 사회 및 사상사의 전반에 걸쳐 많은 영향을 끼친 인물이다.[1)]

계몽주의의 세례를 받고 태어나 프랑스혁명과 그 후폭풍 시대를 살았던 그는 '인간과학', '실증주의', '산업주의', '사회주의' 등 근현대 유럽지성사에서 생략할 수 없는 중요한 초석을 깔았다. 생시몽이 남긴 풍부하고도 다양한 유산은 오른쪽으로는 존 스튜어트 밀의 '질적 공리주의'에 영향을

---

1) 양재혁, 「유럽 문명에 대한 앙리 생시몽(Henri Saint-Simon)의 역사 분석」, 각주 1번 참조. 생시몽의 생애와 지적 유산에 관한 대표적 저서는 다음과 같다. George Weill, *Un Précurseur Du Socialisme: Henri Saint-Simon et Son Œuvre* (Paris: Perrin et Cie,1894); Maxime Leroy, *La Vie du Comte de Saint-Simon, 1760~1825*(Paris: Gasset, 1925); Frank E. Manuel, *The New World of Henri de Saint-Simon*(Cambridge: Harvard University Press, 1956)이 있다. 가장 최근에 출간된 생시몽의 지적 전기는 다음과 같다. Olivier Pétré-Grenouilleau, *Saint-Simon: L'Utopie ou la Raison en Actes* (Paris: Éditions Payot & Rivages, 2001).

끼쳤다. 1820~1821년 프랑스에 체류한 영민한 청소년 밀은 "생시몽을 한 번 만난 것은 내 마음속의 즐거운 추억 중 하나이다"고 기록했다.[2]

생시몽이 끼친 영향력의 왼쪽으로는 칼 마르크스가 있다. 그가 강조한 '인간에 의한 인간의 착취'를 기반으로 하는 자본주의 비판에 영감을 제공했을 정도로 생시몽의 사상적 스펙트럼은 넓고도 깊다. 마르크스의 고향인 트리어Trier는 1835년경 생시몽주의의 독일 전도 중심지였다. 또 마르크스는 베를린대학 재학 시 스승(Eduard Gans)에게 생시몽주의 저작물을 소개받게 된다. 마르크스가 장인을 통해 생시몽주의와 접촉하게 되었다는 견해도 있다.

생시몽이 남긴 광대한 사상의 맥락을 하나하나 짚어가다 보면 결국 19세기 유럽 사상사 전부를 써야 한다는 평가[3]가 엄살이 아닐 정도로, 생시몽의 지적 편력은 야심적이며 두텁다. 그는 새로운 '이념 체계'système des idées를 건축한 개혁가이며 '새로운 세상의 기사'chevalier d'un monde nouveau라고 후대에 칭송되었다.[4] 프랑스혁명이라는 롤러코스터에 실려 제1제정과 왕정복고기를 거치며 파란만장했던 그의 생애의 고비고비를 따라가면서 어떤 품종의 사상적 씨앗이 뿌려졌는지를 탐구해 보자.

---

2) 존 스튜어트 밀, 최명관 옮김, 『존 스튜어트 밀 자서전』(창, 2010), p.71.

3) F. M. Markham ed. & trans., *Henri Comte de Saint-Simon: Selected Writings* (Oxford: Basil Blackwell, 1952), 서문 xlii.

4) Pierre Musso, *Saint-Simon et le Saint-Simonisme*(Paris: Éditions Manucius, 2020), p.5.

I. 벤처 사업가에서 인간과학의 창시자로

인간 정신의 진보를 공부하여 문명의 진보를 위해 일하는 것이 나의 인생의 목표이다.

생시몽은 족보를 거슬러 올라가면 프랑크제국의 황제 샤를마뉴Charlemagne까지 이어진다. 이처럼 뼈대 있는 귀족혈통이었으나 그는 퇴락한 집안 장남으로 1760년 파리에서 출생했다. 그는 청소년기에 계몽주의 철학자 달랑베르D'Alembert에게 교육받으며 13세 때 첫 영성체를 거부할 정도로 세속적이며 반항적인 세계관을 키웠다.[5] 별 볼 일 없는 귀족 가문의 아들들이 흔히 그랬듯이, 생시몽은 16세에 하급 장교로 사회생활을 시작한다. 한국 나이로 따지자면 약관弱冠이 되는 1779년 미국독립전쟁에 자원했는데, 신대륙에서 한 낯선 경험은 그의 인생에 획기적인 전환점이 되었다.

"나는 직업군인과는 정반대의 활동을 지향하는 인간, 즉 인간 정신의 진보를 공부하여 궁극적으로는 문명의 진보를 위해 일하는 것"을 인생의 새로운 목표로 삼았다.[6] 1781년 여름에는 버지니아에 상륙하여 라파예트 장군이 지휘하는 요크타운 전투에 참전했다. 생시몽은 미국독립전쟁에 기여한 공로를 인정받아 신시내티협회Society of the Cincinnati 회원으로 선출되기도 했다. 조지 워싱턴과 벤저민 프랭클린 등과 만난 그는 자신을 "자유

---

5) Manuel, *The New World of Henri de Saint-Simon*, p.13.

6) Saint-Simon, "Letters to an American: Second Letter(1817)" Keith Taylor ed. & trans., *Henri Saint-Simon(1760~1825): Selected Writings on Science, Industry and Social Organization*(London & New York: Routledge, 2015), p.162.

로운 미국의 건국자 가운데 한 명"이라며 자부했다.[7]

20대 초반의 생시몽은 아메리카에서 4년간(1779~1783) 체류하면서 그곳에서 실험되는 새로운 문명과 활발한 상업활동에 깊은 인상을 받았다. 세내기 독립국가인 미국은 "지금까지 존재한 사회 가운데 가장 우수하고 가장 단순한 사회질서를 가진 나라"로서 "유럽인과는 아주 다른 발전 경로를 따를 것"이라고 그는 예언했다. 귀족 같은 특권층도 없고 봉건적 잔재도 없을 뿐만 아니라, 근본적으로 "평화를 사랑하며 근면하고 절약하는" 것을 특징으로 하는 미국 문명은 "새로운 정치적인 출발점"이라고 그는 긍정적으로 환영했다.[8]

그리고 미국혁명이 촉발한 새로운 정치개혁과 문명적인 발전이 유럽의 사회질서에 큰 변화 요인이 될 것으로 기대했다. 젊은 시절의 미국 체류 기억을 「어느 미국인에게 보내는 편지」라는 제목의 시리즈로 기록한 생시몽은 토크빌Alexis de Tocqueville에 앞서, 미국을 유럽과는 질적으로 다른 '예외적인 국가'로 인식한 최초의 인물 가운데 한 명이었다는 사실을 주목할 필요가 있다.[9] 엄격히 따지자면, 토크빌을 미국 '예외주의'를 언급한 최초의 인물로 꼽는 의견은 수정되어야 마땅하다.

세상살이에 대한 왕성한 호기심은 생시몽을 미국 이외의 다른 바깥나들이로 이끌었다. 당시 영국·프랑스·스페인이 경합하는 식민지 플랜테이션이 있는 서인도제도, 자메이카, 멕시코 등지를 방문했다. 그는 현지 유

---

7) J. F. Normano, "Saint-Simon and America," *Social Forces*, Vol. 11-1(Oct., 1932), p.10 재인용.

8) "Lettres de Henri de Saint-Simon à un Américain," 2nd Letter, Keith Taylor, *Henri Saint-Simon: Selected Writings*, pp.162~163.

9) 세이무어 립셋, 문지영 외 옮김, 『미국 예외주의』(후마니타스, 2006), p.13 참조.

력자와 협력하여 파나마 운하건설의 가능성을 타진하기도 했다. 신대륙에 대한 단순한 지적 호기심을 넘어 새로운 공간에서 새로운 사회를 건설하려는 그의 야심은 1783년 프랑스로 귀국한 다음에도 지속되었다.

1785년에는 네덜란드를 외교적 업무로 방문하여 운하시스템을 공부했다. 1787~1788년에는 스페인을 방문하여 마드리드를 바다와 연결하는 운하건설을 현지 귀족 프란체스코 카바뤼스 백작Comte de Francesco Cabarrus과 추진했으나 성사되지 않았다. 카바뤼스 백작은 스페인 생샤를 은행Banque Saint-Charles의 창시자이며 재무장관을 역임한 사람이다. 생시몽이 나중에 산업주의를 이끌 주역으로 칭송한 은행가와의 인연이 시작된 셈이다. 생시몽의 비서였던 올랭드 로드리그Olinde Rodrigues도 은행가 출신이며, 생시몽주의자들의 초기 모임이 로드리그가 지배인으로 근무한 저당권금고Caisse Hypothecaire 사무실에서 열렸을 만큼 금융인과의 네트워킹은 질기고도 단단했다.

앞질러 말하자면, 생시몽이 생전에 실현하지 못한 운하를 통한 세계의 지리적 연결의 꿈은 후대에 되살아났다. 생시몽주의자들이 이집트에서 수에즈운하 프로젝트를 추진했던 것이다. 당대인으로서는 매우 예외적으로 여러 외국을 떠돌며 견문을 넓힌 청년 생시몽이 프랑스로 돌아왔을 때, 그를 기다리고 있는 것은 1789년 프랑스혁명이었다. '서른의 잔치'를 마감하고 외출에서 돌아온 그에게 혁명은 절호의 기회와 시련을 동시에 안겨줬다.

1789~1801년은 생시몽이 '활동적이고 정신없는 삶'vie fort agitée을 뒤로하고 '과학 경력'carrière scientifique이라는 새로운 단계로 진입하는 분수령이었다.[10] 그는 혁명 초기의 혼란기를 기회로 삼아 투자(투기)하여 벼락부자

가 되었다. 스페인에서 만난 프로이센 외교관 출신이며 사업수완이 뛰어난 레데른 백작Comte de Redern과 파트너가 된 생시몽은 혁명정부가 교회 재산을 국유화하여 담보로 발행한 채권을 사고팔며 큰 부를 축석했다. 그러나 로베스피에르가 지휘하는 자코뱅정부는 생시몽에게도 '공포'를 안겨주었다. 잘 나가던 그는 '사회 안전상의 이유'라는 모호한 죄목으로 1793년 11월 체포되어 반혁명 분자로 몰려 사형집행 직전까지 내몰렸다.

아마도 혁명의 피바람을 피해 해외로 망명을 떠난 그의 친척과 연루된 것으로 오해받았을 것이다. 그는 자신이 미국혁명의 자랑스러운 참전 군인이며 공화국의 충성스러운 시민임을 증명하기 위해서 '생시몽'이라는 귀족 성을 버리고 '착하고 순진한 시골뜨기'라는 뉘앙스를 풍기는 보놈므Bonhomme(서민)로 바꾸었다. 조상의 고향인 피카르디Picardie의 가난하고 불쌍한 제3신분에게 자신이 기부와 자비를 아끼지 않았다는 주민들의 증언을 동원한 결과, 생시몽은 11개월 동안의 감옥살이 고생 끝에 1794년 8월에 석방되었다.

프랑스혁명은 파괴의 힘을 생산이라는 유기적인 힘으로 연결하지 못했다.

주지하듯이, 프랑스혁명은 앙시앵레짐의 정치제도는 물론 사회경제적 구조와 전통문화를 근본적으로 파괴했다. 개인이 후견인의 간섭과 통제에서 벗어나 자유롭게 이성의 힘을 발휘할 수 있도록, 구체제의 많은 제도와 가치관이 공격당하고 해체되었다. 앙시앵레짐의 '악의 축'이었던 기독교는 폐지되었고, 가톨릭교회 재산은 국유화되었으며, 성직자는 공무원

10) Pierre Musso, *Saint-Simon et le Saint-Simonisme*, p.15.

으로서 국가에 충성을 서약해야만 했다. 그리고 중세 이래 건재해온 길드(동업자조합)도 집단이기주의 청산이라는 명분으로 금지되었다. 개인의 평등한 권리를 침해하는 장자상속법과 같은 가부장권도 청산되었다. 가족, 사회조직, 신분제도, 도덕적 질서 등 구체제를 지탱하던 골격이 사라진 빈자리를 정치경제적 아나키와 문화·도덕적 데카당스가 채웠다.

프랑스혁명이 외친 '평등'의 오남용은 재산을 소유하지 않은 무식한 사람 손아귀에 권력을 맡김으로써 "절대적으로 실용적이지 않은 형태의 정부"를 등장시켰다.[11] 계몽주의를 현실세계에서 구현하려던 프랑스혁명이 구체제를 붕괴시키는 데는 성공했지만, 새로운 세계를 창출·조직하는 데 필요한 새로운 원칙 수립에는 실패한 미완의 혁명이라는 지적이다. 프랑스혁명을 주도한 사람들이 저지른 "커다란 정치적인 오류"는 파괴의 힘을 '생산'이라는 유기적인 에너지로 평화롭게 전환하지 못한 것이라고 생시몽은 비판했다.[12]

자코뱅의 공포정치를 종결시키고 등장한 테르미도르 반동정부 통치기(1795~1799)는 '벤처사업가' 생시몽의 전성시대이자 '초보 사상가' 생시몽의 수업시대였다. 그는 은행가, 고위관료, 대학교수, 예술가와 과학자 등을 초대하여 호사스러운 사교 파티에 돈을 아끼지 않았다. 수학자·무신론자이며 계몽주의 철학자인 돌바크Baron d'Holbach도 프랑스 근대과학의 요람이며 엘리트 엔지니어 양성학교인 에콜 폴리테크니크Ecole Polytechnique 근처에

11) Saint-Simon, "Letter from an Inhabitant of Geneva to His contemporaries(1802~1803)," Keith Taylor ed. & trans., *Henri Saint-Simon: Selected Writings,* p.77.

12) Saint-Simon, "On Social Organization(1825)," Felix Markham ed. & trans., *Henri de Saint-Simon: Social Organization, The Science of Man and Other Writings* (New York: Harper Torchbooks, 1964), p.78.

자리 잡은 생시몽의 저택을 방문한 단골손님이었다.

생시몽은 3년간 대학가인 라탱 지구에 기거하면서 에콜 폴리테크니크 학생들과 교유했다. 생시몽의 비서가 되는 콩트August Comte도 이 학교 졸업생이었다. 콩트는 "아버지 시몽Père Simon"이라고 부를 정도로 그를 존경하고 따랐다. 비서 이상의 지적 파트너였던 콩트는 1818년 친구에게 보낸 편지에서 생시몽은 "모든 면에서 독창적인 존재"이며 "내 일생 동안 알았던 사람 가운데 가장 존경스럽고 가장 사랑스런 사람"이라고 극찬했다.[13] 하지만 콩트는 생시몽이 말년에 신비스러운 종교에 빠졌다는 불만으로 1823년 그와 결별한다.

1801년 파리의과대학 근처로 주거지를 옮긴 후에 생시몽의 지적 관심은 수학·공학에서 생리학으로 옮겨갔다. "나에게 생리학의 중요성을 가르쳐 준 인물"인 의사 뷔르댕Jean Burdin과 교류하면서 생시몽은 '인간과학'과 '(사회)생리학'의 밀접한 연관성을 구상했다.[14] 생시몽은 뷔르댕이 집필한 『의학강론』Cours d'études médicales(1803)의 출판을 재정적으로 후원해 이 책이 많은 유럽어로 번역되어 근대의학의 표준텍스트가 되는 데 기여했다. 닥터 뷔르댕은 생시몽의 호의에 보답이라도 하듯이, 그의 평생지기가 되었는데 생시몽 말년의 자살미수 사건 때 그를 치료해 주었다. 또한 임종 직전에도 가장 먼저 달려온 인물이었다.

불혹의 나이에 들어선 생시몽은 그의 전성기에 느낌표를 찍기라도 하듯이 1801년 친구의 딸인 28살의 샹그랑Alexandrine-Sophie Goury de Champgrand과 결

---

13) Manuel, *The New World of Henri de Saint-Simon*, p.206 재인용.

14) Saint-Simon, "Essays on the Science of Man"(1813), Markham ed. & trans., *Henri de Saint-Simon: Social Organization, The Science of Man, and Other Writings*, p.22; Manuel, *The New World of Henri de Saint-Simon*, p.50.

전성기 즈음의 생시몽

생시몽의 비서이자 지적 파트너였던 콩트는 1818년 친구에게 보낸 편지에서 생시몽은 모든 면에서 독창적인 존재이며 일생 동안 알았던 사람 가운데 가장 존경스럽고 가장 사랑스런 사람이라고 극찬했다. 콩트는 후에 실증주의 사회학을 창시하였다.

(출처: 프랑스국립도서관 갈리카 디지털도서관)

혼했지만 채 1년이 안 되어 이혼했다.

나폴레옹 보나파르트가 다스리는 제1제정 초기인 1804~1806년은 벼락부자 생시몽이 한 푼 없는 빈털터리 사상가로 전락하는 시기였다. 사업 파트너인 레데른 백작과 결별하고 재산분배를 둘러싼 지루한 법정 소송이 이어졌으나 결국 패소했다. 그럼에도 낭비 생활을 멈추지 못해 그는 졸지에 가난뱅이가 되었다.

그는 도움의 손길을 이곳저곳에 뻗쳤는데 나폴레옹 1세도 그 대상자였다. 자신을 생시몽 공작의 사촌이자 미국혁명에서 싸운 베테랑으로 나폴레옹에게 소개한 생시몽은 "과학을 위한 열정이 나를 빈곤의 나락으로 내몰았는데, 생계만 해결할 수 있으면" 자신이 지난 15년 동안 헌신해온 지식작업을 마무리하고 싶다고 재정후원을 간청했다.

그의 애타는 편지는 나폴레옹에게 전달되지 않았고 고위관료들도 그의 청원을 외면했다. 백일천하의 혼란기가 지난 1815년에는 고위관리 친구의 주선으로 아스날도서관Bibliothèque de l'Arsenal에 하위직을 간신히 얻었으나, 부르봉 왕정의 복귀로 1년도 근무하지 못하고 다시 실업자가 되었다.

왕정복고기에도 생시몽의 수난은 계속되었다. 왕과 함께 돌아온 망명귀족과 고위성직자들이 정부의 주요 관직을 차지하는 것을 목도하자 생시몽은 참을 수 없었다. 일하지 않는 기생충을 멀리하고 생산자와 연합하지 않으면 또 다른 혁명이 불가피할 것이라고 1819년 출간된 『조직자』L'Organisateur에서 경고했던 것이다. 이 책에 담긴 왕족에 대한 불경스러운 비난 때문에 생시몽은 1820년 또다시 재판에 회부되었다.

궐석재판에서 3개월의 감옥형을 선고받은 생시몽은 자신이 로베스피에르의 공포기에도 억울하게 옥살이했고 나폴레옹 제정기에도 요주의 인

물로서 감시 대상이었다고 항변하여 배심원으로부터 무죄판결을 끌어냈다.[15)]

집안의 불명예스러운 말썽꾸러기와 멀리하려는 집안 친척들의 외면으로 말년(1822~1823년)의 노인 생시몽은 지방 유지에게 호구지책을 청하며 일정한 주거지도 없이 옛 하인에게 몸을 기탁하는 기구한 신세가 되었다. 1823년 봄의 자살미수 사건으로 그에게 무관심했던 옛 친구들에게 동정을 얻어 최소한의 생계를 이어갔다. 불행 중 다행이라면 말년에는 하녀 겸 애인인 줄리앙Julie Juliand과 동거하면서 잘나가던 시절의 옛 애인 딸을 입양하여 사랑을 쏟았다. 죽을 때까지 빚쟁이 신세를 벗어나지 못한 그의 개인 용품에는 사망 후에 압류 딱지가 붙었다.

모든 사람에게 능력의 가장 자유로운 발전을 보장하라.

생시몽은 1825년 5월 22일에 삶을 마감했다. 그는 죽기 몇 시간 전에 임종을 지키는 동료와 제자들에게 다음과 같이 유언했다. "나의 온 생애는 단 하나의 생각으로 요약된다. 모든 사람에게 그 능력의 가장 자유로운 발전le plus libre développement de leur facultés을 보장하라. 우리의 다음 출판물(생시몽 사망 후 출간된 『생산자』Le Producteur) 이후 48시간 후에 노동자의 당parti des travailleurs이 결성될 것이다. 미래는 너희 것이다."[16)]

생시몽은 파리 시내의 공동묘지 페르라셰즈Père Lachaise에 묘비명도 없이 매장되었다. 1814년 그의 첫 비서였던 역사학자 티에리Augustin Thierry(1795~

15) Manuel, *The New World of Henri de Saint-Simon*, pp.212~213.

16) Musso, *Saint-Simon et le Saint-Simonisme*, p.19; Manuel, *The New World of Henri de Saint-Simon*, p.365 재인용.

1856), 그 뒤를 이어 1817년 두 번째 비서 겸 파트너로 협력했던 콩트, 마지막 비서 로드리그Olinde Rodrigues(1795~1851) 등이 장례식에 참석했다. 의사이며 생시몽을 시대적인 예언자로 숭배했던 바이Etienne-Marin Bailly가 추모사를 읽었다.

> 생시몽은 문학, 역사, 입법, 산업, 과학 그리고 예술 분야에서 새로운 길을 열고, 지금까지는 아직 알려지지 않은 과학의 기초를 놓고, 사회의 유기적인 힘들의 실체와 진정한 본질에 대해 학자들의 주목을 요청한, 한마디로 말하자면, 인류 사회과학의 창시자였다.[17]

생시몽의 죽음 직후 부유한 집안 출신의 금융가 귀스타브 데슈탈Gustave d'Eichthal(1804~1885)은 고인의 유지를 이어갈 생시몽주의 학파 출범에 재정적 지원을 아끼지 않았다. 또한 그는 자신의 젊은 시절 아름다운 기억에 대한 보답으로 파리시에 돈을 내서 묘지관리를 영구히 맡겼다.

---

17) Manuel, *The New World of Henri de Saint-Simon*, p.366 재인용.

II. 인간과학과 사회과학에서 생산적 산업주의로

선두에 있는 수학자들이 시작하도록 하라.

40대 초반 뒤늦은 학문의 길에 들어선 생시몽은 60대 중반 사망할 때까지 몇 차례 사상적 변천을 보였다.[18] 그의 왕성한 지적 여행을 편의상 3단계로 구분하여 알아보자. 초보 사상가 생시몽은 우연히 나폴레옹 1세가 황제로 취임하는 1802년 '데뷔작'을 발표했다.[19]

제1단계의 생시몽은 뉴턴의 만유인력법칙과 같은 과학적인 보편명제를 적용하여 '인간과학'이라는 새로운 영역을 창출하는 데 높은 관심을 가졌다. "선두에 있는 수학자들이 (인간에 대한 과학적인 탐구를) 시작하도록 하라"는 모토는 그가 수립한 인간과학의 제1원칙이었다.[20]

제2단계에서는 포스트 프랑스혁명 사회의 '산업주의적인 재조직'에 생시몽은 골몰했다. 그의 저서 『조직자』L'Organisateur(1819)와 『산업주의자의 교

18) 가장 최신의 생시몽 전집은 *Œuvres complètes Henri Saint-Simon.* Introduction, notes et commentaires par Juliette Grange, Pierre Musso, Philippe Régnier et Franck Yonnet, 4 vols(Paris, 2012) 참조.

19) 2012년 출간된 새로운 생시몽 전집을 엮은 편집자에 따르면, 생시몽의 최초의 저서는 기존에 알려진 것처럼 『동시대인에게 보내는 한 제네바 주민의 편지』(*les Lettres d'un habitant de Genève à ses contemporains,* 1802~1803))가 아니라 『리세 협회에게』(*À la société du Lycée,* 1802)이다. 나는 이 사실을 양재혁의 논문 「유럽 문명에 대한 앙리 생시몽(Henri Saint-Simon)의 역사 분석」, 『서양사론』 127(2015. 12)을 통해 알게 되었다. p.184 각주 21번 참조.

20) Saint-Simon, "Letters from an Inhabitant of Geneva to His Comtemporaries," Markham ed. & trans., *Henri de Saint-Simon: Social Organization, The Science of Man and Other Writings,* p.2.

리문답』Catéchisme des Industriels(1823) 등의 제목에서 드러나듯이, 부르봉 복고왕정 전반기의 생시몽은 자유방임주의laissez-faire의 혼란에서 사회를 재조직하여 생산력을 증가시키는 문제에 주력했다.

제3단계인 말년의 생시몽은 종교적 감성과 동정심에 의지하여 다른 사회 계층을 갈라놓는 경쟁과 이기심을 버리고 조화로운 공존의 관계를 복원할 것을 '설교'했다. 미완성작인 『새로운 기독교』Nouveau Christianisme(1825)은 '지상의 천국'에 이르는 청사진을 스케치한 일종의 '시민 종교'를 위한 복음서였다.

생시몽은 사상체계의 형성기인 1804~1807년 무렵에 처음으로 '실증적인'positive이라는 용어를 사용했다. 문헌상의 증거에 따르면, 그는 1804년 "사회조직의 과학은 실증적인 과학이 될 것이다"라고 선언했다.21) 이 문맥에서 '실증적'이란 형용사는 신비스러운 기원과 본질적·목적론적인 의도에서 벗어난, 구체적이며 경험적인 그 무엇이라는 의미이다.

'실증적인'이라는 용어는 이후에 『19세기 과학 활동 소개』Introduction aux travaux scientifiques du xixe siècle(1808), 『만유인력에 관한 연구』Travail sur la gravitation universelle(1813), 『인간과학에 관한 견해』Mémoire sur la science de l'homme(1813) 등에서 넓게는 과학적인 일반 경향, 좁게는 자신이 발명한 새로운 사회과학적 방법론을 지칭하기 위해 사용되었다.22) 복합명사로서의 '실증과학'이란 미신, 형이상학, 신비주의, 권위주의 등에서 탈피하여 자유로운 사실에 입각한 경험적인 새로운 학문영역을 지칭했다.

---

21) Saint-Simon, "Extract on Social Organisation(1804)," Taylor, *Henri Saint-Simon: Selected Writings*, p.84.

22) Saint-Simon, "De la réorganisation de la société européenne," Taylor, *Henri Saint-Simon: Selected Writings*, p.130 & p.132.

사회조직의 과학은 실증적인 과학이 될 것이다.

생시몽에 따르면, 초기단계의 과학은 '추정적인'conjectural이라는 형용사를 이마에 단 유사(가짜) 과학에서 유래하여 발전해 왔다.

> 천문학은 점성술에서 시작했고, 화학도 처음에는 다름 아닌 연금술에서 시작했고, 생리학도 오랫동안 돌팔이charlatanism 수준을 벗어나지 못했고, 심리학도 생리학에 기초를 두고 시작해 종교적인 가정을 제거하면서 발전했다.[23]

그러므로 "천문학자가 점성술사를, 화학자가 연금술사를 각각 자기 분야에서 내쫓을 때" 비로소 실증과학이 존재할 여건이 마련된다. 이와 마찬가지로 인간과 사회를 실증적으로 분석·연구하려는 계몽주의 철학자나 인간·사회과학자는 종교적 율법을 맹신하는 도덕주의자와 절대 명제를 추종하는 형이상학주의자를 내쫓아야 한다.

다시 말하면, 실증주의의 기본적인 목표는 뉴턴이 물리학과 같은 고등과학에서 발견한 인력의 법칙과 일반법칙에 근거하여 "정치(학)의 실증적인 성격을 명기하려는 것"이다.[24] 생시몽은 인간과 사회를 실증적으로 탐구하는 학문을 '정치 산술'political arithmetic이나 '인간과학'science de l'homme 같은 유사 개념과 혼용하다가, 1813년부터는 '실증철학'positive philosophy이라는 용

---

23) Saint-Simon, "Essay on the Science of Man(1813)," Markham, *Henri de Saint-Simon: Social Organization, The Science of Man and Other Writings*, p.22.

24) Saint-Simon, "Travail sur la gravitation universelle," Taylor, *Henri Saint-Simon: Selected Writings*, p.124.

어를 더 자주 그리고 확정적으로 사용했다.

생리학이 인간과학이다.

나폴레옹 제1제정 말기인 1813~1814년 무렵부터 생시몽은 이전에 숭배한 수학적인 모델을 버리고 생물학적인 관점에서 인간과 사회에 대해 실증적으로 접근하기 시작했다. 생물학과 동물학을 포함한 생명과학이 독립적인 학문영역으로 정착되기 이전부터, 후기 생시몽은 새로운 인간문명의 진보는 수학적이며 기계적인 법칙이 아니라 살아 있는 생물처럼 유기적으로 진화한다고 생각을 고쳐먹었다.[25)]

의사와 생물학자가 인체와 동식물을 대하는 것과 같은 태도로 사회를 경험적이며 실증적으로 관찰하고 해부해야 한다고 그는 확신했다. 생리학을 인간과학이 본받아야 할 이상적인 실증적인 모델로 재인식한 생시몽은 인간과 사회를 유기적인 관점에서 관찰, 비교, 예측했다. 인류역사를 유기체에 비유하여 '미숙한 미신적인 단계', '정체된 봉건사회', '형이상학으로 병든 사회', '정상적인 성장에서 이탈한 경로' 등으로 묘사했다.

또한 역사 진보를 견인하는 사회집단도 인간의 성장 과정에 비유하면서 '어린이 상태에 있는 민중', '사회에 영양을 공급하는 산업주의자', '기생충 같은 법률가와 형이상학자', '죽을 때를 놓쳐버린 노회한 귀족·성직자' 등으로 비유했다.[26)] 계몽주의 철학자가 인간의 지적 활동을 기억, 이성, 상상력으로 삼등분하여 근대지식의 나무를 스케치한 것과 달리, 생시몽

25) Jean-Luc Yacine, *La Question Sociale chez Saint-Simon* (Paris: L'Harmattan, 2001), p.45.

26) Taylor, *Henri Saint-Simon: Selected Writings*, p.137.

은 인간(문명)의 역사를 유기적인 생명체처럼 분열, 갈등, 변신, 성숙하는 일련의 연속적인 단계로 인식했다.

후기 생시몽은 실증철학이라는 용어를 버리지 않았지만, '사회 생리학'physiologie sociale이라는 개념을 선호했다. 선배 계몽주의자 콩도르세Marquis de Condorcet(1743~1794)가 선점한 '사회과학'science sociale이라는 용어를 곱씹어서 비서인 콩트가 '사회학'sociologie라는 신생학문을 출범시키는 데 생시몽이 징검다리 역할을 했다.[27]

모든 것을 산업을 위하여, 모든 것을 산업에 의하여.

후기 생시몽의 관심사는 '조직'organisation과 '산업주의'industrialisme라는 두 용어의 결합으로 표현된다. "모든 것을 산업을 위하여 (조직하고), 모든 것을 산업에 의하여 (조직하자)"Tout pour l'industrie et tout par elle가 그가 절대 신봉하는 새로운 좌우명이 되었다. 그가 '산업적'industriel이라는 용어를 처음 사용한 것은 1815년 집필한 「공익을 위해 헌신하는 영국인과 프랑스인에게」Aux Anglais et aux Français qui sont zélés pour le bien public에서였다.[28] 그 연장선에서 상업자본가와 근대적인 제조업자 계층이 본격적으로 등장하는 왕정복고기에 이들을 후원하기 위해 그가 고안·전파한 일종의 새로운 시사용어가 '산업주의'였다.

엄격히 따지자면 '산업주의'라는 개념의 지식재산권은 생시몽의 배타적 독점권이라기보다는 당대 프랑스의 정치경제학자 세Jean-Baptiste Say(1767~

---

27) 이 이슈와 관련해서는 육영수, 『지식의 세계사 : 베이컨에서 푸코까지, 지식권력은 어떻게 세계를 지배해왔는가』(휴머니스트, 2019), p.61 & p.99 참조.

28) Taylor, *Henri Saint-Simon: Selected Writings*, p.307. 44번 Notes 참조.

1832)와 시스몽디 Jean C. L. Sismondi(1773~1842)의 학설에 영향을 받아서 만들어진 공동작품이었다.[29] 그럼에도 불구하고, 1820년 전후까지도 정부-통치학의 하부·부속분야로 간주되던 '정치경제학'을 독립적인 영역으로 정착시켰을 뿐만 아니라, '경제'를 전통적인 '정치' 기능을 대체하는 우선적인 영역으로 승격시킨 생시몽의 독창성을 과소평가할 수는 없다.

부르봉왕가의 복귀와 함께 무위도식하는 옛 귀족과 성직자들이 잃어버린 특권을 되찾는 데 눈이 멀어, 프랑스가 산업혁명으로 앞서가는 영국을 제치고 '산업시스템'système industriel에 기반을 둔 '산업레짐' régime industriel을 수립할 절호의 기회를 놓쳤다고 생시몽은 아쉬워했다.[30] 그렇다면, 새 시대를 선도할 산업주의자는 누구인가? 생시몽은 산업주의자를 "사회의 다양한 구성원의 욕구와 생리적인 기호를 충족시키는 하나 또는 복수의 물질적 수단을 생산하고 그들(구성원)에게 전달하는 노동을 하는 인간"이라고 포괄적으로 규정한다.[31]

농부, 제조업자, 상인 등을 포함하여 모든 종류의 유용한 작업에 종사하는 사람으로 육체노동자는 물론 정신노동자도 산업주의자에 해당한다. 직접 물품을 생산하는 노동자는 물론이고 제조에 응용될 수 있는 과학적인 발명이나 철학적인 발견을 창출하는 지식인과 노동 활동을 보호하는 법률가와 행정 관료, 산업주의 '복음'을 홍보하는 시민종교론자 등도 산업주의자의 호칭을 얻을 자격이 있는 집단이다.

---

29) '산업주의' 개념의 계보에 대한 상세한 설명은 Olivier Pétré-Grenouilleau, *Saint-Simon : L'Utopie ou la Raison en Actes*, pp.296~300 & Yacine, *La Question sociale chez Saint-Simon*, pp.159~160 참조.

30) Saint-Simon, "Letters on the Bourbons: Fifth Letter: to the Industrials," Taylor, *Henri Saint-Simon: Selected Writings*, p.222.

31) 양재혁, 「유럽 문명에 대한 앙리 생시몽의 역사 분석」, p.190 재인용.

흥미롭게도 생시몽은 산업주의를 제1의 아젠다로 실행하려는 정부의 합법성을 홍보하는 '정치적인 작가'도 산업주의자 범주에 넣었다.[32] 좀 더 세련된 현대적 직업으로 분류한다면, '정치적인 작가'는 정치평론가와 정치저널리스트라고 할 수 있다. 프랑스에서 '직업으로서의 저널리스트'가 출현하여 여론의 힘을 겨루는 '정치적 저널리즘'이 본격적으로 등장하는 시기가 1830년대였다는 것을 상기해 보자.[33] 기자(리포터)를 사회에 생산적이며 유익한 일에 종사하는 산업주의자로 포함한 것은 흥미롭다고 하지 않을 수 없다.

생시몽이 프랑스혁명이 망가뜨려 방치한 사회를 재조직하기 위해 산업주의를 앞장세운 것은 당대에 팽배한 '자유주의'의 부정적인 성격에 맞서기 위해서였다. 그는 공익을 위하고 사회의 이익과 진보에 헌신하려는 사람은 '자유주의'라는 명칭을 버리고 '산업주의'라는 새 시대에 어울리는 이름을 선택해야 한다고 주장했다. 왜냐하면, '자유주의'라는 이름은 모호하고 결점이 있는 감상적인 무엇을 의미할 뿐이다. 나아가, '자유주의'는 정부와 질서를 붕괴시키려는 혁명과 분리할 수 없어 평화와 안정에 반대되는 이미지를 연상시키기 때문이라고 생시몽은 설명했다.

또한 정치 현장에서 자유주의는 영국, 프랑스, 스페인 등지에서 패배했기 때문에 무언가 잘못되고 나쁜 것과 연루되었다는 혐의에서 벗어나기 어렵다는 약점도 있다고 덧붙였다.[34] 당대 사회주의자 루이 블랑의 관찰

---

32) Saint-Simon, "6th Letter," Taylor, *Henri Saint-Simon: Selected Writings*, p.160 & p.165.

33) Renè Rèmond, *The Right Wing in France: From 1815 to De Gaulle* (Philadelphia: University of Philadelphia Press, 1966), p.118. Trans. by James M. Laux.

34) Saint-Simon, "The Failure of European Liberalism,"(1824), Taylor, *Henri Saint-Simon: Selected Writings*, pp.257~258.

에 따르면, 부르봉 왕정복고기의 특징은 사회 영역에서는 '경쟁', 도덕 영역에서는 '회의주의', 정치 영역에서는 '아나키'라는 세 단어로 요약된다.[35] 왕정복고 시대에 두드러지는 리버럴리즘의 오남용에 대한 반작용은 권위적 원칙을 내세우며 산업조직의 필요성을 강조하는 생시몽의 사상이 싹틀 수 있는 좋은 영양분이 되었다.[36]

생시몽은 '산업주의'를 실천하지 못한 부르봉 복고왕정을 신랄하게 비판했다. 만약 무위도식하는 법률가와 형이상학자가 루이 18세 정부의 요직을 계속 차지한다면, 1789년에서 1820년까지 30년 동안이나 지속되고 있는 '불안전한 혁명'이 청산되기는커녕, 또 다른 혁명이 발발할 것이라고 그는 경고했다. "내용보다는 형식에, 사물보다는 말에, 사실보다는 원칙에 더 관심이 많은" 반동적인 왕당파와 거짓 헌법인 '1814년 헌장'을 지지하는 중도적 헌법주의자가 득세하는 모순적인 정치 질서를 뒤집으려는 혁명이 불가피하다는 논리였다.[37]

생시몽은 살아생전에 1830년 7월 혁명과 1848년 혁명의 연속적인 도래를 예견했던 것이다. 농업, 상업, 산업 등의 부흥을 장려하는 방향으로 정부의 성격 자체와 조직이 '재조직'될 때만이 비로소 혁명의 시대는 종결되고 생산의 시대가 시작된다고 생시몽은 강조했다. 그는 당대의 자유주의에서 자유방임적인 요소를 삭제하고 관리통제를 받는 산업주의와 결합시킴으로써 '자유주의 비판시대'liberal critical era의 서막을 연 선구자였다.[38]

---

35) Louis Blanc, *The History of Ten Years, 1830~1840* (London: Chapman and Hall, 1844), p.547.

36) Blanc, *The History of Ten Years*, p.71 & p.548.

37) Saint-Simon, "Considerations on Measures to be taken to end the revolution,"(1820), Taylor, *Henri Saint-Simon: Selected Writings*, pp. 211~222.

38) Shirley M. Grunner, *Economic Materialism and Social Moralism: A Study in the History*

정치는 민중에게 물질적인 이익과 도덕적인 쾌락을 제공해주는 과학이다.

'자유주의 비판시대'라는 새 시대에 부응하는 새로운 정치란 무엇인가? 모든 사회조직의 유일하고도 절대적인 목표는 '인간의 행복'bonheur de l'homme을 보장하는 데 맞춰져야 한다. 정치도 '인간의 행복을 생산하는 과학'으로 새롭게 규정되어야만 이 목표를 달성할 것이라고 생시몽은 확신했다. 그러므로 "정치는 가능한 가장 많은 숫자의 민중에게 물질적인 이익biens matériels과 도덕적 쾌락jouissances morales을 마련해 주는 과학, 더 이상도 더 이하도 아니어야 한다."[39] 다시 말하면, 새 시대의 새로운 정치는 공공이익과 산업(발전)에 우호적인 방향과 내용으로 '사물의 질서'ordre de choses를 재조직·재편성하는 것을 궁극적인 목적으로 삼아야 한다고 생시몽은 강조했다.[40]

이런 관점에서 보자면, 산업시대를 견인하는 정부가 수행해야 할 '정의'도 새롭게 다시 규정되어야 한다. 실증주의와 산업주의라는 수레의 두 바퀴를 올바른 목표와 방향으로 끌고가는 동력과 운전수 역할을 정치가 감당하는 것이 모든 사회구성원을 위한 '정의'의 실천이라고 생시몽은 확신했다. 생시몽은 산업주의자의 적극적인 정치참여를 요청했다. 이들이야말로 "국가의 실질적인 힘"force réelle des nations이며 "풍속과 공공기관의 보호

---

of Ideas in France from the Latter Part of the 18th Century to the Middle of the 19th Century (the Hague: Mouton Studies in the Social Sciences, 1973), p.141.

39) Saint-Simon, *L'Industrie*. Yacine, *La Question sociale chez Saint-Simon*, p.206 재인용.

40) 원문은 다음과 같다: "La politique est la science de la production, c'est-à-dire la science qui a pour objet l'ordre de choses le plus favorable à tous les genres de production." *Œuvres* I, p.188. Olivier Pétré-Grenouilleau. *Saint-Simon: L'Utopie ou la Raison en Actes*, p.300 재인용.

자"gardiens des mœurs et des institutions로서 뒤죽박죽된 사물의 질서를 급진적으로 개혁하는 주도자이기 때문이다.[41] '상속받은 출생의 특권'을 빼앗기지 않으려는 무위도식자oisif는 어떤 상황에서도 자신의 기득권을 지키기 위해 전쟁과 무질서, 사회적 갈등 같은 것을 두려워하지 않는다.

노동자travailleur·생산자producteur가 결합한 산업주의자가 정부의 통치구조에서 결정적인 위상을 차지한다면 정치는 계층 간의 갈등과 싸움판이 아니라 "생산의 과학"이 될 것이라고 생시몽은 확신했다.[42] 생산의 과학을 표방하는 새로운 정치는 사유재산과 유산자에 대한 존경보다는 생산자와 산업주의자의 이익과 복지를 앞세워야만 한다. 엄격히 따지자면, 사회에 유용한 물품을 생산하는 산업주의자만이 세금을 납부하므로, 이들에게만 투표할 권리를 부여하여 사회를 규제하고 운영할 권력을 부여하는 것이 사회적 정의이기 때문이다.

생시몽은 더 많은 시민의 공민권 획득을 산업발전에 유리한 조건으로 꼽았다. 봉건적 특권과 종교적 통제에서 벗어난 자유로운 시민계층의 성장에 정비례하여, 이들이 중추가 된 산업주의의 미래가 밝기 때문이다.[43] 생시몽은 특히 민중의 잠재적인 능력과 자기결정권을 존중하여 이들에게 "정치적 중요성에 있어 가장 높은 위상"을 주어야 한다고 주장했다. 프랑스혁명의 공과를 교훈삼아 성장한 '프롤레타리아트' 계층은 부르주아지만큼 똑똑하고 문명화되었다고 인정했다.

---

41) Saint-Simon, *Sur la querelle des abeilles et des frelons*. Yacine, *La Question sociale chez Saint-Simon*, p.235 재인용.

42) Saint-Simon, "8th Letter," Taylor, *Henri Saint-Simon: Selected Writings*, p.168.

43) Saint-Simon, "Déclaration de Principes. L'Industrie"(1817), p.159; Saint-Simon, "Political Progress of Industry"(1818), Taylor, *Henri Saint-Simon: Selected Writings*, p.175.

만약 한 국가의 수준을 그 나라의 가장 숫자가 많은 계층의 문명 수준으로 가늠할 수 있다면, 프랑스가 으뜸가는 문명국가일 것이라고 생시몽은 자부했다. 영국의 프롤레타리아트는 기회만 되면 부자를 쳐부술 전쟁을 일으킬 반란 의식으로 가득한데, 계몽주의로 교육받고 혁명의 달고도 쓴 맛을 본 프랑스 프롤레타리아트는 부자를 적이 아니라 닮고 싶은 모델로 삼는다는 것이다.

그러므로 산업주의 깃발 아래 모인 새로운 정부의 테크노크라트는 노동자의 '능력'capacité에 어울리는 일자리 공급에 정부예산을 먼저 할당함으로써 그들의 생존권과 노동권을 보장해줘야 할 의무가 있다. 그뿐만 아니라 노동자들이 자신의 능력을 개발하고 직업선택에 도움이 되는 실증적인 지식을 습득할 수 있도록 여가시간과 교육환경을 조성할 것을 생시몽은 요구했다.[44]

통치자는 단지 사회의 관리집행인이다.

포스트 혁명시대의 국가를 산업발전이라는 방향으로 이끌기 위해서 "통치자는 단지 사회의 관리집행인administrateur"임을 명심해야 한다고 생시몽은 주문했다.[45] 이전까지는 '지배'domination라는 원칙으로 백성 위에서 뻣뻣하게 군림하던 '정부'gouvernement가 산업주의라는 새로운 시대정신에 발맞춰 시민의 행복 추구를 실현하는 방향으로 국가기구를 조직하고 국가

---

44) Saint-Simon, "Fragments on Social Organisation," Taylor, *Henri Saint-Simon: Selected Writings*, p.266.

45) Saint-Simon, "On the Replacement of Government by Administration"(1820), Taylor, *Henri Saint-Simon: Selected Writings*, p.207.

재정을 관리·배분해야 한다고 단언한다.

이를 위해서 '지배자'는 물러가고, 경제성장만을 합법성의 우선 조건으로 섬기는 재정전문가, 엔지니어, 제조업 매니저 등과 같은 테크노크라트가 국가의 중추세력이 되어야 한다고 생시몽은 갈파했다.

> 매우 중요한 행정업무를 목적으로 하는 은행, 보험회사, 저축은행, 운하건설조합 등의 설립과 다른 다양한 협의회 결성은 프랑스 사람을 보편적인 이익의 실현을 위한 행정적인 양식에 익숙하게 만들 것이다.[46]

생시몽은 사회의 관리집행인 가운데 특히 '산업의 총괄 에이전트'agents généraux de l'industrie 역할을 담당할 은행의 중요성에 밑줄을 그었다. 앞의 인용문에서 '은행'이라는 일반 용어를 일부러 대문자 '라 방크'La Banque라고 표기함으로써 돈을 축적하고 분배하는 '경제권력'이 가장 중추적인 정치세력으로 승격되어야 할 당위성을 강조했다. 통치행위가 생산과 산업을 장려하고 증진시키는 작업에 집중되어야 한다면, 산업주의 실현을 방해하는 모든 정치적인 간섭과 행정적인 절차로부터 산업주의를 자유롭게 놓아두어야 한다. "최소한의 정부가 가장 좋은 정부"라는 자유방임주의적인 원칙을 생시몽은 "가장 좋은 정부는 산업 활동의 자유를 최대한 보장하는 정부"라고 번역한 것이다.

생시몽이 주창한 '새로운 정치학으로서의 산업주의'는 몇 가지 측면에서 주목할 만하다. 첫째, '노동의 가치'la valeur de travail를 새로운 사회를 재조

---

46) Saint-Simon, *De l'Organisation sociale.* Yacine, *La Question sociale chez Saint-Simon,* p.233 재인용.

직하기 위해 필요불가결한 최고원칙으로 신성시한다. 그 연장선상에서 부를 창출하여 사회에 유용하게 이바지하는 생산자와 산업자를 사회의 전위대로 자리매김하자는 것이다.

둘째, 실증과학과 인간과학의 조합을 지향하는 새로운 정치학은 "가장 가난하고 수가 가장 많은 계층의 물질적·지적·도덕적 향상"이라는 사회적인 목표를 구현하는 데 초점이 맞춰져야 한다. 셋째, 새롭게 재조직되는 산업주의 시대는 "능력에 따른 사회편성과 작업에 따른 분배"라는 원칙으로 자유와 평등이 적절히 조화됨으로써 프랑스혁명이 남긴 미완의 역사적 과업을 완수한다.

위와 같은 새로운 세계관을 수립한 생시몽은 생전에 출간된 마지막 글인 『산업주의자의 교리문답』Catéchisme des industriels에서 스스로를 "산업적 독트린의 창시자"라고 자칭하며 자랑스러워했다.[47]

고독과 가난에 시달리던 말년의 생시몽은 자신이 지난 20여 년 동안 주창한 다양한 사회사상을 일종의 '시민종교'라는 단일한 범주로 품을 수 있다고 생각했다. '시민종교'라는 개념은 원래 루소가 『사회계약론』(1762년)에서 가톨릭이 대변하던 '전통종교'와 구별하기 위해 창안한 것으로, "사회질서를 위해 국가에 의해 의도적으로 창조되어 시민에게 부과된 일련의 신념"을 지칭한다.[48]

생시몽은 『새로운 기독교』에서 "새로운 기독교는 영적인 기관뿐 아니라 세속적 기관도 '모든 인간은 서로 형제처럼 대해야 한다'는 원칙에서 이끌어낼 것이며, 그 성격이 어떻든 모든 기관의 목표를 극빈층의 복지 향

---

47) Yacine, *La Question Sociale chez Saint-Simon*, pp.38~39.
48) 강인철, 『시민종교의 탄생』, p.25.

상으로 정하도록 지도해야" 한다고 주장했다.[49] 프랑스혁명이 맹렬하게 뿌리를 뽑으려던 가톨릭이 왕정복고와 함께 다시 '국가종교'로 부활하는 과정을 생시몽은 생생하게 목도했다. 그는 차라리 산업주의에 부응하는 방향으로 기독교를 개혁하여, 모든 사람이 형제처럼 서로 존경하고 물질적 풍요를 공유하는 지상낙원을 구현하는 '시민종교'로 만들고 싶어 했다.

그의 유언과도 같은 이런 소망을 이어받은 생시몽주의자들은 1829년 생시몽주의 '교회'를 창립하여 정치-산업-종교가 삼위일체가 된 일종의 '사회종교'religion social를 선언했다. '사회종교'라는 용어가 프랑스에서 1820년대 무렵부터 사용되기 시작했고, 이것을 변주한 '사회적 기독교'Chistianisme social, '사회적 가톨릭'Catholicisme social 같은 표현이 1843년을 전후로 본격적으로 활자화되었다는 사실[50]로 미루어 본다면, 『새로운 기독교』는 생시몽주의가 시민종교에서 사회종교로 이행하는 중간단계에 있는 생시몽 사상의 마지막 퍼즐이라고 할 수도 있다.

앞에서 설명한 것처럼 생시몽의 철학적인 생애는 실증주의적 인간 및 사회과학의 수립→생산조직에 바탕을 둔 산업주의 사회의 재조직→새로운 정치와 거버넌스에 대한 청사진→복지와 형제애로 구현된 시민종교의 단계로 변천했다. 그의 사상체계의 일관성에 대해 학자들의 논쟁이 계속 제기되는 이유다. 한편으로는 생시몽 사상은 과학, 산업주의, 종교 사이에서 잉태된 뒤죽박죽한 잡종의 상품이라는 부정적인 평가가 있지만, 다른 한편으로는 상이하고 모순적인 요소들이 균형과 보완관계를 잘 유지하고 있는 통합적인 체제로 긍정적으로 이해하기도 한다.[51]

---

49) 생시몽, 박선주 옮김, 『새로운 그리스도교』, p.18.

50) Jean-Baptiste Duroselle, *Les Débuts du Catholicisme social en France, 1822~1870* (Paris: Presses Universitaires de France, 1951), pp.8~9.

생시몽의 지적 유산에 대한 다양한 이견과 공박은 후대 연구자들을 자극해 "히말라야산맥만큼" 광대한 해석과 연구물 축적으로 나타났다.[52] 역설적으로 말하자면, 생시몽의 철학적 시스템에 내포된 '모호성'obscurité이야말로 그의 죽음 후 생시몽주의 학파가 탄생하여 시대의 부름과 요구에 호응하면서 생시몽주의를 다시 만들어가는 명분이며 동력으로 작동했다.[53]

다음 장에서 어떤 사람들이 어떤 이유로 무엇을 기대하고 무엇을 성취하기 위해 생시몽주의라는 깃발 아래 함께 모였는지 알아보자.

---

51) 굳이 편을 가르자면, George Lichtheim은 그의 저서 *The Origins of Socialism* (New York: Praeger, 1969)에서 생시몽의 사상을 논리적으로 들쑥날쑥한 잡학으로 낮추어 본다. 반면 Frank E. Manuel의 *The New World of Henri de Saint-Simon*과 최근에 출간된 Jean-Luc Yacine의 *La Question Sociale chez Saint-Simon*은 생시몽 사상을 유기적인 담론으로 접근한다.

52) Philippe Régnier, "De l'état présent des études Saint-Simonienes," Philippe Régnier ed., *Regards sur le Saint-Simonisme et les Saint-Simoniens* (Lyon: Presses Université de Lyon, 1986), p.161.

53) Sébastien Charléty, *Histoire du Saint-Simonisme, 1825~1864* (Paris: Paul Hatmann, 1931), p.26.

제2장

생시몽주의 학파의 형성과 전개, 1825~1829년

I. 생시몽주의 학파의 출범과 기본성격

배胚는 익었다. 그 배를 수확하는 일은 나의 후예들의 몫이다.

생시몽이 "배胚는 익었다. 그 배를 수확하는 일은 나의 후예들의 몫이다"라는 유언을 남기고,[1] 1825년 5월 19일 타계한 후 생시몽주의는 즉각 탄생한다. 임종을 지킨 그의 마지막 비서 로드리그Olinde Rodrigues를 중심으로 바자르Saint-Amand Bazard(1791~1832), 뷔셰Phillippe Buchez(1796~1876), 앙팡탱Prosper Enfantin(1796~ 1864) 등이 초창기 핵심 구성원이었다.

생시몽의 사망 직후에 그의 사상적 요체를 모은 『문학·철학·산업에 관한 의견』[2]을 출간할 만큼 제자들은 준비되어 있었다. 이들의 아내와 친척도 자연스럽게 합류하여 '생시몽주의 가족'이 결성되었다. 초창기 생시몽주의에 합류한 여성은 바자르의 아내 클레르Claire Bazard, 푸르넬Henri Fournel의

1) Frank Manuel, *The New World of Henri Saint-Simon*, p.365에서 재인용.

2) Léon Halévy & Olinde Rodrigues, *Opinions littéraires, philosophiques et industrielles* (Paris: Bossange, 1825).

아내 세실Cécile Fournel, 앙팡탱과 소꿉친구였던 생틸레르Aglaé Saint-Hilaire 등으로 이들은 '여성문제'에 목소리를 실었다.

로드리그는 리세 교사 시절 학생이던 앙팡탱을 생시몽에게 소개시켜 주었고, 그와 샤를 뒤베리에Charles Duveyrier(1803~1866)를 가족이 운영하는 신용금고에 취업시켜 주었을 정도로 모임의 큰형이며 지도자였다.[3] 그가 스승의 사상을 계승하기 위한 기금마련을 제안하자, 부자-유대인-금융가의 후원에 힘입어 단시간에 충분한 기금이 조성되었다. 이로써 생시몽주의자들의 첫 기관지에 해당하는 『생산자』Le Producteur(1825~1826)가 출범했다.

로드리그는 자신이야말로 스승의 유지를 받들고 그가 남긴 저서들을 올바르게 해석할 수 있는 정통적인 계승자라고 자부했다. 그러나 앙팡탱과 바자르를 앞세운 쌍두마차 지도자 그룹에서 밀려나자 로드리그는 1829년 12월 31일 연설에서 "나는 스승의 기억을 버리지 않은 오직 한 사람, 그의 과업을 지속한 오직 한 사람, 오늘날까지 그의 이름을 고백하고 선전한 오직 한 사람"이라고 선언했다.

『생산자』는 '철학적 단계'라고 알려진 초기 생시몽주의의 사상적 실험실이었다. 부제인 "산업, 과학, 예술 저널"Journal de l'industrie, des sciences et des beaux-arts이 보여 주듯이, 산업이 앞장서고 그 뒤를 과학과 예술이 따르면서 경쟁과 파괴를 멈추고 '생산'과 평화를 호소하는 생시몽의 유지를 받들 것을 『생산자』는 맹세했다. 특히 국가의 힘은 경제적 성장력에 달려 있고 경제력은 국가재정과 신용시스템을 합리적으로 관리하는 은행의 역할에 의

3) Manuel, *The New World of Henri Saint-Simon*, p.420 각주 7번 재인용. 최근에 출간된 로드리그에 관한 전기는 Altman S. & Ortiz eds., *Mathematics and Social Utopians in France: Olinde Rodrigues and His Times* (Providence: American Mathematical Society, 2005) 참조.

해 좌우된다는 생시몽의 평소 소신을 재확인했다. '연대', '조직', '권위' 등 세 가지 원칙에 충실하여야만 왕정복고기 프랑스가 직면한 사회문제를 해결할 수 있다고 역설했다.4)

생시몽 사상의 해설과 보급을 위해 출간된 주간지 형태의 『생산자』는 1826년 10월에 폐간되었다. 이 신문에서 노출되는 "단편적이고 논쟁적인" 성격은 『생산자』 시절의 생시몽주의는 이론적인 시스템이나 확고한 공통 목표가 없이 개별적인 초기 멤버들의 '정신상태'état d'esprit를 반영하는 수준이었다.5)

초기 생시몽주의자들은 누구인가.

짧은 생명에도 불구하고 『생산자』는 많은 젊은 과학자와 엔지니어를 생시몽주의로 유도하는 데 결정적인 역할을 했다. 근대 과학기술교육의 고등교육기관인 에콜 폴리테크니크 출신으로 콩트와 앙팡탱 외에도 르슈발리에Jules Lechevallier, 트랑송Abel Transon, 푸르넬Henri Fournel, 레노Jean Reynaud, 슈발리에Michel Chevalier 등이 1826~1828년 사이에 생시몽주의에 합류했다.

이들은 프랑스혁명을 피해 해외로 망명한 귀족·성직자들이 부르봉 왕정복고와 함께 되돌아와 봉건적 특권의 부활을 꾀하는 반동적인 정치상황에 불만을 가졌다. 이들이 "능력에 따른 직업"과 과학·기술의 중요성을 강조하는 생시몽주의를 환영한 것은 당연했다.6) 1829년 생시몽주의 '교

4) Pamela Pilbeam, *Saint-Simonians in Nineteenth-Century France: From Free Love to Algeria* (London: Palgrave Macmillan, 2014), pp.19~20.

5) Charléty, *Histoire du Saint-Simonisme*, pp.31~32; George Weill, *École saint-simonienne: son histoire, son influence jusqu'à nos jours* (Paris: F. Alcan, 1896), pp.11~12.

회'가 조직되었을 때, 최상급 성직자인 '콜레주' 15명 중 6명이 에콜 폴리테크니크 출신일 정도로 이들의 영향은 컸다.

생시몽주의자들의 출신배경과 관련해서 특기할 요소는 유대주의와의 연관성이다. 1791년 9월에 법률로 보장된 유대인 시민권에도 불구하고 프랑스 사회에 동화되지 못한 많은 청년 유대인들은 생시몽주의가 약속하는 형제애, 보편주의, 과학과 진보라는 이름의 세속종교에서 위안의 망명지를 찾았다.[7] 특히 나폴레옹이 교황과 1801년 체결한 '협약'Concordat에서 가톨릭을 "프랑스 국민 대다수가 믿는 종교"로 부활시키고, 부르봉 복고왕정이 가톨릭을 국교로 복권시킴에 따라 반유대주의도 강화되었다. 프랑스혁명이 약속한 '능력에 개방된 경력'Career Open to Talents과 달리 반유대주의에 장래가 촉망되던 청년들은 좌절할 수밖에 없었다.

수학자로 유명세를 떨치던 로드리그는 유대인이라는 이유로 아카데미즘 진출을 거부당하자 매우 억울해했다. 앙팡탱도 자신이 유대인이란 이유로 애인(가족)에게 배척당했다고 믿었다. 독일계 유대인 거부의 아들인 데슈탈Gustave d'Eichthal(1804~1885)은 자기 집안이 가톨릭으로 개종했음에도 불구하고, 그토록 원하던 엘리트 고등교육기관인 파리고등사범에서 퇴짜받은 상처를 평생 지우지 못했다. 이렇게 유대주의라는 '보이지 않는 유리벽'에 막혀 자기 재능을 마음껏 발휘하지 못하고 좌절한 유대인 지식인들은 당시 비주류 사상운동인 생시몽주의에서 대안적인 미래의 청사진을

---

6) 문지영, 「19세기 프랑스 생시몽주의자-엔지니어들의 산업프로젝트–에콜 폴리테크닉 출신을 중심으로」, 『프랑스사 연구』 25(2011. 8), pp.91~92.

7) J. L. Talmon, *Political Messianism: the Romantic Phase* (New York: Frederick A. Praeger, 1960), p.81; 박규현, 「생시몽의 사상과 유대인들」 『프랑스어문교육』 33(2010. 2) 참조.

찾았다. 생시몽주의가 유혹·보장하는 새로운 사상과 유대인 지식인의 친화성은 "19세기 지성사와 사회사의 가장 흥미로운 현상 가운데 하나"8) 였다.

초창기 생시몽주의학파의 멤버 구성에서 잘 드러나지 않지만 주목할 만한 또 다른 요소는 과격주의 사상과의 접목이다. 카베Etienne Cabet와 블랑키Auguste Blanqui와 같은 초기 사회주의자 및 아나키스트도 생시몽주의 사상에 관심을 갖고 일시적으로 연루되었다. 이탈리아에서 조직된 비밀과격단체인 카르보나리Carbonari의 프랑스 분파와 연관된 생시몽주의자들도 많았다.

당시의 직업으로 분류한다면 세관관료 바자르, 의대생 뷔셰, 인쇄업자이며 1824년 창간된 진보적 일간지『르 글로브』Le Globe 공동 창업자인 르루Pierre Leroux(1797~1871), 변호사 루앙Pierre-Isidore Rouen, 대학교수이며『르 글로브』공동창업자이자 초대 편집인 뒤부아Paul Dubois, 초등학교 교사이며 생시몽의 첫 번째 비서를 역임한 역사가 티에리Augustin Thierry, 대학 교수이며 1840년 공공교육부장관을 역임한 쿠쟁Victor Cousin(1792~1867), 시인 레옹 알레비Léon Halévy 같은 사람이 한때는 카르보나리 비밀당원이었고 이제는 생시몽주의자가 되었다. 부르봉 왕정복고기에 생시몽주의가 '종교적 카르보나리'chabonnerie religieuse라는 별칭으로 당대인에게 알려질 정도로 양자의 인적 연관성은 밀접했다.9)

에콜 폴리테크니크라는 학벌, 유대인이라는 종교적 배경, 카르보나리

---

8) Manuel, *The New World of Henri Saint-Simon*, p.347.

9) Alan B. Spitzer, *Old Hatreds and Young Hopes: The French Carbonari against Bourbon Restoration* (Cambridge: Harvard University Press, 1971), p.275; Pilbeam, *Saint-Simonians in Nineteenth-Century France*, p.15 참조.

라는 좌파적 네트워크 외에 초기 생시몽주의자들을 엮는 또 다른 공통점은 이들이 소위 '1820년대 세대'였다는 사실이다.[10] 바자르는 1791년생, 로드리그는 1794년생, 앙팡탱과 뷔세는 1796년생, 피에르 르루는 1797년생, 바로는 1799년생, 레옹 알레비는 1802년생 등이다.

1792년과 1803년 사이에 출생한 사람을 통칭하는 '1820년대 세대'는 어린 시절에 발생한 프랑스혁명을 직접 체험하지는 않았지만, 혁명이 남긴 위대한 유산을 곱씹고 나폴레옹 1세가 펼친 제1제정의 빛과 그림자 밑에서 청소년으로 성장했고, 반동적인 복고왕정 밑에서 배반과 좌절을 겪으며 성인기를 보냈고, 7월 혁명과 1848년 혁명이라는 또 다른 양대 사건에 동참하면서 중장년으로서의 경력을 쌓았던 인물들이다.

1789년의 자유주의 대혁명과 1848년의 사회주의 혁명 사이에 낀 세대인 이들은 "능력에 개방된 직업"이라는 혁명의 수혜자(혁명이 세운 근대적 엘리트 대학교 졸업생)이며 동시에 그 현실적인 한계(유대인이라는 인종적·종교적 소수자라는 이유로 출셋길이 막혔던 피해자)를 가장 예민하게 경험한 집단이었다. 그리고 부분적으로 파괴된(부분적으로 살아남은) 앙시앵레짐의 봉건적·가부장적 질서와 완전히 결별하지 못하고, 혁명이 약속했지만 지키지 못한 자유·평등·우애라는 새로운 가치관을 포옹하면서 양자 사이에서 때로는 분노하거나 저항하던 세대였다.

10) Alan B. Spitzer, *The French Generation of 1820* (Princeton: Princeton University Press, 1987).

조용한 성장기: 1826~1829년

생시몽주의 역사에서 1826~1829년은 '조용한 성장기'였다. 친인척 네트워크를 중심으로 한정된 멤버의 외연이 확장되고 과학기술자 외에 다양한 배경을 가진 신입회원이 합류했다. 큰 부자인 데슈탈의 아버지가 통 큰 기부를 해서 파리 심장부인 팔레 루아얄Palais Royal 근처인 몽시니Monsigny 가에 넓은 집을 임대해 준 덕분에 생시몽주의자들은 좋은 음식과 비싼 와인을 즐기며 사교와 회원 포섭을 할 수 있었다.

당시 100명에 육박하게 증가한 '생시몽주의 가족'은 생시몽주의 사상에 호기심을 가진 예술가들(베를리오즈Hector Berlioz와 하이네Heinrich Heine 등)을 초대하여 댄스·뮤지컬 공연까지 곁들인 호사스러운 사회비판 담론을 나누었다. 앙팡탱과 헤드 테이블을 공유한 지도자들의 넉 달 치 저녁음식 비용만 해도 1만 1천 프랑을 소비할 만큼, 초창기 생시몽주의 가족은 '금수저 집안의 아웃사이더'(우리 표현을 빌자면 '강남 좌파')의 모임이었다.[11]

추종자들이 늘어남에 따라 운영조직과 선전체제가 정비되었다. 1828년 후반에는 '콜레주/추기경'Collège이라는 명칭으로 상층지도부 조직이 결성되었고, 하위직은 프리메이슨 조직을 모방해 '등급'degré이라는 명칭을 붙여 2등급, 3등급 등으로 순서를 매겼다. 1828년 12월 10일부터는 내부회원들의 '의식화'와 정신무장을 위한 수련회 성격이 강한 '교리교육'Enseignements이 20~30명 단위로 실시되었다.

바자르가 주도하여 '교리교육' 자료들을 모아 『생시몽 독트린』Doctrine de Saint-Simon이라는 제목으로 출간했는데 반응이 좋아 재판을 찍고 2권도 연

---

11) Pilbeam, *Saint-Simonians in Nineteenth-Century France*, p.18.

달아 출간되었다.[12] 일종의 내부교육용으로 출간된 이 책은 생시몽의 기본사상을 체계적이며 종합적으로 해설하려는 본격적인 시도였다. 생시몽주의자들이 "생시몽이 멈춘 지점"에서 새롭게 출발하여 그가 모호하게 남겼거나 제기하지 못한 중요한 이슈를 적극적으로 발굴한 "첫 번째 핵심적인 이론적 작품"이 『생시몽 독트린』이었다.[13]

사유재산은 인류사에서 인간에 의한 인간의 착취의 가장 극단적인 표현이다.

『생시몽 독트린』에서 집중적으로 논의된 가장 중요한 주제 가운데 하나가 사유재산의 역사적 성격이었다. 생시몽주의자들의 판단에 따르면, 사유재산은 '인류사에서 인간에 의한 인간의 착취의 가장 극단적인 표현'으로서 정의롭고 평화로운 사회건설을 위해 가장 심각하고도 긴급하게 해결해야 할 이슈였다.[14]

이런 중요성에도 불구하고 당대의 정치경제학에서 사유재산 문제가 간과되거나 무시되었다고 이들은 지적했다. 몽테스키에가 저술한 『법의 정신』에는 사유재산에 대한 논의가 "단 한 구절도 없고," 루소는 『사회계약론』에서 그 문제점은 인지했지만 해결책을 제시하지는 못했다고 생시몽

---

12) *Doctrine de Saint-Simon: Exposition, Première année, 1828~1829* (Paris: l'Oraganisateur, 1829) & *Doctrine de Saint-Simon: Deuxième année, 1829-1830* (Paris: l'Oraganisateur, 1830) 참조. 앞의 원서는 시카고 대학교에서 생시몽주의 연구로 박사학위를 취득한 고(故) 조지 이거스가 영어로 번역했다. *The Doctrine of Saint-Simon: An Exposition, First Year* (New York: Schockern Books, 1958/1972) 참조.

13) Charléty, *Histoire du Saint-Simonisme*, p.46; Weill, *L'École Saint-Simonienne*, p.27.

14) "The Constitution of Property and the Organization of the Banks," (March 11, 1829) Iggers, *The Doctrine of Saint-Simon*, p.111.

주의자들은 비판했다.[15)]

프랑스 계몽주의자들만 나무라는 데 그치지 않았다. 영국의 정치경제학자들도 도진개진이라고 생각했다. 맬서스Thomas R. Malthus(1776~1834)와 리카도David Ricardo(1772~1832)는 사유재산의 신성불가침성을 보호하려고만 했을 뿐, 누가 가장 많이 생산하고 누가 생산물의 더 많은 부분을 소비하는지에 관해서는 무관심했기 때문이다.[16)]

"영국의 위대한 법학자"인 벤담Jeremy Bentham(1794~1832)도 예외가 아니었다. 그는 모든 사회기관과 제도의 유일한 합법성의 잣대로 '공리적 법칙'을 내세웠지만, 무엇이 '사회적 공리'를 형성하는지에 대해서는 명확히 설명하지 않았다. 생시몽주의자들의 관점에서 보면, 각 개인의 취향이 결정하는 고통과 쾌락의 산술적인 합계로 사회적 유용성의 총량을 계산하려는 벤담은 무책임한 법학자였다. 그는 "가장 많은 숫자의 가장 많은 행복"을 누가 보증할 것인지에 대해서는 침묵했기 때문이다.[17)]

『생시몽 독트린』에 따르면, 전환시대의 지도자는 더 나은 미래를 위한 '새로운 쾌락'과 '새로운 고통'을 대중에게 주지시켜야 할 역사적 사명감을 갖는다. 이런 관점에서, 사유재산의 신성불가침성을 헌법으로 보장한 프랑스혁명의 잘못과 영국 공리주의의 오류를 수정하기 위해서 사유재산의 소유권과 사용법을 새롭게 정의했다. 생시몽주의자들은 출생의 특권

---

15) "Modern Theories of Property,"(March 25, 1829) *The Doctrine of Saint-Simon*, pp.124~127.

16) "Modern Theories of Property," *The Doctrine of Saint-Simon*, p.122.

17) "Modern Theories of Property," *The Doctrine of Saint-Simon*, p.132. 생시몽 및 생시몽주의자들과 벤담이 주창한 공리주의 사유양식의 비교평가는 Bellelt M. "On the Utilitarian Roots of Saint-Simonism: From Bentham to Saint-Simon," *History of Economic Ideas*, XVII(2009/2) 참조.

에 따른 유산으로 획득되는 사유재산권의 인정을 거부하고, 그것을 가장 생산적이며 효과적인 방식으로 사용·관리할 수 있는 능력과 의지를 가진 사람에게 양도하여야 한다고 주장했다.

모든 생산수단의 수탁자인 은행 시스템을 조직해야 한다.

사유재산을 포함한 물적 자원의 가장 적합한 '사회적' 사용과 활용을 위해서는 "모든 생산수단의 수탁자"의 자격을 갖는 은행 시스템을 조직해야 한다는 것이다.[18] 은행은 노동자 및 생산자와 생산수단의 소유자 사이에서 중재자 역할을 하면서, 양자가 만족하도록 모든 사회적 자원을 계획·관리·분배하는 역할을 담당할 것이다. 뿐만 아니라 '프리미엄 보험'이라는 정책을 통해서 자본가가 자신의 돈을 빌려주는 데 따른 위험을 감소시켜주는 기능도 은행이 행사할 것이라고 생시몽주의자들은 장담했다.[19] 사유재산을 종식시킨 새로운 사회의 사회경제적 조직과 질서 수립을 위해서는 은행이 주관하는 산업시스템이라는 것이 『생시몽 독트린』의 잠정적인 결론이었다.

생시몽주의자들의 두 번째 기관지인 『조직자』L'Organisateur(1829~1831)가 1829년 중반 발간되었다. 이전의 『생산자』가 실증주의와 과학기술 주제에 치우친 것과 비교하면 『조직자』는 문화, 도덕, 종교적 문제 등 감성과 윤리적

---

18) "Modern Theories of Property," pp.137~138 & "The Constitution of Property and the Organization of the Banks," p, 103. *The Doctrine of Saint-Simon.*

19) "The Constitution of Property and the Organization of the Banks," *The Doctrine of Saint-Simon*, p.104. 생시몽주의자들의 산업주의에서 차지하는 은행 시스템의 위상과 역할에 대한 상세한 설명은 Gilles Jacoud ed., *Political Economy and Industrialism: Banks in Saint-Simonian Economic Thought* (New York: Routledge, 2010) 참조.

인 문제를 포함하여 토론했다. 『생시몽 독트린』으로 다진 의식화 교육의 탄탄함과 두 기관지의 연속적인 발행을 통한 전문화의 단계를 거쳐 생시몽주의는 초창기 멤버를 중심으로 한 '가족'이라는 범주를 넘어서 정통적인 '독트린'을 가진 '학파'로 승격되었다.

아쉬운 점이 있다면, 『생산자』와 마찬가지로 『조직자』도 "전문학술지 성향"allures d'une revue spéciale을 탈피하지 못했기 때문에 일반대중에게 생시몽주의를 널리 알리기에는 어렵다는 한계를 가졌다.[20] 하지만, 다음 장에서 좀 더 상세히 알아보겠지만, 당대의 진보적인 일간지 『르 글로브』를 인수함으로써 '민중 속으로' 들어가는 대중화 작업에 일정한 성과를 거두게 된다.

다른 한편, 생시몽주의 교회는 '해외 선교'도 게을리하지 않았다. 벨기에, 독일, 영국 등지에도 선교사를 파견하여 생시몽주의 동조자를 모집했다. 부유한 아버지의 전폭적인 지원으로 1828년 봄에 영국으로 '교육탐방'을 떠난 데슈탈이 선발대 역할을 했다. 그는 생시몽주의 선교사 자격으로 J. S. 밀과 가깝게 친분을 쌓았고, 밀이 1830년 프랑스를 방문했을 때 그를 앙팡탱에게 소개시켜 주었다.[21]

데슈탈은 뒤에 합류한 뒤베리에Charles Duveyrier와 함께 산업주의자이자 초기 사회주의자인 오웬Robert Owen(1771~1858)과도 만나서 그가 세운 공동체 라나르크Lanark를 견학했다. 산업혁명의 본고장이며 노동운동의 전초기지 영국에서 생시몽주의자들은 급진주의 모임인 '철학협회'Philosophical Society와

20) Charléty, *Histoire du Saint-Simonisme*, p.72; Weill, *L'École Saint-Simonienne*, p.30.

21) 밀과 데슈탈이 교환한 편지 모음은 데슈탈의 아들에 의해 출간되었다. Eugène d'Eichthal ed., *John Stuart Mill. Correspondance inédite avec Gustave d'Eichthal* (Paris: Alcan, 1898) 참조.

‘런던통신협회’London Corresponding Society에도 참석했다.[22] 칼라일Thomas Carlyle (1795~1881)은 생시몽의 마지막 저서 『새로운 기독교』를 영어로 번역해 영국 독자에게 소개했고, 생시몽주의 정치-경제사상에 매료된 밀은 프랑스에서 귀국 후에는 생시몽주의를 지지하는 몇 편의 논문을 가명으로 발표했다.[23]

생시몽주의는 독일 지식인에게도 전파되었다. 1831년 파리에 건너온 하이네Heinrich Heine(1797~1856)가 적극적인 중매아비 역할을 했다. 1835년 자신의 시집(De l'Allemagne)을 앙팡탱에게 헌사할 정도로 마음을 빼겼던 하이네는 ‘모든 곳에도 있고 아무 곳에도 없는 보이지 않은 교회’라고 스스로 부른 생시몽주의에 심취했다.[24] 괴테도 생시몽주의 기관지인 『르 글로브』를 정기 구독할 만큼 관심을 가졌는데, 그의 말년 작품 『파우스트』에서 예술과 테크놀로지가 결합하여 만드는 신세계에 대한 절찬은 생시몽주의가 끼친 영향을 받았다는 주장도 있다.[25]

생시몽과 생시몽주의자들이 독일 사회주의(특히 마르크스)에 끼친 영향은 크다. 마르크스의 고향 트리어는 1835년 당시 생시몽주의 홍보의 남

22) David Owen Evans, *Social Romanticism in France, 1830~1848* (New York: Octagon Books, 1969), p.21~22.

23) Richard Pankhurst, *The Saint-Simonians, Mill and Carlyle: A Preface to Modern Thought* (London: Lalibela Books, 1965) 참조. 밀과 생시몽주의자들과의 사상적 교류와 영향력에 대해서는 J. R. Hainds, “John Stuart Mill and the Saint-Simonians,” *Journal of the History of Ideas* (1946), pp.103~112 참조.

24) Evans, *Social Romanticism in France*, p.18. 하이네와 생시몽주의자들과의 교류에 대한 상세한 정보는 E. M. Butler, “Heine and the Saint-Simonians” *The Modern Language Review*, XVII (1923): pp.68~85; *The Saint-Simonian Religion in Germany: A Study of the Young German Movement* (Cambridge: Cambridge Univ. Press, 1926) 등 참조.

25) G. Friedmann, “Faust et Saint-Simon,” *Europe*, xxvi (1948) 참조.

쪽 중심지였고 그의 아버지가 이 조직에 관여했다. 그리고 마르크스가 베를린대학에 재학할 때 스승(Eduard Gans)으로부터 생시몽주의의 저작물을 소개받았다.[26] 마르크스가 지식재산권을 갖는 것으로 잘못 알려진 "인간에 의한 인간의 착취"가 생시몽주의자들이 최초로 사용한 표현이라는 것에서 알 수 있듯이, '청년 마르크스'를 '생시몽주의 연루자'réseau saint-simonien로 분류해도 틀리지 않는다.

덧붙이자면, 벨기에 수도 브뤼셀에서는 1831년 생시몽주의 첫 해외 기관지인 『벨기에 조직자』L'Organisateur belge가 간행되었다. 요즘에 유행하는 용어로 표현하자면, 생시몽주의는 단지 프랑스 국내에 갇힌 사상이 아니라 국경 너머까지 파급된 '트랜스내셔널' 지적 운동이었다.

생시몽주의 학파에서 생시몽주의 교회로

생시몽주의는 1829년 12월 25일 크리스마스를 맞아 앙팡탱과 바자르를 '지존의 아버지'로 하는 사제司祭조직을 선포했다. 외형적으로는 더 이상 '학파'가 아닌 '교회'Église조직으로 재구성된 것이다. '조용한 성장기'를 통해 동조자들을 확보하여 생시몽 사상으로 무장시키고 지방에까지 조직을 전파·확장하여 안정기에 들어설 무렵에 왜 굳이 '종교'라는 낡은 이름이 필요했을까?

아마도 20명 이상의 집회를 금지하는 법망을 피해서 더 많은 회원(신도)을 모집하고 생시몽 사상(종교)을 부흥시키려는 보호막으로 이용하고자 가톨릭의 계서적인 조직, 신앙고백, 포교활동 등을 흉내 냈을 것으로 추정

---

26) Evans, *Social Romanticism in France*, p.18~19.

할 수도 있다. 또는 부르봉 왕정복고와 함께 프랑스혁명이 탄압한 가톨릭이 다시 '프랑스 국교'로 부활했다는 사실을 기억한다면, 혁명기에 로베스피에르 같은 과격주의자들이 내세운 '이성의 종교'와 '절대존엄자의 축제'와 같은 일종의 시민종교를 수립하려는 의도일 수도 있다. 분명한 것은 이후 출간되는 거의 모든 팸플릿에는 생시몽주의 종교Religion Saint-Simonienne라는 구절이 삽입될 만큼, 생시몽주의자들은 '종교'를 결정적 화두로 삼아 자기들 사회사상을 설명하고 정당화했다는 사실이다.

'학파에서 교회로의 이행'이 아무런 내부적인 갈등 없이 부드럽게 진행된 것은 아니었다. 오리지널 간판 멤버인 뷔셰와 앙팡탱이 신의 존재론적인 의미와 기독교와 생시몽주의와의 밀접한 연관성을 둘러싸고 정면충돌했다. 뷔셰가 "신은 모든 곳/것에 존재한다"고 믿는 범신론panthéisme을 지지했다면, 앙팡탱은 "신은 모든 것 그 자체이다"라는 유사하지만 엄밀하게 따지면 다른 견해를 주장했다.[27)]

뷔셰는 신은 유일하고도 통합된 모든 존재이기 때문에 그 신성을 별개의 속성으로 나누는 것은 불경스럽다고 주장했다. 이에 비해 앙팡탱은 신은 완벽하고 영원히 변치 않는 속성의 소유자가 아니라, '유한한 영역'champ de FINI인 인간과 사회 속에서 그 섭리를 완성해가는 '열린 존재'로 이해했다. 뷔셰의 선배격인 범신론자 스피노자는 "인간에 대한 동정적인 끌어당김이 전혀 없는" 기독교 존재론을 신봉하여 인간을 두려움과 경외감의 포로로 만들어 인간 의지와 자유를 부정했다고 비판한 바 있었다.[28)]

---

27) Robert B. Carliste, *The Proffered Crown, Saint-Simonianism and the Doctrine of Hope* (Baltimore: Johns Hopkins University Press, 1987), p.120.

28) "Réponse à Quelques Objections sur le Dogme," *Doctrine de Saint-Simon: Deuxième Année*, pp.307~308 & p.321.

'교회'라는 간판과 '신학'이라는 논쟁은 생시몽주의자들의 1차 분열의 직접적인 원인이 되었다. 자신의 범신론과 다른 신념을 가진 앙팡탱에 반대한 뷔셰는 1829년 후반기에 동조자들과 함께 '교회'를 탈퇴했다.[29] 생시몽의 비서이자 실증주의 창시의 학문적 파트너였던 콩트도 앙팡탱이 생시몽주의를 종교적 언어와 신학적 색채로 더럽히는 데 항의하며 '생시몽의 집'에서 뛰쳐나갔다. 경쟁자들이 사라진 덕분에 '생시몽주의 교회'가 표면적으로는 두 개의 머리를 가진 공동지도 체제를 내세웠지만 앙팡탱이 실질적인 절대 존엄자로 급방 떠올랐다.

유대인 출신인 앙팡탱은 가정형편상 에콜 폴리테크니크를 중퇴한 후 러시아와 스위스 등지를 다니며 상업에 종사하던 인물이었다.[30] 생시몽의 마지막 비서 로드리그 소개로 1825년 생시몽을 만난 앙팡탱은 그의 경제이론(산업주의)에 매료되었다. 그는 카리스마가 넘치는 특출한 용모와 사람의 심리를 읽는 독심술讀心術로 주변 인물들을 사로잡으며 생시몽주의 지도자로 급부상했다. 슈발리에는 앙팡탱을 "지금까지 존재한 누구보다도 더 위대한 최면술사"로 기억했다.[31]

생시몽주의 '교회'의 실질적인 우두머리이며 '교리'의 독보적인 해석자가 된 앙팡탱은 생시몽이 물려준 정치경제학, 사회계층론, 사회주의, 산업주의 등 다양하고도 복잡한 지적 유산을 어떻게 생시몽주의 신학으로 '수렴'하여 추종자들을 단결시키고 이끌어 갈 수 있을까? 생시몽주의자들이

---

29) 생시몽주의 교회에서 탈퇴한 이후의 뷔셰의 사상적 활동에 대해서는 이종광, 「뷔셰(Buchez)의 기독교사회주의」, 오주환 외, 『혁명·사상·사회변동』(경북대학교출판부, 1991), pp.244~271 참조.

30) 앙팡탱에 관한 전기는 Jean-Pierre Alem, *Enfantin: Le Prophète aux Sept Visages* (Paris: Jean-Jacques Pauvert, 1963) 참조.

31) Frank Manuel, *The Prophets of Paris* (New York: Harper & Row, 1965), p.191 재인용.

파파 앙팡탱

앙팡탱은 카리스마 넘치는 특출한 용모와 사람의 심리를 읽는 독심술로 주변 인물을 사로잡으며 생시몽주의 지도자로 급부상했다. 슈발리에는 앙팡탱을 지금까지 존재해온 누구보다도 더 위대한 최면술사로 평가했다.

(출처: 프랑스국립도서관 갈리카 디지털도서관)

주창한 기존의 기독교보다 '더 좋은 종교'와 '더 종교적인 종교'의 특징과 프로그램은 무엇일까? 이런 의문을 염두에 두고 생시몽주의 '사회종교'에 대해서 좀 더 상세히 알아보자.

Ⅱ. 새로운 '사회종교'로서의 생시몽주의

생시몽은 자신의 마지만 저서인 『새로운 기독교』의 속편을 쓰려던 계획을 실행하지 못했다. 이런 아쉬움 때문에 생시몽은 그가 죽은 후에 제자들이 '종교(가톨릭)의 사회적 의미'를 탐구하여 『새로운 기독교』에 담긴 깊은 의미를 후세대에게 '포교'하라고 유언했다. 그러므로 생시몽주의자들이 자신의 조직에 '교회'라는 외피를 입히고, 구성원들의 명칭과 위계질서를 가톨릭 조직을 모방하고, 교리 공부와 전도사를 통한 선교활동에 열중한 것은 생시몽의 유지를 계승하려는 합당한 몸짓으로 이해할 수 있다.

당대인이 생시몽주의자를 "교황주의자"Papists, "예수회신자"Jesuits, "교황절대주의자"ultramontanes 등으로 야유하며 유사·사이비 종교추종자로 몰아가는 것을 꾹 참으며 생시몽주의자들은 스승이 미완성 상태로 물려준 '천상에서 지상에서 내려온 인류교'를 좀 더 견고하고 건강한 시민종교에 접목시키려고 노력했다.[32] '모두를 서로 형제처럼' 대접하고, '극빈층의 복지 향상'을 보장하는 시대에 맞춤하는 새롭고도 진정한 종교를 어떻게 개척하고 부흥시킬 것인가?

미래는 사람과 사람을 연결하는 법을 가장 잘 알고 있는 자들의 몫이다.

생시몽주의자들에 따르면, 종교는 현대사회에서 영향력이 감소된 퇴물로 사라지는 것이 아니라 새로운 시대요청에 부응하는 모습으로 부활해

32) "A Letter Concerning the Difficulties Which the Adoption of a New Religious Belief Faces Today,"(July 29, 1829) *The Doctrine of Saint-Simon*, pp.253~254.

야 한다. 현대인(19세기초반 사람)이 "과학의 비판적 가설"에 영향을 받아 "덜 종교적"이 되는 경향은 있지만, "각기 고립된 단편적인 지식들의 집합"만으로 신이나 보편적 진리를 부정하기에는 역부족이라고 생시몽주의자들은 항변했다.[33] 종교적 금언은 증명의 대상이 될 수 없는 속성을 가지기 때문에, "볼테르식의 신성모독이나 현대 물질주의의 무례한 경멸"도 신학적인 도덕률을 완전히 부정할 수는 없다.

과학과 종교 사이의 양립(불)가능에 대한 공박은 생시몽주의자들 내부에서도 발생했다. 생시몽의 충직한 비서였던 콩트는 "생시몽(주의) 사상에서 내가 지지하는 철학(실증주의) 방향과는 도저히 양립할 수 없는 종교적 성향을 발견했을 때 우리의 갈등은 부분적으로 이미 시작이 되었다"고 회상했다.[34] 이에 대해 슈발리에는 "자신의 진정한 (정신적) 아버지에 대한 인연의 끈을 끊는 자는 후손들의 비판을 피할 수가 없을 것"이며 "미래는 자신을 고립시키는 사람이 아니라 사람과 사람을 연결하는 법을 가장 잘 알고 있는 자들의 몫"이라고 항변했다. 인간의 상상력과 헌신적인 사랑 등을 "자나 체중계 및 외과용 메스 등으로 갈기갈기 찢어서 무게를 달고 평가할 수 있다"고 주장하는 콩트는 선험적 세계와 관찰의 세계를 혼동하고 있는 '이단자'hérétique라고 '정통' 생시몽주의자들은 비난했다.[35]

---

33) "Introduction to the Religious Question,"(June 17, 1829) *The Doctrine of Saint-Simon*, pp.204~205.

34) 생시몽주의자들과 콩트 사이의 사상적 괴리와 개인적 적대감에 대해서는 Pierre Arrous, "Saint-Simon, le Saint-Simonisme et les Saint-Simoniens vus par Auguste Comte," *Economies et Sociétés* (1970) #6: pp.1049~1068 참조.

35) "A Digression in the Work entitled *The Third Book of the Industrialists' Catechism* by August Comte, A Student of Saint-Simon,"(July 15, 1829) *The Doctrine of Saint-Simon*, pp.233~236; *Œuvres de Saint-Simon et d'Enfantin, précédées de deux Notices Historiques et publiées par les membres du Conseil institué par Enfaintin pour*

종교란 중심에서 주변으로, 이론에서 실제로, 개별성에서 보편성으로, 나에게서 타자로, 순간에서 영원으로 쌍방향으로 이동할 수 있는 원동력이다.

근대과학의 위대한 업적도 종교의 존재성을 깡그리 부정할 수 없다고 하더라도, 도대체 어떻게 인류에게 종교적 미래가 여전히 있다고 확신할 수 있을까? 생시몽주의자들은 이런 반론에 대답하기 위해 과학발전의 역사적 패턴에 주목했다. 장기적인 발전 추세를 추적하면 과학이 종교를 점진적으로 대체하는 것이 아니라, 과학이 오히려 종교의 발전과정을 답습하고 있다는 것을 발견할 수 있다고 이들은 주장했다. 다시 말하면, 과학이 물신주의, 다신론, 유일신주의 등의 단계를 거쳐 인류와 함께 발전해왔다는 것을 우리는 알 수 있다.36)

과학의 궁극적인 목적이 우주와 사물을 지배하는 보편적인 법칙을 발견하여 여러 자연현상의 인과론을 따지는 것이라면, 과학은 결국 종교의 범주를 넓히고 강화시키는 데 공헌했다고 생시몽주의자들은 믿었다. 과학이 종교의 근원을 파괴하기보다는 신과 그가 경영하는 자연현상에는 질서와 조화 및 항구성이 있다는 사실을 종교로부터 배우기 때문에, 과학이 발전하면 할수록 역설적으로 점점 더 종교와 가까워진다는 설명이다.37)

생시몽주의자들의 '종교-과학 인식론'은 생시몽이 규정한 인간정신의

---

l'exécution de ses dernières volontés (Paris: E. Dentu, 1865~1878), Vol. 5, pp.112~140. Reprinted in 1963~1964. 총 47권. 이후 *OSSE*로 약칭.

36) "Objections Stemming from the Alleged Irreligion of the Positive Sciences,"(July 1, 1829) *The Doctrine of Saint-Simon*, p.225.

37) "The Religious Development of Mankind; Fetishism, Polytheism, Jewish and Christian Monotheism,"(August 12, 1829) *The Doctrine of Saint-Simon*, pp.266~267.

발전단계와 비슷하지만 질적인 차이가 있다. 생시몽은 인류역사는 신학의 단계에서 형이상학의 단계로, 형이상학의 단계에서 실증의 단계로 발전한다고 확신했다. 그리고 이런 이행과정을 밀고 끌어당기는 "사회변동의 으뜸요소"를 과학의 발전으로 생시몽은 꼽았다.[38]

이와 달리 생시몽주의자들은 인류역사를 과학의 종교에 대한 우월적인 관점이 아니라 종교적인 세계관의 지속적인 확장으로 인식했다. 종교가 오늘날에도 계속 합당한 존재이유가 있는지를 의심하는 것은 어리석은 태도이며, '어떤 종류의 새로운 종교'를 창출하여 현재 직면하고 있는 사회문제를 해결할 것인가를 묻는 것이 올바른 자세라고 이들은 확신했다. 생시몽주의 '교회'가 해결해야 할 과제는 종교를 과거의 유물로 취급하여 골동품 창고에 유폐시키는 대신에 "영원한 현재"에 거주하는 '사회적인 그 무엇'으로 새롭게 창출하는 것이라고 앙팡탱은 강조했다.[39] 이런 신념으로 앙팡탱은 종교를 아래와 같이 새롭게 정의했다.

> 종교란 무엇인가? 그것은 우리를 둘러싼 전체 현상이 우리에게 행사하는 행위는 우리 쪽의 이러저러한 반작용réaction을 반드시 따른다는 믿음이다. 다시 말하면, 종교는 도그마dogma와 의례culte이다. 외부세계에 의해 우리가 영향 받음을 알고 있음을 지각하는 표현 방식이고, 우리가 그것(외부세계)에 행사해야 하는 반작용의 방식이다. 종교란 수동적에서 적극적으로, 중심에서 주변으로, 이론에서 실제로, 개별성에서 보편성으

38) George Iggers, "Elements of a Sociology of Ideas in the Saint-Simonist Philosophy on History," *The Sociological Quarterly*, #1~4(Oct. 1960), p.219.

39) Enfantin, "Identité du Dogme Religieux et de la Théorie Politique: Lettre à M. Engely," *OSSE* Vol. 17, p.225.

로, 나moi에서 타자non-moi로, 순간에서 영원으로 쌍방향으로 이동할 수 있는 원동력mobile이다.40)(강조는 원문)

조금 어려운 위 인용문을 해설한다면, 종교는 자연과 신, 우주현상에 대한 형이상학적인 탐구인 도그마와 주어진 외부조건에 대한 인간의 대응 방식인 의례라는 두 부분으로 구성된다. 도그마가 결여된 종교가 의인관擬人觀(anthropomorphism)의 함정에 빠질 염려가 있다면, 의례가 결여된 종교는 미신화 할 우려가 있다. 종교는 절대자의 일방적 독백만으로 이루어지는 것이 아니라 신성Sacré과 세속Profane 사이의 양방향 대화로 이루어진다고 앙팡탱은 설명했다.

이런 관점에서 다시 보면, 신은 선험적·초시간적으로 완벽한 존재Being가 아니라, 인간과 사회가 끊임없이 발전한다는 조건하에서만 완전할 수 있는 "생성되는 실체"Becoming of Reality이다.41) 그러므로 신의 영원불멸한 속성보다는 신과 인간, 인간과 인간 사이의 긴장되고 가변적인 관계에 초점을 맞춰야 하는 것이 진정한 종교의 존재이유이며 합법성이라고 그는 역설했다. 그래서 생시몽주의자들은 기독교의 '반시대적인' 도그마와 의례를 비판했다. 무엇보다도 기독교는 '물질적인 이 세상과 정신적인 저 세상' 사이에 건널 수 없는 높고도 완강한 벽을 세움으로써 물질적 부와 육체적인 쾌락을 영혼의 구원과 천국에서의 생명과 양립할 수 없다고 주홍색 선을 그었다.

인간의 신성한 노동을 통한 물질적 풍요를 '바늘귀를 통과하려는' 헛된

40) "Note d'Enfantin sur les Religions," *OSSE* Vol.17, p.299.
41) "Note d'Enfantin sur les Religions," *OSSE* Vol.17. p.225.

행위로 비하하고, 결혼보다는 독신을 우월한 육체적 가치로 우러러보는 기독교는 '체념과 자기비하의 종교'에 다름이 아니라고 생시몽주의자들은 평가했다. 가난과 청빈, 금식과 금욕을 절대적으로 섬기는 "나쁜 기독교는 죽었다"는 선언이다. 생시몽주자들의 기독교 비판은 반세기 후에 니체의 『도덕의 계보』에서 메아리 된다. 니체는 육체적 금욕과 정신적인 복종을 미덕으로 높이 사는 기독교를 '노예도덕'[42]으로 분류한 것이다.

정통 기독교에 각인된 이런 치명적인 약점을 극복하기 위해서 바로 세워야할 새로운 종교(생시몽이 주창한 새로운 기독교는 다음의 요소를 갖추어야 한다고 생시몽주의자들은 제안했다.[43] ① 인류의 집단 사상의 표현, ② 모든 인간개념의 종합, ③ 모든 인간행위의 규칙－이런 세 가지 조건들을 충족시키는 생시몽주의 종교는 예술-과학-산업이라는 새로운 삼위일체에 기반을 두어야 한다.

물질의 복권과 예술-과학-산업의 삼위일체

1829년을 전후로 생시몽주의 사회신학 이론과 시스템에 크게 기여한 외젠 로드리그Eugène Rodrigue는 다음과 같이 설명했다.

> 수많은 형태로 변화하는 예술은 종교적 감정의 인간적 표현이다. 예술은 과학에게 생명을 주어서 도그마로 발전시킨다. 예술에 의해 풍요롭게 된 과학은 산업을 통해 자신을 구현하고, 역시 예술에 의해 풍요롭게 된 산업은 과학을 통해 자신을 이상화한다. 산업은 지구 전역에 걸친 의

42) 이 이슈에 대해서는 육영수, 『지식의 세계사』, pp.144~145 참조.
43) "The Religious Development of Mankind," *The Doctrine of Saint-Simon*, p.265.

미에서의 경작la culture이고, 경작은 (종교적) 의례의 인간적 표현이다. 종교와 예술은 아름다움의 정서를 상호 강화하고, 도그마와 과학은 진리를 상호 강화하며, 의례와 산업은 공리utilité의 실현을 상호 강화한다.[44)]

외젠은 올랭드 로드리그의 남동생으로 23살에 사망했다. 그는 죽어서 생시몽주의 '성인'으로 경배되었다. 앙팡탱은 그의 이른 죽음을 슬퍼하며, "생시몽 독트린이 종교적 행로를 걸을 때dans la voie religieuse 친애하는 외젠은 (생시몽주의) 학파의 모든 활동의 선두에서 행진하기를 멈추지 않았다"고 추모했다.[45)]

생시몽주의자들은 진선미라는 고대적 지혜와 성부-성자-성신이라는 중세 기독교의 가르침을 예술-과학-산업이라는 새로운 삼위일체로 번역했다. "사랑하고, 탐구하며, 실행하라"는 새로운 모토를 합창하며 예술인·과학자·산업주의자가 생시몽주의 교회의 깃발 아래 모인 것이다. 새 시대의 새로운 종교는 사회를 "총체적으로" 이끌고 인간 활동의 "모든 측면"을 관할해야 한다고 생시몽주의자들은 요구했다. 인간의 감성을 관할하는 예술가, 인간의 머리를 운영하는 과학자, 인간의 팔다리를 운행하는 산업기술자—이들은 삼위일체가 되어 말씀 중심적인 기독교가 천대한 '물질의 복권'Réhabilitation de la Matière을 새로운 시대의 새로운 복음으로 내세울 것이다.

앙팡탱의 해설에 따르면, 물질의 복권이란 "종교적으로는 의례의 확립, 정치적으로는 산업의 조직화, 도덕적으로는 여성의 해방 및 남성과의 평등한 연합을 의미"하는 삼중적인 의미를 갖는다.[46)] 말하자면, 생시몽주의

---

44) Eugène Rodrigues, "La Trinité," *Lettres sur la Religion et la Politique, 1829* (Paris: Au Bureau de L'Organisatuer, 1831), p.30.

45) *OSSE*, Vol.2, p.128.

라는 종교의 우산 밑에는 유한한 현실세계에서의 정치투쟁, 물질적인 산업주의의 부흥, 육체의 복권을 지향하는 남녀평등 등이 복합적으로 자리를 잡고 있었다.

요약하자면, 생시몽주의자들은 정치경제 사상을 종교적 신비주의로 덧칠함으로써 스승이 물려준 훌륭한 유산을 변질시킨 불경스러운 제자들이 아니다. 생시몽이 미완성 상태로 물려준 사회사상을 완결시키는 진정한 의미의 수제자들이었다.

자신들과 생시몽 사이에 놓여 있는 "엄청난 간격"les lacunes énormes을 자각한 생시몽주의자들은 "생시몽이 멈춘 지점에서부터" 그들의 지적 편력을 시작했다.[47] 생시몽은 인간이 공통적으로 가진 감성적 요소(동정심과 형제애)에 호소하여 이타적 산업사회주의를 완성할 수 있다고 믿었다. 반면, 생시몽주의자들은 인간감성의 변화를 지상의 천국을 구현하기 위한 절대적이며 유일한 수단으로 의존하지 않았다. 그 대신 그들은 정치현장에 대한 즉각적이며 직접적인 비판과 참여를 독려했다. 기존의 정치영역과 종교영역을 동시에 확장시킴으로써 "카이사르의 세계(통치와 군림으로서의 정치)"와 "예수의 세계(영적 구원으로서의 종교)" 사이에 대립적으로 존재하는 '청동 벽'을 허물 지렛대가 되겠다고 생시몽주의자들은 다짐했다.[48]

1829년을 고비로 생시몽주의 사회종교의 '도그마'를 정립·정비한 후에, 1830년 7월 혁명을 전후하여 생시몽주의자들이 '민중 속으로' 들어가서

46) Enfantin, "Deuxième Enseignement," *OSSE* Vol.7, p.45.

47) Charléty, *Histoire du Saint-Simonisme,* p.47.

48) Émile Barrault, "Unité de la religion et de la politique," *Lettres sur la Religion et la Politique*, pp.452~453.

정치투쟁을 통한 '의례'를 어떻게 실천하는지에 대해서 다음에서 계속 알아보자.

톺아 읽기 1

"열린" 생시몽주의와 그 추종자들

생시몽주의는 생시몽이 물려준 고정된 유산을 수동적으로 재생산한 것이 아니라, 스승의 불안하고도 미완성적인 '생각 덩어리'를 시대적 변천과 사회적 요구에 맞춰 능동적이며 전향적으로 재창조한 결과였다. 다시 말하면, 생시몽주의는 '완결된 도그마'가 아니라 끊임없이 (재)생성되는 '열린 사회사상'이었다.

카멜레온처럼 살아남기 위해 주변 환경에 따라 변덕스럽게 변신했다는 의미가 아니라, 각본 없이 변화하는 시대상황과 갈등하면서 시행착오를 걸쳐 자신의 정체성을 다시 만들어가는 과정이 생시몽주의의 실체이며 생명력이라는 뜻이다.

이것이 생시몽주의가 1825~1830년 사이에 지배계층, 부르주아, 지식인-과학기술자, 유대인, 노동자, 여성 등 다양한 사회계층의 동조와 지지를 이끌어낼 수 있었던 비결이다. 생시몽주의 학파에 입회한 몇몇 개인의 사례연구를 통해서 당대인의 눈에 비친 사상적 성격과 정치경제적인 실체를 관찰해보자.

레옹 알레비

유대인 출신 에콜 폴리테크니크 졸업생들이 주류를 이루던 초창기 생시몽주의자들 가운데 예외적으로 인문학 분야에서 활약한 인물들이 있었다. 레옹 알레비Léon Halévy가 그 중 한 명이었다. 그는 파리 유대인 공동체의 영향력 있는 종교지도자의 아들로 태어나 장래가 촉망받는 고전문학 학자로 성장했다. 다른 유대인 소장학자들과 마찬가지로 그도 부르봉 복고왕정의 반유대주의 정책으로 학계진입을 봉쇄당했다. 알레비는 처가 쪽으로 4촌 관계인 로드리그의 소개로 1820년 생시몽을 팔레 루아얄 정원에서 직접 만났다.

전통적인 유대교와 프랑스 시민사회에 동화된 유대주의 사이에서 고민하던 알레비는 생시몽주의 오리지널 창립멤버의 한 명이 되었다. 생시몽 장례식에서 조사를 낭독할 만큼 충성파의 일원이었던 그는 생시몽주의 초창기에 이론적인 기본방향을 제시한 『생시몽 독트린』의 주요 편집자였다. 그는 생시몽주의자들이 간행한 생시몽의 유고집 저술과 출판이 가능하도록 물심양면으로 지원했다. 그리고 첫 기관지 성격을 갖는 『생산자』의 편집인으로 봉사하면서 초기 생시몽주의가 뿌리내리도록 기여했다.

7월 혁명 이후의 사회개혁 분위기 덕분에 알레비는 1831년 그가 꿈꾸던 에콜 폴리테크니크 프랑스문학 주임교수가 되었다. 7월 왕정에서는 공교육부 관료로도 근무했다.[1)] 알레비는 1831년 "생시몽을 위한 헌사"Ode à Saint-Simon를 지을 정도로 헌신적이었지만, '아버지' 앙팡탱의 주도하에 생시몽주의 교회가 점점 신비주의적 사이비 밀교모임으로 변질해 가는 것

1) 레옹 알레비의 가족배경과 생시몽과의 인연에 대해서는 Alain Silvera, *Daniel Halévy and His Times: A Gentleman-Commoner in the Third Republic* (Ithaca: Cornell University Press, 1966), pp.5~8 참조.

말년의 레옹 알레비
알레비는 1831년 생시몽을 위한 헌사를 지을 정도로 헌신적이었지만, 아버지 앙팡탱의 주도하에 생시몽주의 교회가 점점 신비주의적 사이비 밀교 모임으로 변질해 가는 것에 반발하여 결별했다.
(출처: 『프랑스 서정예술 백과사전』)

에 반발하여 결별했다.

에밀 바로

생시몽주의자들 가운데 드문 또 다른 인문학 전공자가 에밀 바로였다. 일-드-프랑스 태생으로 소레즈Sorèze 중학교에서 문학과 수사학을 가르치던 바로는 1827년 중반에 생시몽주의와 접촉하게 되었다.[2] 그는 앙팡탱이 새로운 추종자 모집을 위해 1827년 6월 프랑스 남부를 방문했을 때, 몽펠리에Montpellier 지역에서 활약하던 생시몽주의자 레세귀에Jules Rességuier의 소개로 '아버지'와 만났다.

여행을 마치고 파리로 돌아온 앙팡탱이 레세귀에에게 보낸 1827년 12월 30일자 서한에서 "바로를 알게 된 것에 대해 우리는 다시 한번 당신께 감사드린다. 그는 매력적인 인물이며, 우리는 그의 직업이 허락하는 한 열심히 (생시몽주의에 대해) 공부하라고 권유했다"고 언급했다.[3]

바로는 미래의 지도계층으로 예술가를 과학자에 버금가는 중요한 집단으로 지목한 생시몽주의에 깊은 인상을 받아 교사직을 관두고 파리로 상경했다. 타고난 웅변술과 인문학에 관한 폭넓은 지식을 인정받아 바로는 1830년 고위직인 콜레주 직급으로 승진했다. 그리고 앙팡탱의 신임을 받아 '대표 설교자'로서 대중선교의 책임을 수행했다.[4]

바로는 생시몽주의 교회의 '여성문제'로 인한 제1차 분열과 '동양문제'로 인한 제2차 분열에서, '아버지' 앙팡탱을 지킨 '로열 멤버'의 한 명이었

2) *OSSE : Notices Historiques*, Vol. 1, pp.214~215.

3) *OSSE* Vol. 8, p.148.

4) 생시몽주의자들의 대중강연 모음집인 *Recueil de Prédications* (Paris: Chez Johanneau, Libraire, 1828~1832), 3권. 총 48편의 '설교'가 실려 있다. 바로는 강연의 절반이 넘는 26번을 담당했을 정도로 중추적인 활약을 했다.

다. 1832년 학파의 공식적인 해체 이후 그는 앙팡탱을 위로할 '여성 메시아'를 찾아 이집트로 떠나는 '여성메시아 탐험대' 단장을 맡았다.

1848년 혁명 이후에는 『노동자의 경종』이라는 일간지를 창간하여 '노동의 권리' 신장에 앞장섰던 그는 가난하고 일자리 없는 노동자들을 알제리로 이주시켜 생시몽주의 실험을 아프리카 북단에서 이어갔다. 멤버십의 이산집합이 빈번하고, 사상적 운동의 중심지가 변화무쌍한 생시몽주의 30년 역사에서 변절하거나 배반하지 않은 예외적인 인물 가운데 한 명이 바로였다.

"생시몽주의 학파의 마지막 정통 저서"로 뽑히는 『예수』Le Christ(1865)에서 바로는 지난 30년은 추종자들을 소진시키기보다는 오히려 성숙시킨 세월이었다고 회고했다.[5] 지난 한 세대 동안 생시몽주의 사상은 "유럽의 도덕적인 분위기를 정복했고, 산업발전에 지대한 영향을 끼쳤으며, 정부의 공식 용어에 자주 사용되었고, 위대한 예술작품의 생산에 영감을 주었고, (생시몽주의 사회종교를) 교회 성직자들이 비밀스럽게 참조하는" 유산을 남겼다고 썼다.[6] 말하자면, 생시몽주의는 더 이상 생시몽주의자들의 배타적인 소유물이 아니라 모든 사람이 제각기 음미하고 재발견해야 할 열린 지식재산권이 되었다고 바로는 평가했다.

에두아르 샤르통

샤르통Édouard Thomas Charton(1807~1890)이 최초로 생시몽주의와 조우하게 된 것은 1829년 후반이었다. 생시몽주의 교리공부에 처음으로 참석한 그는

5) Geroges Weill, *L'École Saint-Simonienne*, p.286.
6) Émile Barrault, *Le Christ* (Paris: Imprimerie Balitout, 1865), p.67.

종교, 정치, 철학, 과학, 산업, 미학 등 백과사전적인 광범위한 주제에 압도당했다. 그날의 주제 발표자인 바자르가 자신이 젊은 시절에 견지해온 반정부적인 정치이념을 생시몽주의 종교이론과 어떻게 접목했는지 설명했지만, 샤르통은 회의적인 의구심을 버릴 수 없었다.

첫 강연은 그에게 생시몽주의가 도대체 "정치 결사인지, 종교 집단인지, 혹은 박애주의자들의 모임인지" 도저히 알 수 없는 혼란과 호기심을 안겨주었다.[7] 변호사 출신으로 고등교육을 받은 샤르통도 "전혀 새로운 언어"를 사용하는 생시몽주의자들의 사상을 완벽히 이해하기 위해서는 가능한 많은 집회에 참석하는 것 외에는 뾰족한 대안이 없었다고 고백했다.[8]

샤르통이 생시몽주의에 대해 가졌던 모호한 첫인상은 곧 개인적 깨달음으로 대체되었다. 두 번째 참석한 생시몽주의 교리공부에서 바자르는 '역사는 인류의 이타적 행복을 보장하는 방향으로 필연적으로 전개된다'라는 요지의 강연을 했는데, 이 순간 샤르통은 미로를 헤매는 자신의 내면세계에 한 줄기 광명이 비추는 것을 느꼈다. 인간사에는 좀 더 나은 것을 꿈꾸며 살아갈 희망과 가치가 있다고 역설하는 생시몽주의는 "권태로운 우울"과 "모든 것에 관한 환멸"의 늪에 빠진 샤르통에게 구원의 목소리로 다가왔다.[9]

혁명과 반동이 번갈아 강요하는 정치적 패배감과 소외감에 시달려 온 그는 "새로운 사회건설을 위한 철학적 대안"을 마침내 생시몽주의 안에서 발견했다고 확신했다. 생시몽주의와의 만남을 자신의 사상적 자아발

---

7) Charton, *Mémoires d'un prédicateur saint-simonien* (Paris: Au Bureau de la Revue Encyclopédique, 1832), pp.8~9.

8) Charton, *Mémoires*, p.19.

9) Charton, *Mémoires*, p.7.

에두아르 샤르통
혁명과 반동이 번갈아 강요하는 정치적 패배감과 소외감에 시달려 온 그는 새로운 사회건설을 위한 철학적 대안을 마침내 생시몽주의 안에서 발견했다고 확신했다.
(출처: 위키피디아)

견의 위대한 순간으로 인식한 그는 에밀 바로와 함께 '6인의 전도사'의 한 명으로 활약했다. 샤르통은, 뒷장에서 살펴보겠지만, '여성문제"를 둘러싼 심각한 내분에 실망하여 1831년 11월에 생시몽주의 교회와 갈라섰다.

쉬잔 부알캥

'민중의 딸' 부알캥Suzanne Voilquin(1801~1876/7)이 형부 소개로 생시몽주의자들의 모임에 처음 참석한 것은 1830년 어느 날이었다. 그녀가 기억하는 이 모임에 대한 첫인상은 "품위 있는 부르주아와 정직한 노동자들의 모임" 이었다.[10] 그 후 여러 차례 모임에 참석한 부알캥은 생시몽주의 선교사들이 약속하는 "무한한 사회의 발전 가능성", "여성의 자유에 대한 기본적인 지지", "종교적 미래에 대한 긍정적 전망" 등에 마음이 꽂혀 생시몽주의를 인생의 등대로 삼을 것을 결심했다.[11] 생시몽주의의 다양한 교리 가운데 왜 이 세 가지에 특히 매혹되었는지 이해하기 위해서는 그녀의 성장 과정과 가족관계를 간략히 살펴볼 필요가 있다.

부알캥은 1801년 독실한 가톨릭신자 어머니와 노동자이며 1789년 혁명에 참여한 아버지 사이에서 태어났다. 어린 시절에 한편으로는 어머니를 따라 매일 새벽 첫 미사에 의무적으로 참석해야만 했고, 다른 한편으로는 아버지로부터 자유와 평등과 같은 혁명사상을 귀동냥하며 성장했다.[12]

양친의 상이한 세계관 속에서 위험한 시소놀이를 하듯 혼란스런 나날

10) Suzanne Voilquin, *Souvenirs d'une fille du peuple, ou La Saint-Simonienne en Égypte* (Paris: François Maspero, 1978). 원래는 1866년 출간된 자서전이며 이 책의 일부가 Claire G. Moses & Leslie W. Rabine ed., *Feminism, Socialism, and French Romanticism* (Bloomington: Indiana Univ. Press, 1993), pp.147~177에 영어로 번역되어 실려 있다.

11) Suzanne Voilquin, *Souvenirs d'une fille du peuple*, p.109.

12) Suzanne Voilquin, *Souvenirs d'une fille du peuple*, p.51.

을 견디던 부알캥은 어머니를 병으로 여의고 아버지로부터도 버림받게 된다. 이후 여동생과 함께 가난하고 불안한 청소년기를 보낸다. 고아 아닌 고아신세가 된 자매는 빵을 벌기 위해 열악한 환경의 가내공장에서 "이른 아침부터 자정까지" 노동에 시달려야만 했다.

엎친 데 덮친 격으로 자신보다 사회신분이 높은 남성과의 첫 연애가 "남자의 야비한 기만"에 대한 상처만 남기고 실패로 끝났다. 심한 좌절감과 우울증으로 자살 일보직전까지 내몰린 부알캥은 조건 없이 자신의 사랑을 마음껏 쏟을 수 있는 대상을 가지고 싶다는 일종의 보상 심리적 편집증에 사로잡힌다.13)

생시몽주의자들과의 만남은 부알캥에게 남편을 덤으로 선사했다. 대중 모임에서 만난 노동자 출신과 결혼하게 된 그녀는 아기를 가질 희망에 들뜨게 된다. 불행히도 세 차례의 유산 끝에 남편이 결혼 전에 얻은 성병 때문에 모성애의 꿈은 불가능하다는 것을 깨닫게 된 부알캥은 어머니가 신봉하던 가톨릭을 저주했다.

"만약 신의 정의가 진정으로 존재한다면, 왜 나에게 이런 끝없는 시련을 내릴까. 나의 노동과 용기, 헌신이 내 자신의 구원을 위해 아무런 소용이 없단 말인가?"14) 어머니의 세계인 가톨릭을 버리고 아버지의 세계인 사회개혁을 약속하는 생시몽주의에 합류한 것은 부알캥에게 합리적 선택처럼 보였다. 그러나 그녀의 생시몽주의에 대한 짝사랑은 그리 오래가지 않았다.

위기에 처한 부부관계에 대해 조언을 구하려 앙팡탱을 접견한 부알캥

---

13) Suzanne Voilquin, *Souvenirs d'une fille du peuple*, p.88.

14) *Feminism, Socialism, and French Romanticism*, pp.107~108 & pp.162~163.

민중의 딸 부알캥

엘리트 남성협회인 생시몽주의자들이 은밀히 공유하는 남성중심주의를 감지한 그녀는 동료 여성 생시몽주의자들과 함께 여성의, 여성에 의한, 여성을 위한 생시몽주의 페미니즘 운동에 힘을 보탰다.

(출처: 위키피디아)

은 남편 입장만 옹호하고 자신의 억울함을 경청하지 않는 '아버지' 태도에 충격을 받았다.15) "엘리트 남성협회"cette société d'homme d'élite인 생시몽주의자들이 은밀히 공유하는 남성중심주의를 감지한 그녀는 동료 여성 생시몽주의자들과 함께 '여성의, 여성에 의한, 여성을 위한' 생시몽주의 페미니즘 운동에 힘을 보탰다. 부알캥은 1833년 앙팡탱의 이집트원정에 합류하여 카이로에서 페스트 환자들을 치료하는 간호보조사로 일했다.16)

쥘 뱅샤르

뱅샤르Jules Vinçard(1796~1882)는 공장 노동자 아버지와 세탁 일을 하는 어머니 사이에서 태어났다. 자신도 공장노동자로 일하던 그는 1830년 7월 혁명 직후 파리 시내에서 심심찮게 발견되는 "생시몽주의 종교"라는 제목의 벽보를 통해 그 이름을 처음 접했다.

뱅샤르는 그것이 "파리 시민들에게 영향력을 행사하려는 목회자들의 정당"을 지칭하는 것으로 지레짐작하고 깊은 관심을 가지지 않았다.17) 그 후 생시몽주의자들이 매우 중요하고 "가장 논란이 되는 문제들"des questions les plus élevées을 다루고 있다는 친구의 부추김에 이끌려, 그 집회에 처음으로 참석한 것은 1831년 말경이었다. 그날 강사가 설명하는 "거창한 것"이 너무 추상적이어서 잘 이해할 수는 없었지만, 자신이 섬기는 새로운 종교이론에 대해 "냉정함과 위엄을 갖추고" 열변을 토하는 "재능 있는 젊은 청

15) 이 사건에 관해서는 Suzanne Voilquin, *Souvenirs d'une fille du peuple*, pp.112~120; Moses & Rabine, *Feminism, Socialism, and French Romanticism*, p.168 & p.207 참조.

16) 부알캥의 이집트에서의 활동과 이슬람 문명 인식에 대해서는 양재혁, 「수잔 부알캥의 이집트 체류—숭고미와 오리엔탈리즘」, 『프랑스사연구』 33(2015. 8) 참조.

17) Pierre Vinçard, *Mémoires Épisodiques d'un vieux channsonnier saint-simonien* (Paris: E. Dentu Libraire, 1878), pp.35~36.

년들"에 대해서는 깊은 감명을 받았다.[18]

두 번째 집회에 참석한 뱅샤르는 당시 거의 금기시되던 '노동문제'를 둘러싸고 열띤 공박을 전개하는 생시몽주의자들의 용감함에 놀랐다. 그날의 강사인 르슈발리에Jules Lechevalier는 게으른 소수의 부르주아들이 물질적 풍요를 독점하는 반면에 가장 다수인 노동자들이 궁핍에서 헤어 나오지 못하게 만드는 "이해할 수 없는 비정상"을 고발했다.[19] 가끔 접하는 반정부 신문을 통해 유사한 의견이 개진된다는 것쯤은 이미 알고 있던 뱅샤르도 7월 왕정을 지탱해 주는 기본질서인 사유재산의 철폐 등을 공개적으로 요청하는 생시몽주의자들의 대담성에 새삼 감탄을 금할 수가 없었다.

두 번째 집회 참석 후 생시몽주의의 정치경제적 이론에 끌렸지만, 그는 "생시몽주의 종교"란 벽보를 보고 가졌던 초기의 선입견을 완전히 지울 수는 없었다. 이들이 내세우는 반정부 구호나 사회·경제적 부조리에 관한 날선 비판은 무지하고 불만에 가득 찬 대중을 "예수회나 그와 유사한 종교단체"로 유인하기 위한 미끼일 수도 있다는 일말의 의심을 떨쳐 버릴 수가 없었던 것이다.[20]

뱅샤르는 생시몽주의자들이 표방하는 사회사상을 더 깊이 알고 싶다는 욕망과 사이비 종교단체에 연루되고 싶지 않다는 경계심의 두 축 사이에서 고민했다. 그가 마침내 세 번째 모임에 참석할 것을 결심하게 된 것은 자기와 같은 노동자 출신 생시몽주의자 랑베르Charles Lambert의 권유 때문이었다. 뱅샤르는 랑베르와 개인면담을 통해서 궁금했지만 어려웠던 생시몽주의의 성격에 대해 추가설명을 들을 수 있었다.

---

18) Vinçard, *Mémoires*, pp.36~37.

19) Vinçard, *Mémoires*, pp.38~39.

20) Vinçard, *Mémoires*, p.39.

그리고 그날 강연자인 푸르넬Henri Fournel이 설명하는 노동자 계층이 연대해야 할 역사적 당위성과 중요성을 경청한 연후에야 비로소 뱅샤르는 자신의 가슴 한 구석에 숨겼던 생시몽주의에 대한 의심의 빗장을 풀었다.21) 생시몽주의의 사회신학 이론과 정치경제적 실천은 동전의 양면처럼 분리할 수 없는 것임을 깨닫게 된 것이다.

생산자를 존경하고 산업주의를 앞세우는 생시몽주의 '노동자 등급'에 그는 이름을 올렸다. 뱅샤르는 생시몽주의 조직이 1832년 해체되자 그의 진면목을 보였다. 아버지 앙팡탱은 구속되고, 잔류하던 동료들이 이집트 원정 등으로 뿔뿔이 흩어졌을 때, 고아 아닌 고아가 된 '파리의 가족'Famille de Paris을 돌본 의리파였다.

뱅샤르가 생시몽주의 역사에서 차지하는 독특하고도 결코 생략할 수 없는 위상은 그가 '노동자 노래시인'worker-poet이었다는 점이다. 스승 생시몽 무덤에서의 추모행사, 아버지 앙팡탱의 생일, 생시몽 집회 '찬송가', 회원모집을 위한 '부흥회', 동방-여성 탐험대 환송회, 반정부집회를 위한 '운동가요'—이와 같은 다양한 행사에서 불리는 노랫말과 곡조를 만든 유일한 사람이 뱅샤르였다.

정규음악 교육을 받지 못하고 노동자 노래패 동아리goguettes에서 귀동냥하며 배운 것이 다였다. 하지만 아버지가 운영하는 가내공장에서 같이 일하던 동료에게 기초적인 음악문법을 익힌 그가 1869년 『노동자의 노래』Les Chants du travailleur를 출간한 것이다. 수록된 48개 노래 가운데 33곡이 뱅샤르가 작곡한 것이었고, 4곡에는 특별히 "생시몽의 노래"Chant saint-simonien라는 제목을 붙였다.22)

---

21) Vinçard, *Mémoires*, pp.42~44.

노동자 출신 노래꾼 뱅샤르

전기 작가들이 뱅샤르를 노래에 진정한 사회적 임무를 부여한 아마도 최초의 인물이라고 평가한 것은 틀리지 않는다. 무엇보다도 그는 죽을 때까지 생시몽주의자임을 자부했다.

(출처: 위키피디아)

22) Ralph P. Locke, *Music, Musicians, and the Saint-Simonians* (Chicago: The University of Chicago Press, 1986), pp.163~164,

요즘 말로 쉽게 풀어서 말한다면, 그는 민중운동가요 싱어송라이터였다. 전기 작가들이 뱅샤르를 "노래에 진정한 사회적 임무를 부여한 아마도 최초의 인물"이라고 평가한 것은 틀리지 않다. 무엇보다도 그는 '끝까지 생시몽주의자'임을 자부했다. 1879년 출간한 자서전 제목을 '옛ancient 생시몽주의자'가 아니라 '늙은vieux 생시몽주의자 노래꾼'이라고 붙일 만큼,[23] 그는 마지막 순간까지도 생시몽주의자로 죽었다.

23) Locke, *Music, Musicians, and the Saint-Simonians*, p.201.

위 다섯 명의 개인적인 이야기에는 생시몽주의에 합류한 사람의 다양한 사회적 배경과 입회 네트워크 및 기대감 등이 투영되어 있다. 아래로부터는 (여성)노동자에서 위로부터는 부자 지식인에 이르는 계층이 각기 다른 이유로 생시몽주의에 입문했다. 생시몽주의 추종자들은 초창기에는 부자, 유대인, 과학기술전문가 중심이었다. 그 후에는 예술가와 인문학자로 확장되었고, 1830년을 전후로 여성과 노동자를 포함한 가난한 민중으로 스며들었다.

알레비-바로-샤르통-부알캥-뱅샤르가 각자 자신의 사연과 시각에서 묘사하는 생시몽주의에 대한 인상은 다른 공식 아카이브에는 담기지 않은 귀하고 독창적인 사료적 가치를 갖는다. 이들 다섯 명이 묘사한 생시몽주의에 대한 인상과 장점 및 한계 등을 비교분석·평가함으로써 당대인의 눈에 비친 생시몽주의의 입체적인 모습을 재구성해 보자.

위 다섯 명은 각각 다른 시기에 다른 동기와 이유로 생시몽주의에 합류했다. 알레비의 사례는 똑똑하고 부유한 유대인 출신이 사회적 신분상승에 대한 기대감이 좌절되자 생시몽주의의 진보적 역사관을 영접하는 초기 생시몽주의자의 경력을 전형적으로 보여준다. 교사직을 버리고 합류한 바로는 생시몽주의와 결별한 콩트의 빈자리를 메우며 반실증주적 생시몽주의를 창출하는 데 중요한 역할을 했다. 혁명과 반동이 빠르게 교체하는 역사적 변혁기를 사는 지식인으로서 정체성 위기에 시달린 샤르통은 생시몽주의의 진보적·보편적 역사관에서 마음의 안식처를 찾았다.

생시몽주의는 지식인과 부르주아지의 독점물이 아니었다. 가난한 노동자와 정규교육을 받지 못한 여성도 생시몽주의에서 안식처를 찾았다. 곤궁한 여성노동자이자 배신당한 아내 부알캥은 여성의 권리를 중심가치의 하나로 내세우는 생시몽주의를 험한 인생을 헤쳐갈 나침반으로 의지했다. 노동자 출신 뱅샤르는 노동(자) 해방과 연대를 약속하는 생시몽주의를 환영하고, 그 사상을 대중적으로 전파하는 민중가요를 짓고 노래 불렀다.

생시몽주의 학파 형성의 후반기에 약간의 시간적 간격을 두고 첫 만남을 가졌던 샤르통, 부알캥, 뱅샤르 등 세 사람이 인식하는 생시몽주의 정체에 미묘하지만 중요한 차이점이 있다. 1829년 후반에 생시몽주의를 만난 샤르통은 생시몽주의를 철학적인 모임으로, 1830년경에 합류한 부알캥은 자신을 배반한 가톨릭을 대신할 종교적 집단으로, 1831년 합류한 뱅샤르는 노동자의 이해관계를 보호해주는 사회운동으로서 생시몽주의를 제각기 다르게 이해했다.

알레비-바로-샤르통-부알캥-뱅샤르를 사로잡고 스쳐간 다양하고 때로는 모순적인 생시몽주의 가운데 어떤 것이 '진짜' 모습일까? 생시몽주의는 사상적인 단체인가, 사회종교 집단인가, 아니면 여성-노동자의 권리 신장을 요구하는 정치정당인가? 이런 질문에 대답하기 위해서는 1830년 7월 혁명을 분수령으로 삼아 변화 또는 성숙하는 생시몽주의자들의 노선과 선택을 좀 더 가까이서 관찰해 보아야 한다.

제3장

생시몽주의의 대중화와 7월 왕정

I. '민중 속으로' 들어간 생시몽주의

1830년은 '철학적인' 생시몽주의가 '현실정치적인' 사회운동으로 전환하는 분수령이었다. 생시몽주의 사상을 지식인 계층이나 부르주아지에만 한정시키지 않고 좀 더 폭넓은 대중과 접목시키려는 노력이 본격적으로 전개되었다. 중하류층 이하 사람을 포교대상으로 포섭하기 위해 '노동자 등급'le degré des ouvriers이 신설되었다. 그리고 1830년 4월 11일부터는 '설교'rédications라는 이름으로 대중을 대상으로 한 공개강좌가 시작되었다. 몽시니 가街에서 시작된 대중 강연은 청중의 숫자가 증가하자 태트부Taitbout 가街에 또 다른 대규모 강연장을 마련했다.

생시몽주의에 대한 일반인의 기본적인 이해를 돕기 위해 6명으로 '전도사'prédicateur를 구성했다. 앙팡탱에게서 선교사업의 책임을 위임받은 바로Émile Barrault가 인상적인 연설솜씨로 주도적 역할을 수행했다. 파리에 집중된 생시몽주의 사상에 대한 폭넓은 호응과 후원을 확대하기 위해 지방조직이 개척되었다. 1831년 툴루즈Toulouse, 몽펠리에Montpellier, 리옹Lyons, 메스Metz, 디종Dijon, 리모주Limoges 등에 지부를 설치했다. 리옹 지역의 '생시몽주의 교회'가 가장 성공적이었는데, 레노Jean Reynaud(1806~1863)는 1831년 6월에 3천명의 청중에게 생시몽주의 교리를 설교했다고 자랑했다.[1)]

각 개인의 능력에 따라, 각자의 노동에 따라

1830년 7월 혁명을 전후로 전개되는 생시몽주의 대중화 운동의 구심점은 당대를 대표하는 진보적인 저널인 『르 글로브』였다. 이전의 기관지였던 어렵고 전문적인 『생산자』와 『조직자』와 비교하면, 『르 글로브』는 일반대중의 일상생활에 영향을 미치는 정치외교적 사건, 사회경제적 법령과 제도, 문화적 사건과 주요 인물 동정 등 다양한 내용이 게재되었다. 생시몽주의와 대중 독자를 연결해주는 "위대한 일상의 기관器官"이 되었던 것이다.[2)] 『르 글로브』라는 제호 밑에 다음과 같은 생시몽주의의 기본목표가 요약되었다.

> 모든 사회기관의 목적은 사회에서 가장 수가 많지만 가장 가난한 계층의 도덕적·물질적 능력의 향상이어야 마땅하다. 출생의 모든 특권은 예외 없이 폐지될 것이다.

1832년 1월 1일에는 생시몽주의의 핵심적인 세 개의 강령이 부제처럼

1) Carlisle, *The Proffered Crown*, p.144; Pilbeam, *Saint-Simonians in Nineteenth-Century France*. p.38.

2) Weill, *L'École Saint-Simonienne*, p.65; Charléty, *Histoire du Saint-Simonisme*, p.72.

삽입되었다.

> 각 개인의 능력에 따라, 각자의 노동에 따라(À Chacun selon sa capacité, à chaque capacité selon ses œuvres); 여성에게 호소함—노동자들의 평화로운 조직(APPEL AUX FEMMES—ORGANISATION PACIFIQUE DES TRAVAILLEURS).

공식적으로 생시몽주의 기관지로 승격된 『르 글로브』는 3~4천부가 간행되어 가난한 노동자·여성에게는 무료 배포되었다. 진보적 일간지를 날개로 삼아 생시몽주의는 당대의 여론을 주도하면서 '민중 속으로' 날아갔다.

『르 글로브』는 당대 프랑스 사회의 시대적인 풍속도를 '데카당스'와 '아나키즘'이라는 두 단어로 묘사했다. "통탄할 아나키즘 경향", "기독교의 데카당스", "자유주의적 아나키즘의 창궐", "예술적 데카당스", "저널리즘의 아나키즘."[3] 1830년을 전후한 프랑스는 사회적 혼란과 도덕적 퇴폐가 극에 달했다. 지식인은 아카데미의 상아탑 안에서 시들어 가고, 산업주의자들은 끝없는 경쟁의 틈바구니에서 자신의 이익만 추구하며, 시인은 예술적 허무주의 노래만 탐닉하고, 언론인은 바벨탑의 언어처럼 각양각색의 의견만 늘어놓아 독자를 혼란에 빠뜨린다고 생시몽주의자들은 한탄했다.[4]

---

3) *Le Globe*, July 11, 1831.

4) *OSSE* Vol. 43, pp.453~454.

1831. — VII Année. N° 18. MARDI, 18 JANVIER.

LE GLOBE,

JOURNAL DE LA DOCTRINE DE SAINT-SIMON.

Toutes les institutions sociales doivent avoir pour but l'amélioration du sort moral, physique et intellectuel de la classe la plus nombreuse et la plus pauvre.

Tous les priviléges de la naissance, sans exception, seront abolis.

A chacun selon sa capacité; à chaque capacité selon ses œuvres.

FRANCE.

PROFESSION DE FOI.

P. LEROUX.

NOUVELLES DE LA BELGIQUE.

『르 글로브』 표지

생시몽주의 기관지 『르 글로브』는 3~4천 부가 간행되어 가난한 노동자·여성에게는 무료 배포되었다.

(출처: 프랑스국립도서관)

이들은 종교적 도피주의, 경제적 이기주의, 문화적 퇴폐주의, 정치사상적 무질서 등의 악화에 반비례하여, 지배계층의 무능력과 무책임은 증가한다고 꾸짖었다. 부르봉 복고왕정이 직면한 총체적인 국가위기 상황을 임시변통이 아니라 근원적으로 치료할 수 있는 "살아있는 법칙" la loi vivante을 제시할 수 있는 생시몽주의자들이야말로 사회개혁의 "아방가르드"라고 자임했다.5)

1825년 이후 3~4년 동안의 '조용한 성장기'와 1829~1830년 기간의 '도그마' 자체학습과 국내외 지부 확장이라는 조직정비 등을 거치면서 얼마나 많은 사람이 생시몽주의에 매료되어 '개종'하거나 이 사상을 동정적으로 지지했을까? 『르 글로브』 발행부수가 3천~4천부였다는 사실에서 생시몽주의 동조세력의 숫자를 대략 계산해 볼 수 있다. 19세기 초반 당시에 유행하던 독서문화 관행에 비추어 계산하면, 평균 4~5명이 『르 글로브』를 스스로 읽거나 문자 해독자가 읽어주는 기사를 경청했다고 가정할 수 있다. 그러면 최대한으로 2만여 명의 프랑스인이 생시몽주의에 관심을 가졌을 것으로 짐작된다.

한 전문가의 조사에 따르면, 1830~1832년에는 5백 명 정도가 자신을 생시몽주의자로 자처했고, 1천 5백 명에서 3천명이 생시몽주의의 적극적 지지자였으며, 대략 2만에서 2만 5천명이 생시몽주의의 소극적인 후원자라

---

5) 생시몽주의자들이 사회개혁운동의 선구자라는 의미로 사용한 '아방가르드'라는 일반 용어는 19세기 말의 예술적 전위(前衛) 운동을 지칭하는 "아방가르드"와 구별된다. 이 이슈에 대해서는 Donald Egbert, "The Idea of Avant-Garde in Art and Politics," *The American Historical Review*, Vol. LXXIII, 2(Dec. 1967), pp.339~366; Linda Nochlin, "The Invention of the Avant-Garde: France, 1830~80," *Art Review Annual*, Vol.34 (1968), pp.11~18; Nicos Hadjinicolaou, "sur l'Ideologie de l'Avant-Gardisme," *Histoire et Critique des Art*, Vol. 6 (1978), pp.49~76 참조.

고 집계했다.[6] 생시몽의 비서 출신 가족들을 중심으로 수십 명에 불과하던 추종자들이 5년이라는 짧은 기간에 수천 명을 헤아리는 사회개혁의 아방가르드로 확대 복제된 것이다.

6) James Bland Briscoe, "Saint-Simonism and the Origins of Socialism in France, 1816~1832." Columbia University 박사논문(Ann Arbor: University Microfilms, 1980), pp.342~344 참조.

II. 1830년 7월 혁명과 생시몽주의

데카당스와 아나키즘이 팽배한 시대적인 위기는 1830년 7월 또 다른 혁명으로 폭발했다. 그 결과, "1789년 대혁명의 위협적인 유산"인 민중peuple이 역사 무대의 중앙으로 다시 돌아왔다.[7] 생시몽주의자들은 자신이 옹호한 '가장 숫자가 많지만 가장 가난한' 민중이 7월 혁명과 함께 솟구쳐 오르기를 갈구했다. 그들은 기꺼이 민중의 도약대가 되기를 원했던 것이다. 7월 혁명을 지렛대로 삼아 민중과 자신들 사이에 '달콤한 무적의 연대' alliance invincible가 결성되어야 한다는 각오와 기대감을 생시몽주의자들은 내비쳤다.[8] 이런 전망으로 이들은 6월 항쟁 직후에 패배감에 빠져 있는 노동자들의 어깨를 어루만지며 다음과 같이 선언했다.

> 우리는 당신들을 동정한다. 우리가 원칙으로 삼는 일반감성은 다름이 아니라 당신과 같은 부류dans vos rangs에 속한다. 우리 대부분은 당신들보다 앞서서 당신들과 같은 노력으로 휴머니티에 헌신하기로 작정했다. 그러므로 우리(생시몽주의 사상)를 경청하라![9]

노동자와 자신은 '초록동색'의 같은 편임을 강조한 생시몽주의자들은 7

---

7) David Pinkney, *The French Revolution of 1830* (Princeton: Princeton Univ. Press, 1971) p.267 & p.368.

8) Barrault, "L'Œuvre Saint-Simonienne," *Prédications*, Vol. 2, p.404.

9) "Les Anniversaires de Juillet: Proclamation des Chefs de la Doctrine Saint-Simonienne," *Religion Saint-Simonienne: Recueil de Prédications*, Vol. 2, p.282. 대중설교모음집 3권은 *OSSE* 43, 44, 45권에 포함되어 있다.

월 혁명을 대중적인 성장의 기폭제로 삼고자 몇 가지 변화를 도입했다. 민중을 좀 더 적극적으로 가입시키기 위해 '노동 등급'을 신설하고, 이들의 직업준비를 돕기 위한 기술학교를 운영했다. 또 여성 노동자를 위한 탁아소를 개설했다. 생시몽주의자들은 혁명에 참가한 대중이 진정으로 원하는 것은 자유와 공화주의 같은 추상적인 가치가 아니라 '노동의 권리'droits du travail와 공정한 노동조건의 보장임을 잘 알고 있었다.[10)]

노동자를 동지로 삼아 노동문제를 핵심적인 사회이슈로 제기하겠다고 다짐한 생시몽주의자들은 언어사용과 모임형식에도 중요한 변화를 도입했다. 이전에는 역사철학, 정치경제이론, 사회신학 같은 다소 현학적인 토론을 통해 현실에 불만을 가진 기득권 출신 젊은 지식인을 생시몽주의로 편입시키는 데 열중했다. 하지만 혁명 이후에는 뿌리 뽑힌 계층이 겪는 사회경제적 불평등의 원인과 해결책을 평범한 일상 언어로 설득시켜 대중적인 지지 세력으로 확보하려고 노력했다.

앙팡탱은 지방 생시몽주의자들에게 1830년 8월 1일 긴급 훈령을 내렸다. "(사유재산을) 상속받지 못한 계층"cette classe déshéritée의 일상적인 고통에 특별히 유념할 것을 지시했다. 파리에서 진행되고 있는 정치적 변화를 루소와 볼테르 식의 심오한 철학적 개념이 아니라 일반대중이 "이해하기 쉬운 언어"로 설명하여 생시몽주의의 목표는 휴머니즘임을 계몽시키라고 지시했다.[11)]

10) Edgar L. Newman, "What the Crowd wanted in the French Revolution of 1830," John Merriman ed., *1830 in France* (New York: New Viewpoints, 1975), pp.17~40 참조. 7월 혁명 기간의 파리 노동자들의 생활양식과 노동의식 등에 대한 소개로는 김인중, 「7월 왕정기 빠리 노동자들의 생활세계」, 서울대 프랑스사 연구회 엮음, 『프랑스 노동운동과 사회주의』(느티나무, 1989), pp.133~150 참조.

11) "Lettre du Père Enfantin à François et Peiffer," Maria T. Bulciolu ed., *L'École Saint-*

1830년 봄부터 여성과 노동자를 대상으로 실시한 공개강좌도 혁명 후에 더욱 활성화되었다. 여성·노동자 교육과 선교를 책임진 푸르넬Henri Fournel은 길거리 즉석 강연을 통해 일반대중과 직접 대화를 시도했고, 매주 일요일 오후 4~6시를 노동자 교육시간으로 특별히 배정했다.[12)]

생시몽주의자들은 자신들이 소위 '입으로만 떠드는 진보주의자/노동자의 친구'가 아니라는 것을 증명이라도 하듯이 노동자를 위한 작업장atelier과 편의시설을 제공했다. 파리 시의 각 구區(arrondissement)마다 1개씩의 작업장을 개설해서 함께 노동하면서 기술을 서로 배우고, 경쟁보다는 연합이 우월하다는 생시몽주의 교리를 현장에서 몸으로 익힐 수 있게 하려는 배려였다. 그리고 가난한 노동자들에게 일종의 최소한의 '거주권'을 보장하기 위해서 2개의 쉼터(호스텔)을 열었다. 공동부엌과 세탁시설 및 탁아시설을 갖춘 호스텔은 거주자들이 자발적으로 납부하는 공동기금으로 운영되었다.

노동자 쉼터의 책임자는 거주자들에 대한 '전도' 상황을 매주 보고했다. 1831년 9월의 보고서에 따르면 220명이 생시몽주의 교리를 영접한 '독실한 신자'였고, 3천 4백 명이 지속적인 교육이 필요한 초보신자였다.[13)] 거주자들이 노동으로 버는 열악한 임금과 개인적인 빚 등의 원인으로 두 호스텔은 재정적으로 적자에 허덕였다. 그러나 호스텔 운영의 실패에도 불구하고, 노동자들을 위한 일종의 복지시설을 민간차원에서 최초로 운영

Simonienne et la Femme: Notes de Documents pour une Histoire du rôle de la femme dans la société saint-simonienne, 1828~1833 (Pisa, Italy: Goliardia, 1980), pp.76~77. 이 책은 여성문제와 관련된 여러 생시몽주의자들의 저술과 서간문 등을 선별해 편집한 1차 사료 모음집이다.

12) Robert B. Carlisle, *The Proffered Crown*, p.123 & p.138 참조.

13) Pilbeam, *Saint-Simonians in Nineteenth-Century France*, p.34.

했다는 의의를 갖는다. 또한 생시몽주의 노동자들이 파리에서 결성한 '재단 노동자 연합'은 프랑스에서 조직된 최초의 노동자 조직이었다.[14]

생시몽주의 '의례'의 실천: 새로운 더 큰 정치를 향하여

7월 혁명은 위에서 언급한 외형적인 변화보다 더 근본적이며 급진적인 사상적 변화를 생시몽주의에 요청했다. 혁명의 파도를 타고 돌아온 "민중 시대"와 함께 "우리들이 활약할 시기"가 마침내 왔다고 확신한 생시몽주의자들은[15] 더 이상 종교적 은유隱喩의 방패 뒤에 숨지 않았다. '도그마'의 옳고 그름을 논쟁하는 것을 멈추고, 세상 밖으로 나와 현실적인 모순에 대해 질타하는 목소리를 높이며 생시몽주의 종교의 '의례'를 실천하는 데 집중했다.

부르봉 왕정은 새로운 사회·정치 질서를 제시하지 못하는 "변명의 황금시대"âge d'or des apologies에 불과하다고 비판했다. 7월 혁명 덕분에 탄생한 루이 필립 정권이 표방하는 '중도론'juste milieu은 '질서파'parti de l'ordre와 '개혁파'parti de mouvement 사이의 갈등을 전향적으로 해결하지 못하는 임시방편적인 현상유지status quo에 불과하다고 평가절하했다.[16] 그리고 프랑스혁명이 이미 파괴한 구체제에 향수를 느껴 출생에 기초한 특권을 되찾으려는 정통왕당파Légitimistes를 시대착오적 환상에 사로잡힌 "좁쌀"pygmée이라고 야유했다.[17] 생시몽주의자들의 눈에는 혁명의 유일한 계승자임을 자임하는

14) Pilbeam, *Saint-Simonians in Nineteenth-Century France*, p.39.

15) Barrault, "Unité de la religion et de la politique," *Prédications*, Vol. 1, pp.460~461.

16) Barrault, "Les Anniversaires de Juillet," *Prédications*, Vol. 1, p.273 & p.376.

17) Barrault, "Les Partis," *OSSE* Vol. 44, p.373.

자유주의자들은 '능력에 따른 사회의 재조직'이라는 원칙을 무시한 아나키스트와 같았다.

능력에 따라 직업과 사회적 기능을 담당하며, 노동의 결과에 따라 분배된다.

생시몽주의자들에 따르면, 7월 혁명을 전환점으로 삼아 위와 같은 '정치 기술자' 또는 특정한 이데올로그들이 엉망으로 농단하는 '작은 정치'를 '큰 정치'로 바꿔야 했다. 겉으로 내세우는 명분이 무엇인가에 관계없이 소인배 정치인이 구가하는 정치는 권력 그 자체에 대한 욕망뿐이었다. 이들은 자신의 권력쟁탈과 유지에 가장 적합한 정부의 형태와 통치수단을 지키기 위해서 정파적인 편 가르기와 라이벌을 제거하려는 음모로 낮밤을 지새웠다.

이들과 달리 생시몽주의자들은 출생의 특권을 "능력에 의한 계급제도"로 교체하여 사회조직을 전체적·통합적으로 개혁하는 큰 정치인이었다. 개인이 가진 차별적인 능력은 "개인의 신의 섭리에 의한 권리"이며 능력 계급제도에서의 '운명'이라고 생각했기 때문이다.[18)]

자신의 사회적 위치를 알고 있는 개인은 능력 있는 사람의 리더십을 신뢰하기 때문에 그에게 복종하는 것을 사랑한다. "통치는 가장 욕망되는 목표를 향해 (민중을) 선동하는 것이고, 조화를 도모하는 것이며, 인간의 노력을 지시하는 것"이다. 새로운 '큰 정치'의 통치성에 "복종하는 것은 가장 쉽고, 가장 달콤하며, 가장 빠른 길을 따라 가는 것이다."[19)] 생시몽주

---

18) Barrault & Laurent, "La Famille humaine," *Prédications*, Vol. 3, p.200.
19) Barrault, "La Hiérarchie," *Prédications*, Vol. 1, p.290.

의자들이 『르 글로브』에 아로새긴 표어인 "능력에 따라 직업과 사회적 기능을 담당하며, 노동의 결과에 따라 분배된다"는 대승적인 차원의 정치관이 유래한 배경이다.

생시몽주의자들은 자신들이 추구하려는 '큰 정치'는 생시몽의 가르침에서 이탈한 변칙행위가 아니라 사회신학을 구성하는 '도그마'와 다른 한 축인 '의례'의 실천적 수행이라고 굳게 믿었다. 전도사의 한 사람인 트랑송Abel Transon은 생시몽주의 신학에서 정치적 색채를 간과하는 것은 "우리 사명의 위대함grandeur de notre mission을 오해하는 것"과 같다고 주장했다.[20] 생시몽주의의 궁극적 목표는 "우울한 영혼의 고양"에 국한된 것이 아니라 "좀 더 나은 제도"에 대한 구체적 대안 제시에 있음을 분명히 했다.

이런 관점에서 보면 생시몽주의자들은 "실질적인 정치의 심장부"au coeur de la politique actuelle에서 투쟁하는 "현재의 인물들"hommes du présent이라고 밝혔다.[21] 동료 전도사 바로도 "진짜로 현실적인 정치행위"에 참여하여 생시몽주의를 반석 위에서 전도·발전시킬 수 있는 기반을 마련해야 한다고 동조했다.[22] '민중 속 구도求道'의 길인 현실참여(앙가주망)는 신성한 종교적 사명의 완결판이라고 확신했기 때문이다.

새로운 '큰 정치'와 '진짜 현실적인 정치행위'를 실천하려는 생시몽주의자들은 노동쟁의로 연결되었다. 지방에 파견된 전도사인 레노Jean Reynaud는 약 3천명을 헤아리는 리옹 지역의 노동자들을 생시몽주의 동조세력으로 규합했다. 그는 노동조직의 역사적 필요성을 역설하고 부르주아 계급의 경제적 이기심을 고발하는 거리 연설로 파업 분위기를 고조시켰다.

---

20) Abel Transon, "Politique-Morale-Religion," *Prédications*, Vol. 2, p.411.

21) Abel Transon, "Dieu," *Prédications*, Vol. 2, pp.10~11.

22) Barrault, "L'*Œuvre* Saint-Simonienne," *Prédications*, Vol. 2, pp.398~399.

섬유 노동자와 고용주 사이의 임금인상을 둘러싼 갈등이 직접적 원인이 되어 11월에 프랑스 최초의 근대적 노동쟁의가 발발했을 때, 2명의 생시몽주의자들이 현장을 지켰다. 또한 노동쟁의 기간 중 『르 글로브』 신문에는 리옹 노동자들의 입장을 지지하는 사설이 2차례 게재되었다.[23)]

생시몽주의자들은 『르 글로브』가 강제로 폐간된 이후에도 반체제-반정부적인 매체를 창간하거나 영향력 있는 저널의 리포트와 특파원으로 활약했다. 예를 들면, 『르 글로브』의 편집장이던 미셸 슈발리에는 『토론신문』Journal des Débats 외국 특파원으로 근무하면서 미국, 캐나다, 쿠바, 멕시코 등의 정치경제와 시사문제에 관한 기사를 보냈다. 그는 언론인으로 쌓은 명성을 밑천삼아 루이 필립 정부의 국무위원으로 현실세계에 화려하게 복귀했고, 1840년에는 콜레주 드 프랑스의 정치경제학 강좌교수로 임명되었다. 그는 취임연설에서 '생시몽의 정신을 계승하는 생시몽주의자'로서 생산력 증대를 통해 빈곤문제를 해결에 나서겠다고 다짐했다.[24)]

일찌감치 스승 생시몽이 '산업주의자'의 한 범주로 포함시킨 '정치적 작가'의 길을 충실히 수행한 또 다른 인물인 바로의 활약에 대해서는 아래에서 좀 더 상세히 알아볼 것이다.

---

23) Henry-René D'Allemagne, *Les Saint-Simoniens, 1827~1837* (Paris: Labrairie Gründ, 1930), pp.138~140 참조.

24) Pilbeam, *Saint-Simonians in Nineteenth-Century France*, p.80.

III. 생시몽주의 교회 해체와 수난시대

7월 혁명에 올라타고 '민중 속'에서 전성기를 구가하던 생시몽주의자들의 해체와 몰락은 갑작스럽게 찾아왔다. 루이 필립 정부는 "위험하고 용납되기 힘든" 도덕적 실험과 공권력에 대한 도전을 더 이상 참을 수 없었다. 생시몽주의자들이 직접적으로 노동쟁의를 도발하거나 조정했다는 뚜렷한 증거를 확보하지는 못했지만, 그들과 노동자계급 사이의 밀접한 관계를 근거로 생시몽주의자들을 배후세력으로 지목했다.

파리경찰은 1832년 1월 22일에 당국의 사전허락 없는 20명 이상의 집회를 금지한 형법 291조를 위반했다는 이유로 태트부 가의 생시몽주의 사무실을 습격하여 문서와 편지 등을 압수했다. 그리고 앙팡탱과 그 일당이 거주하던 몽시니 가를 급습해 그들을 가택 연금했다. 생시몽주의 기관지 『르 글로브』도 4월 20일 폐간시켰다.

파리지방법원은 앙팡탱, 슈발리에, 뒤베리에 등 핵심 멤버를 공공도덕 훼손, 불법적인 조직 운영, 기부금 횡령 등 3가지 죄목으로 기소했다. 앙팡탱은 패잔병처럼 남은 40여 명의 남성을 데리고 1832년 4월 22일에 파리 근교에 위치한 가족별장 메닐몽탕Ménilmontant으로 피신했다.

생시몽주의자들이 메닐몽탕에서 보낸 몇 개월은 생시몽주의 역사에서 가장 화려했던 '흑역사'로 기록된다. 앙팡탱과 그의 충성스러운 남성 사제들은 기도, 예배, 묵상과 찬송에 전념하는 수도원 은둔생활을 흉내냈다. 가톨릭 성직자의 무채색 복장과는 다른 멋진 디자인의 유니폼을 입고, 아침저녁으로 '창작된' 찬송가를 합창하며 행진했다. 이런 기행奇行은 생시몽주의자들을 이단적인 종교집단이라는 올가미로 도로 집어넣었다.

이들은 '자유연애' 또는 '육체의 복권'이라는 그럴듯한 명분으로 왕정복고의 보수반동적인 도덕 분위기에 맞섰음을 반성한다는 표시로 독신서약을 했다. 그리고 여성을 가정노동에서 해방시킨다는 생시몽주의의 교리를 시범적으로 실천하기 위해 각자가 집안일을 나눠서 맡았다. 뒤베리에는 요리와 부엌일을 담당했고, 바로는 구두 닦는 일을 전담했으며, 앙팡탱도 정원사로 손을 보탰다.[25] '총각' 선언을 한 남성 생시몽주의자들이 펼치는 메닐몽탕에서의 에피소드는 당대인의 야유거리와 사회적 스캔들이 되었다.

서너 달의 짧은 기간에 남긴 강렬한 인상은 생시몽주의(자)에 관한 부정적인 기억을 오랫동안 고착시키는 빌미가 되었다. 앙팡탱은 '휴머니티의 종교'와 댐과 철도건설 같은 엔지니어 작업을 연결시키려고 시도한 "역사상 가장 괴팍한 인물 가운데 한 사람"이며,[26] 대부분 '정서적인 문제'가 있는 멤버들이 만들어낸 생시몽주의는 "비법秘法과 같은 성향"으로 얼룩졌다고 영국의 어느 유명한 역사가는 평가했다.[27]

메닐몽탕에서의 자발적인 격리와 자숙의 몸짓만으로 법의 심판을 비켜갈 수는 없었다. 1832년 8월 27일에 앙팡탱 등이 소환되어 첫 재판이 열렸

---

25) Robert Carlisle, *The Proffered Crown*, pp.190~191.

26) Edmund Wilson, *To the Finland Station: A Study in the Writing and Acting of History* (New York: The Moonday Press, 1972), p.199. 국내 번역본 에드먼드 윌슨, 유강은 옮김, 『핀란드 역으로 : 역사를 쓴 사람들, 역사를 실천한 사람들에 관한 탐구』(이매진, 2007) 참조.

27) Theodore Zeldin, *France, 1848~1945: Politics and Anger* (Oxford: Oxford University Press, 1979), p.72. 국내 번역본 테오도르 젤딘, 김태우 옮김, 『인간의 내밀한 역사』(강, 1999) 참조.

메닐몽탕의 생시몽주의자들

메닐몽탕 시절의 남성 생시몽주의자들은 여성을 가사노동에서 해방시킨다는 명분으로 집안일을 '각자의 능력에 따라' 나눠서 맡았다. 뒤베리에는 요리와 부엌일을 담당했고, 바로는 구두닦는 일을 전담했으며. 앙팡탱도 정원사로 손을 보탰다. 총각선언을 한 남성 생시몽주의자들이 펼치는 메닐몽탕에서의 에피소드는 당대인의 야유거리와 사회적 스캔들이 되었다.

(출처: 프랑스국립도서관)

다. 앙팡탱은 진술을 거부하고 증인들에게도 침묵을 명령했다. 기부금 횡령에 관해서는 무죄를 받았지만, 집회법 위반과 공공도덕 훼손 및 7월 왕정에 항거한 '1832년 6월 항쟁'을 조정·기획한 추가 혐의가 인정되었다.

바자르와 뷔셰를 포함한 '과격파' 생시몽주의자들은 반체제운동의 상징인물 라마르크Jean Maximillien Lamarque의 장례식이 열린 1832년 6월 5일과 6일에 발생한 오를레앙 왕조 반대시위에는 동참했다. 그러나 앙팡탱과 그의 추종자들은 이런 과격한 정치적 소란을 비켜 메닐몽탕에 피신했으므로, 직접적인 영향을 끼치지는 않았다. 빅토르 위고는 유명한 소설 『레미제라블』에서 이 6월 항쟁에 대해 상세히 묘사했다.[28)]

노댕J.C.Naudin 판사는 생시몽주의 독트린은 "때때로 유혹적인 사상"idées quelquefois séduisantes을 내포하고 있기 때문에 "결국은 항상 말썽과 무질서를 가져오고 사회를 불안케 한다"고 심판했다. 그는 생시몽주의의 자유 연애관과 이혼옹호를 "위험하고 신비적이며 허용되기 힘든" 도덕관이며 "신성하고, 건강하며, 합법적인 (남·녀의) 결합"에 어긋난다고 명시했다.[29)]

거창한 죄명에 비해 비교적 가벼운 형량이 생시몽주의자들에게 안겨졌다. '우두머리'인 앙팡탱, 뒤베리에, 슈발리에 등은 1년 감옥형과 백 프랑의 벌금형에 처해졌다. 로드리그와 바로에게는 50프랑의 벌금형만 부과되었다. 생시몽주의자들의 좋은 가정적·사회적 배경이 작동하여 형량이 하향 조정되었을 것이라고 짐작된다.[30)]

---

28) 육영수, 『프랑스혁명의 문화사』, pp.27~29 참조.

29) "J. C. Naudin, Conseiller a la Cour Royal de Paris, à Monsieur Barrault." 바로가 보낸 편지(1832년 12월 20일자)에 대한 노댕 판사의 답신(1832년 12월 22일자)의 일부. 이 두 편지의 전문은 Barrault, *1833, ou l'Année de la Mère* (Lyon: Mne. S. Druval, 1833), pp.45~48에 재수록되었다.

30) Robert Carlisle, *The Proffered Crown*, pp.220~231.

생시몽주의 3총사

재판정에 출두한 (좌측으로부터) 바로, 슈발리에, 뒤베리에를 스케치한 석판화. 슈발리에와 뒤베리에는 감옥형 1년, 바로는 벌금형을 각각 선고받았다.

(출처: 프랑스국립도서관)

앙팡탱의 사촌은 루이 필립 정권에 가까운 장군(Saint-Cyr-Nugues)이었다. 뒤베리에 아버지는 상원의원이었다. 바자르는 영향력 있는 군인-정치가인 라파예트Marie-Joseph Lafayette와 가까운 친구관계였다. 탈라보Edmond Talabot의 아버지는 고위 판사였다. 1832년 12월 파리 근교의 생트펠라지Sainte-Pélagie 감옥에 수감된 앙팡탱은 가족들의 이런저런 배경에 힘입어 형량을 다 채우기 전인 1833년 8월 왕의 특별사면으로 석방되었다. 뒤베리에와 슈발리에는 신병을 이유로 병원으로 이감되어 안락하게 자신의 형량을 치렀다.

감옥에 고립된 외로운 앙팡탱은 자신의 옆자리를 지킬 '여성메시아'를 찾기 위한 탐험을 떠날 것을 담 밖에 있는 생시몽주의자들에게 명령했다. '지존의 아버지'의 마지막 소원을 들어주기 위해 바로가 주동하여 1832년 1월 22일에 리옹에서 '여성메시아 탐험대'Les Compagnons de la femme를 조직했다.[31)]

앙팡탱을 위무해 줄 '자유여성'의 소재지에 대해서 잔류파 생시몽주의자들은 설왕설래했다. 리고Adolphe Rigaud는 히말라야에서, 슈발리에는 중국이나 일본 같은 극동지방에서, 바로는 '여성 메시아'는 유대인으로 콘스탄티노플에서 만날 수 있다고 각각 주장했다.[32)] 바로의 주장이 힘을 얻었다.

---

31) 원래 'compagnonnage'는 16~17세기에 사용된 용어로 직인(journeyman, 職人)들이 조직한 조합의 한 형태였고 그 구성원들은 'compagnon'으로 불리었다. 이 용어의 상세한 역사와 용례의 변천과정에 대해서는 William Sewell Jr., *Work & Revolution in France: The Language of Labor from the Old Regime to 1848* (Cambridge: Cambridge University Press, 1980), pp.47~55 참조. 'Les Compagnons de la Femme'는 '여성직인단'으로 직역될 수가 있으나 이 단체가 '여성메시아'를 중동지역에서 찾는 데에 우선적인 목적을 가졌기 때문에 '여성메시아 탐험대'라는 좀 더 적극적인 명칭으로 의역(意譯)했다. 이 조직결성의 취지문은 Barrault, "Acte. Foundation de l'Association des Compagnons de la Femme(1833)," *L'École Saint-Simonienne et la Femme*, pp.197~217 참조.

32) 예를 들면, Philippe Régnier, "Le Mythe Oriental des Saint-Simoniens," *Les Saint-*

LA MORT DU DIABLE JÉSUITIQUE.

Procès des Apôtres de St-Simon, condamnés par la Cour d'Assises de la Seine. — Discours prononcé par le père ENFANTIN, les questions qui leur ont été faites et leurs réponses. — Dissolution complète de l'Association St-Simonienne, et défense qui lui a été faite de se réunir sous aucun prétexte.

CHANSON.

LE PÈRE

PORTRAIT
DU PÈRE ENFANTIN,
Chef de la Religion St-Simonienne.

A PARIS, chez GARSON, Fabricant d'Images, rue la Huchette, N°25.

예수회 악마가 된 생시몽주의자들
"예수회 악마의 죽음"이라는 제목으로 앙팡탱을 '교주'로 섬기는 사이비 종교집단 생시몽주의자들의 해산을 명령한 재판 기사이다. 노댕 판사는 생시몽주의 독트린은 때때로 유혹적인 사상을 내포하고 있기 때문에 결국은 항상 말썽과 무질서를 가져오고 사회를 불안케 한다고 심판했다.
(출처: 프랑스국립도서관)

Simoniens et l'Orient: Vers la Modernité (Paris: Édisud, 1989), p.38 참조.

그를 원정 대장으로 하는 24명의 남성 생시몽주의자들로 '여성메시아 탐험대'가 구성되었다. 그들을 태운 배는 1833년 3월 22일에 이집트 알렉산드리아를 향해 떠났다. 조기 석방된 앙팡탱도 같은 해 10월에 중동지역으로 망명 아닌 망명길에 올랐다.

중동-아프리카 북단의 뜨거운 태양과 야멸찬 모래바람은 생시몽주의자들을 어떻게 단련시켰을까? 프랑스를 떠난 생시몽주의는 이슬람과 인종적 타자들 속에서 어떤 이데올로기로 재창출되었을까? 이 책의 후반부인 제8장과 제9장에서 이런 궁금증을 풀어 볼 것이다.

IV. 루이 필립 정권과 생시몽주의자들의 현실참여

부르봉 가문의 샤를 10세를 몰아낸 7월 혁명 덕분에 오를레앙 가문의 루이 필립이 새로운 왕으로 취임했다. 혁명이 선사한 '시민 왕'이라는 멋진 타이틀에 보답이라도 하듯이, 그는 절대군주정의 복권을 옹호하는 1814년 헌법을 개정하는 개혁적인 제스처를 취했다.

그러나 1835년 7월 발생한 자신에 대한 암살기도를 핑계로, 루이 필립은 체제비판을 금지하고 공화주의를 불법화하는 1835년 9월 법령을 발표했다.[33] '가짜 시민 왕'이 펼치는 반동 정치는 후반부로 가면서 더욱 노골화되었다. 자유주의에 대한 여하한 토론도 금지하는 법령이 발표되어 7월 혁명의 기억이 배반당했다는 저항감이 고조되었다.

서민들의 어려운 세상살이가 1846년 흉년으로 악화되자, 축적된 정치적 불만과 결합하여 7월 왕정의 운명을 태풍 앞의 촛불처럼 위태롭게 했다. 7월 왕정 후반기의 가파른 파고波高를 생시몽주의자들은 어떻게 헤쳐 나갔을까? 앙팡탱과 바로라는 두 인물의 사례에 초점을 맞춰 비교 관찰해보자.

'왕의 사제'가 된 앙팡탱

생시몽주의자들이 1830년대 중엽 중동지역에서 경험한 시행착오는 그 후 이들의 현실인식과 활동방향에 중요한 영향을 끼쳤다. 여성 메시아를

---

33) Andre Jardin & Andre-Jean Tudesq, *Restoration and Reaction, 1815~1848* (Cambridge: Cambridge University Press, 1983), pp.115~116 참조. trans. by Elborg Forster. 원래 제목은 *La France des Notables* (Paris, 1973).

찾아 사막의 먼지바람 속을 헤매는 일은 낭만주의적 에피소드로 막을 내렸다. 수에즈운하를 건설하여 동방과 서양의 평화로운 공존시대를 개막하겠다는 원대한 계획도 비협조적인 이집트 정부 때문에 실패로 돌아가고 말았다. 급기야 1834년 이집트 지역에 퍼진 전염병으로 십여 명의 생시몽주의자들이 희생되었다. 낭만적인 '수업시절'은 끝이 났다. 그곳에서 철수해야 한다는 것을 생시몽주의자들은 어쩔 수 없이 받아들여야만 했다.

1830년대 후반에 프랑스로 되돌아온 생시몽주의자들은 생시몽주의라는 고립된 테두리를 넘어서, 사회의 각 분야에서 '정상적이고 쓸모 있는' 인재로 복귀하기 위해 노력해야 했다. 괴팍하고 종파적인 '오류의 시절'로부터 이제는 '응용과 결과의 시대'로 방향을 수정해야 할 필요성을 앙팡탱을 포함한 생시몽주의자들은 절감했다.34) 앙팡탱은 자유연애, 의식儀式과 행렬, 춤과 합창 등으로 소일한 1830년~1832년의 시간을 반성했다. 생시몽주의자들이 현실과 동떨어진 "이국적인 미신"에 심취한 시기였다는 것이다.35)

생시몽주의가 방법론과 전술상의 획기적인 변화를 모색하지 않으면 운동의 동력을 완전히 상실할 것이라는 것을 깨달았다. 새로운 출발을 위해서는 무엇보다도 이전의 괴팍하고 모험주의적인 일탈逸脫을 버리고, 이론과 말의 잔치가 아닌 행동으로 실천하는 일꾼이 되어야 했다. 그는 다음과 같이 단호하게 결심했다.

> 나는 (생시몽주의자들이 대중을 상대로 공개강좌를 실시하던) 몽시니

---

34) Weill, *L'École Saint-Simonienne*, p.191.

35) *OSSE* Vol. 10, pp.175~176.

를 재개할 의도도, (1832년 봄에 남성 생시몽주의자들이 외부와 격리된 자급자족적인 공동생활을 행한 터전인) 메닐몽탕과 그와 유사한 어떤 것도 다시 시작할 의도가 전혀 없다. 그것들은 끝이 났고 그게 나의 운명이다.[36]

노동자와 여성으로 가득찼던 공개강좌에 대한 미련도 없었다. 생시몽주의자들 사이에 존재하던 깊은 동지애에 대한 애착도 더 이상 없다는 심정의 표현이었다.

그렇다면 '과거와의 청산'을 선언한 앙팡탱이 갈망하는 새로운 전략과 현실적인 삶은 무엇이었을까? 생시몽주의 학파의 분열과 해체에 우선적인 책임이 있는 그는 어떤 방식으로 생시몽이 남긴 위대한 유산을 계승할 것인가 혹은 방기할 것인가?

민중에 호소하는 대중적인 사도직은 끝나고, 힘 있는 사람에게 호소하는 왕의 사도직 시절이 시작되었다.

앙팡탱은 "민중에 호소하는 대중적인 사도직"apostolat pupulaire 시절은 끝나고 "힘 있는 사람과 세상의 왕자들에게 호소하는 왕의 사도직"apostolat royal 시절이 바야흐로 시작되었다고 선언했다.[37] 그는 과거의 실패로부터 권력층의 도움과 뒷받침이 없는 개혁은 성공할 확률이 거의 없다는 교훈을

---

36) Charléty, *Histoire du Saint-Simonisme*, p.200 재인용. 저자는 이 인용문의 출처를 이 책에서 밝히지 않았는데 아마도 앙팡탱이 그의 친구(F-B. Arlès-Dufour)에게 보낸 편지의 일부분으로 짐작된다. *OSSE* Vol. 10, p.175 참조.

37) 앙팡탱의 편지("Enfantin à D'Eichthal") 가운데에서, *Œuvres* Vol. 10, pp.139~140. Charléty, *Histoire du Saint-Simonisme*, p.201에서도 소개됨.

뼈저리게 배웠다.

어리석은 시행착오를 되풀이하지 않으려면, 힘없는 노동자나 여성에게 기대는 것보다는 재력과 권력을 겸비한 세도가들을 후원자로 확보하는 것이 절실하다고 앙팡탱은 확신했다. 한때 동료(부하) 생시몽주의자였던 은행가 에밀 페레르가 7월 왕정의 협조를 얻어 1835년 7월에 파리-생제르맹 철도회사Compagnie du chemins de fer de Paris à Saint-Germain를 설립하여 프랑스 최초의 철도노선을 착수했다는 소식도 앙팡탱의 변신을 부채질했을 것이다.

'왕의 사제'가 되기로 결심한 앙팡탱은 그 원칙을 말로만 떠버리지 않고 행동으로 옮겼다. 그는 루이 필립과 라마르틴Alphonse Lamartine(1790~1869) 같은 유력인사들에게 자신을 소개하고 협력을 구하는 편지를 1837년부터 꾸준히 보내기 시작했다. 저명인사들을 향한 편지공세에 머물지 않고 앙팡탱은 이들이 그를 공직에 초빙·천거해 줄 것을 적극적으로 부탁했다.

그의 진지한 청탁에 호응하여 루이 필립은 1839년 앙팡탱을 '알제리 과학위원회'Comission scientifique de l'Algérie 위원으로 임명했다. 자신의 경력에 비추어보면 '약간 우스꽝스러운' 직책이었다. 하지만 생시몽주의와 연관되는 괴팍하고 부정적인 인상을 지우고 도약하기 위한 징검다리가 될 것이라고 자위할 수밖에 없었다. '알제리 과학위원' 임명에 대해 앙팡탱은 친구에게 자신의 실망감을 자조적으로 표현했다. "이 직책이 내게는 약간 우스꽝스러운burlesque 것처럼 보인다. 그러나 결국 나는 지난 25년 동안 수많은 이상한 일들을 해오지 않았던가!"[38]

그후 앙팡탱은 1843년 '파리-리옹철도국' 사무총장에 임명되었다. 그에게 공직 자리는 고정수입원을 확보한다는 현실적인 이익이 있었다. 그외

---

38) Jean-Pierre Alem, *Enfantin: Le Prophète aux Sept Visages*, p.161 재인용.

에도 골치만 아프고 성과는 없는 '민중의 사제' 시절을 청산하고, 품위 있고 실속도 있는 "산업 세계로 눈부시게 진입"하는 발판을 확보했다는 더 큰 의미가 있었다.[39)]

앙팡탱은 후기 생시몽주의자들이 왕의 후견을 뜀틀삼아 '실용시대'로 진입하기를 바랐다. 그러기 위해서는 식민지 알제리가 지닌 경제적인 잠재력을 프랑스의 이익을 위해 개발하도록 힘써야 한다고 생각했다. 이런 프로젝트를 성사시키기 위해 그는 1840~1841년 2년 동안 알제리에 체류했다. 1843년에는 『알제리 식민화』La Colonisation de l'Algérie라는 저서를 발표했다. 그리고 젊은 시절에 불발로 끝난 수에즈운하건설 기획을 되살리기 위해 1847년 11월에 자본금을 모집하여 '수에즈운하연구협회'Société d'Études du Canal de Suez를 설립하고 회장에 취임했다.

39) Charléty, *Histoire du Saint-Simonisme*, p.233.

왕의 사제가 된 앙팡탱
어리석은 시행착오를 되풀이하지 않으려면, 힘없는 노동자나 여성에게 기대는 것보다는 재력과 권력을 겸비한 세도가들을 후원자로 확보하는 것이 절실하다고 앙팡탱은 확신했다.
(출처: 생시몽주의자연구협회)

에밀 바로: 고독한 반정부 저널리스트

'왕의 사제'가 되어 실용적인 노선을 선택한 생시몽주의자의 대척점에 선 인물이 에밀 바로였다. 그는 가난과 자기 모멸감에 시달리는 '아버지'가 낙담하지 말고 생시몽주의자들이 의지할 정신적인 지주로 남기를 바랐다. 바로는 1837년 3월 앙팡탱에게 보낸 편지에서 다음과 같이 썼다.

> 당신은 한때 여성, 감옥, 동방(순례) 등 3가지 이유 때문에 (생시몽주의) 추종자들과 오랫동안 떨어져 있은 적이 있으나 … 오늘 당신은 혼자 남았다.[40]

바로가 앙팡탱에게 전하려는 메시지는 뿔뿔이 흩어진 옛 생시몽주의자들을 섭섭하게 여기지 말고, '홀로서기'를 통해 생시몽주의의 또 다른 미래를 개척하라는 것이었다. 바로는 앙팡탱이 실용성에 눈이 멀어 세상과 성급하게 타협하여 자신을 값싸게 파는 것을 걱정했다.

"이런저런 정부로부터의 임무나 (공직) 임명을 받아들이는 것에 당신은 동의하는가?"라고 반문한 바로는 "경건한 공평성이 있는 당신의 인격을 세상이 고마워하도록 (당신은) 자유로워야 한다"고 조언했다.[41] 세상살이에 줏대 없이 휩쓸리는 대신에 '세상의 바깥'에 자신을 스스로 고립시킴으로써, 사회현실을 올바르게 읽고 고쳐주는 비판력을 벼릴 수 있다고 바로는 믿었다. 7월 왕정의 은혜를 입어 관료나 산업주의자로 입신양명하기를

---

40) "바로가 앙팡탱에게 보낸 편지(1837년 3월 17일)," *OSSE* Vol. 10, pp.172~173.

41) *OSSE* Vol. 10, pp.173~174.

거부하고 좀 더 자유로운 영혼과 편견 없는 시각을 가진 '휴머니즘의 아버지'로 앙팡탱이 남아줄 것을 간청했던 것이다.

바로는 앙팡탱의 선택에 시시비비를 가리는 데 그치지 않고 그와 다른 자신의 길을 개척했다. 권력자의 선의에 호소하여 실용적인 결과를 획득하기 위해 '왕의 사제'가 되겠다는 앙팡탱의 처세술은 루이 필립 정권의 잘못을 묵인默認하는 구차한 변명에 불과하다고 그는 생각했다. 한때 존경하던 '지존의 아버지'의 관직을 위한 청원행위와 달리, 정치구조·상황의 면밀한 분석을 통해 정치적 병폐의 원인과 처방을 진단해주는 것이 정치참여의 최상의 방법이라고 바로는 확신했다. 중병의 환자에게 살 수 있다는 허황된 희망을 부추기는 것보다는 병에 유용한 '쓴 약'을 처방하는 것이 더 시급하다는 판단이었다.

> 루이 필립 정권이 남겨준 유일한 긍정적인 유산은 도둑과 강도 같은 지배계층에 더 이상 의존하지 말고, 믿을 것은 자신뿐이라는 경각심을 민중에게 심어준 것이다.

바로는 『제휴와 내각』La Coalition et Le Ministère이라는 제목의 정치비평 팸플릿을 1839년 발표하여 7월 왕정의 정치적 후진성을 예리하게 분석했다. '제휴'라는 용어는 원래 노동자들의 불법적인 집단행동을 가리키는 단어였는데, 왕·의회·내각이 노동자의 생존권을 짓밟기 위해 한통속이 되어 서로의 이익을 위해서 단체동맹 혹은 '적과의 동침'을 맺었다는 냉소가 소책자의 제목에 묻어 있다.[42)]

---

42) Émile Barrault, *La Coalition et Le Ministère* (Paris: Desessart, 1839), p.9.

『제휴와 내각』에 따르면, 7월 왕정이 스스로 초래한 가장 심각한 정치적 위기의 첫 번째 원인은 적극적인 정책의 부재였다. 7월 혁명의 바리케이드 속에서 탄생한 루이 필립 정권은 어떤 대가를 치르더라도 공공질서와 사회 평온은 절대 유지해야만 한다는 강박관념에 사로잡혔다.[43] 이런 이유로 혁명의 불씨가 되살아나지 않도록 모든 수단과 방법으로 반란의 기미를 우격다짐으로 잠재우는 데 정부는 모든 역량을 집중했다.

7월 왕정을 치명적인 병에서 벗어나지 못하게 만든 두 번째 원인은 의회의 무기력에 있다고 『제휴와 내각』은 설명했다. 시민과 민중의 삶을 향상시킬 건전한 정책을 입안하기보다는 통치방법을 둘러싼 "이론적인 논쟁의 끝없는 전쟁"에 집권층은 집착하고 있다고 바로는 비꼬았다. 그리고 왕권·의회·내각이 야합한 '이상한 제휴'가 정치적인 무기력과 절망감을 잉태한 책임이 있다. 루이 필립은 왕권에 대한 견제와 균형이라는 본연의 기능을 다하지 못하는 내각과 정치적 당파들 사이의 내분을 교묘히 역이용하여 자신의 권력을 안정화하고 연장시켰다. 당파적인 힘겨루기와 권력 다툼에만 열중하는 내각과 의회는 왕을 자기편으로 확보하려는 욕심으로 입법과 행정을 통한 권력 감시를 소홀히 했다고 바로는 지적했다.

이런 '이상한 제휴'의 희생자는 죄 없는 국민이었다. 간섭받지 않으며 권력을 팽창하려는 루이 필립과 권력 다툼으로 왕권에 대한 감시를 소홀히 하는 내각 사이에 낀 국민은 사망 직전 상태로 방치되었다. "루이 필립 정권이 남겨준 유일한 긍정적인 유산"은 도둑과 강도 같은 지배계층에 더 이상 의존하지 말고 생존과 행복을 위해 믿을 것은 자신뿐이라는 경각심을 민중에게 심어준 것이라고 바로는 풍자적인 펀치를 날렸다.[44]

---

43) Barrault, *La Coalition et Le Ministère*, p.3.

바로는 통치기관의 정책 부재와 기능 마비라는 두 가지 이유로 7월 왕정은 결국 사망에 이를 것이라고 경고했다. 적극적인 의미에서 프랑스를 올바른 방향으로 단 한 번도 다스리지 못한 루이 필립 정권의 합법성이 "절박한 의문사항"으로 대두되었기 때문이다.[45] 현 정부가 '난장판'이 되는 것은 시간문제일 뿐이며, 국민이 살기 위해서라도 루이 필립 정권을 처벌할 것이며, 결국은 모든 종류의 '권력 사냥꾼들'이 7월 정권의 시체더미로부터 한 조각의 전리품이라도 챙기기 위해 난리법석을 필 것이라고 바로는 예언했다.[46]

1848년 혁명이 발발하기 이미 9년 전에 바로는 루이 필립 정권의 묘비명을 『제휴와 내각』에 기록했던 것이다. 7월 왕정 붕괴의 당위성을 역설해 오던 바로는 1843년 옛 생시몽주의 동료였던 뒤베리에와 함께 일간지 『쿠리에 프랑세』Courrier Français의 편집진에 합류했다. 저널리스트로 활약하면서 바로는 무기력과 마비증세로 회복할 수 없는 중병에 걸린 루이 필립 정권이 마지막 숨을 거두기를 참을성 있게 기다렸다.

44) Barrault, *La Coalition et Le Ministère*, p.9.

45) Barrault, *La Coalition et Le Ministère*, p.4.

46) Barrault, *La Coalition et Le Ministère*, p.22.

제4장

생시몽주의 조직 해체 이후의 생시몽주의자들: 1848년 혁명과 제2공화국 그리고 제2제정

I. 1848년 혁명과 생시몽주의자들: "따로 또 함께"

1848년 혁명은 프랑스뿐만 아니라 유럽의 많은 나라에 막대한 영향을 끼친 19세기 유럽사에서 가장 중요한 사건 가운데 하나였다.[1] 혁명에 힘입어 국내적으로는 루이 필립 왕정이 제2공화국으로 대체되었다. 대외적으로는 이웃나라 프로이센과 오스트리아는 물론 폴란드와 러시아까지 자유주의와 민족주의가 전파되었다.

1848년 혁명의 또 다른 의의는 사회주의적인 성격에서 찾아볼 수 있다.

1) 1848년 혁명에 대한 국내의 선행연구는 양적으로 빈약하다. 김인중, 「1848년 2월 혁명과 공화주의」, 『서양사론』 제51호(1996년 12월); 「1848년 6월봉기와 빠리의 노동자들」, 『서양사연구』 제3집(1982, 서울대 서양사연구회) 외에 "1848혁명 150주년 기념"으로 『역사비평』 42호(1998년 봄)에 게재된 김인중, 하경수, 한운석, 미하우 실리바 등의 기획논문(pp.307~365) 등 참조. 파리 노동자들을 주인공 삼아 2월 혁명에서 6월 봉기에 걸친 투쟁을 현장감 있게 묘사한 Georges Duveau, *1848: The Making of a Revolution* (Cambridge: Harvard University Press, 1984). trans. by Anne Carter; 김인중 옮김 『1848년 프랑스 2월 혁명』(탐구당, 1993) 참조. 당시 신문, 포고령, 회고록, 정치만화 등의 1차 사료 모음집으로는 Roger Price ed., *1848 in France* (Ithaca: Cornell University Press, 1975)가 있다.

2월 혁명의 성공으로 (남성) 노동자는 보통선거권을 부여받았고 노동권과 노동 조직권을 법적으로 보호받았다. 1848년 혁명 직후인 2월 28일에 사회주의자 루이 블랑Louis Blanc이 주도하는 '뤽상부르위원회'는 실업자 구제와 노동자의 직업훈련을 목적으로 한 '국민작업장'Ateliers Nationaux 창설을 선포했다. 국민작업장 운영의 재정을 마련하기 위해 임시정부는 직접세 1프랑 당 45상팀을 추가로 부가하는 '45상팀세'라는 새로운 세금을 징수했다.

중상류층은 국민작업장을 게으름뱅이와 술주정뱅이 같은 룸펜프롤레타리아의 놀이터로 간주했다. 이들을 먹여 살리기 위해 더 많은 세금을 내야 한다는 사실을 참을 수 없었다. 지방의 보수적인 농민도 파리의 양아치와 부랑아들이 자신이 납부한 세금을 낭비하고 있다고 미워했다.

'위험한 계급'의 성장에 위협을 느낀 부르주아 계급은 실업 노동자에게 빵과 일자리를 보장하기 위해 출범한 국민작업장 해체를 요구했다. 결국 농민·중산층의 압력에 굴복한 임시정부는 6월 21일 국민작업장의 폐쇄를 명령했다. 그러나 노동자들은 2월 혁명을 통해 쟁취한 자신들의 노획물이 사라지는 것을 방관하지 않았다. 국민작업장의 폐쇄에 항거하여 노동자들이 자신의 생존권을 지키기 위해 일어난 것이 '혁명 안의 또 다른 사회주의 혁명'으로 알려진 '6월 봉기'였다.

소위 '영광의 3일'이라고 불리는 6월 27~29일의 노동자와 사회주의자들의 봉기는 카베냑Louis-Eugène Cavaignac 장군이 지휘하는 정규군의 무자비한 무력 진압으로 약 4천 명의 사망자를 남기고 비극적인 막을 내렸다. 그리고 제2공화국 헌법에 '노동권'이 명시적으로 포함되지 않음으로써 노동자들은 다시 한 번 패배했다.

1848년 2월 혁명이 발발하자 (옛)생시몽주의자들은 대부분 이를 환영했다. 7월 왕정 후반기의 저조한 산업발전에 실망한 이들은 자신들이 역설해온 실용적인 프로젝트들을 실현할 수 있는 절호의 기회를 혁명이 마련해줄 것을 갈망했다. 이런 염원에 고무된 '오리지널 3인방 멤버' 가운데 한 명인 로드리그는 생시몽주의를 부흥시킬 의도로 (앙팡탱을 제외한!) 옛 동지들을 규합하려고 노력했다. 하지만 정치적 견해 차이 때문에 실현되지 못했다.[2] 생시몽주의 재건계획은 결실을 못 맺었지만, 1848년 혁명 이후 후기 생시몽주의자들은 각자의 영역에서 현실개혁에 앞장섰다.

1848년 혁명을 전후로 가장 가시적이며 열정적으로 투쟁한 인물 가운데 한 사람이 뷔셰였다. 그는 "노동자의 도덕적·물질적 이익을 위한 기관"임을 표방하는 신문 『아틀리에』L'Atelier를 1840년 창간하여 1850년까지 운영했다. 뷔셰는 1848년 2월 혁명 당시 튈르리 궁으로 진격한 혁명군을 이끌었고, 5월에는 입헌의회의 첫 의장직에 뽑혔다.[3] 그 외에도, 바로Barrault, 카르노Carnot, 샤르통Charton, 로랑Laurent, 레노Raynaud 등 수 명의 생시몽주의자들이 1848년 4월에 결성된 입법의회 의원으로 선출되었다. 그들 가운데 카르노는 제2공화국의 공교육부 장관에 임명되었다.

이처럼 대부분 중장년이 된 후기 생시몽주의자들은 국회의원, 저널리스트, 공직자 등으로 활약하면서 1848년 뿌린 피의 희생이 헛되지 않도록 "따로 또 함께" 노력했다.

다른 한편, 1848년 혁명은 현실참여의 올바른 방법과 명분을 둘러싼 생시몽주의자들 사이의 해묵은 갈등과 이견이 상승하여 폭발하는 계기가 되었다. 앞 장에서 살펴보았듯이, 앙팡탱과 바로는 생시몽주의 현실참여

2) Charléty, *Histoire du Saint-Simonisme*, p.233; Weill, *L'École Saint-Simonienne*, pp.214~215.

3) Pilbeam, *Saint-Simonians in Nineteenth-Century France*, p.70 & p.75

의 두 가지 다른 모델을 각각 대변했다. 앙팡탱이 과격했던 젊은 시절을 반성하며 '현실정치 내부에서의 참여'를 희구했다면, 바로는 젊은 시절부터 일관성 있게 '현실정치 바깥에서의 비판'을 포기하지 않았다.

바로가 진보적 참여론자이자 순종 생시몽주의자였다면, 앙팡탱은 보수적 실용주의자이며 잡종 생시몽주의자인가? 만약 바로가 앙팡탱보다 '더 좋은' 생시몽주의자라면, 앙팡탱은 '현실적으로 더 쓸모 있는' 생시몽주의자였을까? 제도권 바깥에 서 있는 지식인의 비판적인 목소리를 체제 안으로 유인하고 포옹하여 권력의 안과 밖을 가로막는 장벽을 허물 수 있는 '제3의 길'은 무엇일까? 역사가 엄정하게 판정하는 승리자와 패배자는 바로와 앙팡탱 가운데 누구일까? 이런 질문들에 대한 대답의 실마리를 찾아 앙팡탱과 바로가 짧았던 제2공화국 시절에 선택하거나 '가지 않았던 길'의 풍경을 구체적으로 따라가 보자.

II. 제2공화국과 현실참여의 두 갈래 다른 길

앙팡탱 : '왕의 사제'에서 좌우를 떠난 '회색인'으로

앞 장에서 관찰했듯이, 7월 왕정의 충직한 테크노크라트로 변신한 앙팡탱은 자기에게 일용한 양식과 일한 기회를 준 루이 필립 정권이 정치적·재정적으로 파산할 것을 걱정했다. 앙팡탱은 1848년 1월 31일 친구에게 보낸 편지에서 7월 왕정 말기의 정치적·경제적 무능력을 빌미로 삼아 가난한 계층들이 "정치적인 말썽"을 부릴 위험한 음모를 꾸미고 있다고 우려했다.[4)]

1789년 혁명의 폭풍 속에서 용케 살아남은 제1신분(성직자)과 제2신분(귀족)의 후예인 명사층notables의 이익만을 대변한 루이 필립의 보수반동 정책이 부자와 가난한 사람 사이의 불평등을 위험한 벼랑 끝으로 내몰았기 때문이다. 그러나 앙팡탱은 계층 사이의 증오는 "기요틴, 외국인(과의 전쟁), 폭동의 나날journées"을 연상시키는 1789년 대혁명의 파괴적인 전철은 밟지 않고 평화스럽게 해결될 것으로 낙관적으로 전망했다.[5)]

자신의 예상과는 달리 1848년 혁명이 '6월 봉기'라는 과격한 방향으로 치닫자 당황한 앙팡탱은 가해자-노동자와 피해자-부르주아지라는 진영 논리를 만들었다. 폭력적인 6월 봉기로 부르주아들은 "반달족과 고트족에게 갑자기 둘러싸인 자신을 발견한 문명화된 로마인이 느꼈던 감정과 똑같은 감정"[6)]을 느낄 정도로 노동자들의 위세에 겁박당했다고 편들었

4) *OSSE* Vol. 11, p.67.
5) *OSSE* Vol. 11, p.68.

던 것이다. 로마제정 말기에 로마인이 야만인에게 당한 파괴와 수치심을 되풀이하지 않기 위해서는 교양 있고 문명화된 프랑스 보통사람은 1789년 대혁명이 남긴 값비싼 교훈(혹은 악몽)을 명심해야 한다고 앙팡탱은 주장했다.

그는 특히 보통선거권과 함께 '노동권'le droit au travail의 즉각적인 보장을 요구하는 노동자들이 인내심을 발휘해 줄 것을 촉구했다. 만약 노동자들이 계속해서 "자기 운명의 즉각적인 향상과 재산과 산업 관련 조항의 급격한 변화"를 요구한다면, 그 대가는 "불가항력적이고 통탄할 만한 과거로의 복귀"뿐이라고 경고했다.[7] 1789년 대혁명이 상퀼로트의 과격한 요구 때문에 1815년 부르봉왕조의 복귀로 막을 내린 것처럼, 6월 항쟁으로 표출된 노동자들의 과도한 욕심은 정치·경제적 무정부 상태를 틈타 또 다른 왕정 복귀를 초래할 수 있다는 논리였다.

앙팡탱은 이런 불행을 방지하기 위해서 사회주의자들이 무지하고 선량한 노동자를 더는 선동하지 말라고 경고했다. 지배계층은 물론 노동자 자신도 "루이 블랑 원칙의 필연적인 실패"를 알아차려야 한다고 역설하면서 사회주의자들의 음모에 대해 깊은 의혹을 드러냈다.[8] 앙팡탱은 혁명이 동반하는 혼란과 헛된 희망에 부풀어 일부 옛 생시몽주의자들이 사회주의자와 손잡고 과격한 정치적 구호를 외치는 것을 못마땅하게 여겼다.

앙팡탱은 혁명 직후 임시정부의 외무부장관을 맡았던 시인이자 정치가

---

6) Alexis de Tocqueville, *Recollections: The French Revolution of 1848* (New Brunswick: Transaction Books, 1990), trans. by George Lawrence. p.72.

7) "앙팡탱이 친구 지라르댕(Girardin)에게 보낸 편지"(1848년 3월 2일), *OSSE* Vol. 11, p.71.

8) "앙팡탱이 친구 지라르댕(Girardin)에게 보낸 편지," *OSSE* Vol. 11, p.69.

인 라마르틴에게 보낸 편지에서 다음과 같이 항의했다.

> 사회주의와 생시몽주의 운동을 20년 동안 관찰해 왔다고 당신은 말했다. 어리석음, 비꼼, 우둔함, 백치, 방황, 부조리, 아편, 그리고 늙은 여자—이 표현들은 당신을 당황스럽게 하고 당신이 저주로 질식시키기를 원하는 모든 사람에게 당신이 조심성 없고 무차별하게 사용했던 단어들이다. 당신이 잘 이해하지 못하는 사람을 싸잡아 비난하는 것은 바람직하지 않다. 사회주의자-난동꾼-교란자들이 이 세상에 존재하도록 허용한 사람은 다름 아닌 2월 혁명의 인물이라고 불리는 당신이다.[9]

편지의 요점은 라마르틴이 생시몽주의자들을 바람둥이, 천덕꾸러기, 무질서 선동자로 몰고 가는 것은 천부당만부당하다는 것이었다. 그리고 자신들은 '사회주의자'와는 다르다고 앙팡탱은 항변했다. 앙팡탱 자신이 새로운 사회로 향하는 문門은 '아래로부터'의 폭력적인 손아귀에 의해서가 아니라, 힘 있고 영향력 있는 저명인사들의 협력으로 '위에서부터' 열려야 한다고 줄기차게 외쳐왔음을 상기시키려는 의도였다.

생래적인 불평등을 지지하고 '능력과 작업에 다른 분배'라는 원칙으로 사회를 재조직하려는 생시몽주의자들이 사회주의자들과 협력하여 상호 공존할 수 있다고 오해한 라마르틴의 무지를 지적한 것이다. 사회주의자들의 주장에 굴복하여 6월 봉기를 방지하지 못한 라마르틴을 책망한 앙팡탱은 "혁명적인 사회주의자-약탈자는 생시몽의 제자도 아니고, 나의 제자도 아니다"라고 분명히 선을 그었다.[10]

---

9) Jean-Pierre Alem, *Enfantin: Le Prophète aux Sept Visages*, p.187 재인용.

노동자 계층과 사회주의자를 한통속으로 싸잡아서 비판한 앙팡탱은 이들과 의도적인 '거리두기'에 힘썼다. 이런 신중하고도 소심한 태도는 1848년 9월 5일 친구에게 보낸 편지에서 잘 표현된다.

> 친구여, 나는 당신도 나처럼 두 개의 집단 사이에 서 있기를 추천한다. 어제의 인물과 내일의 인물, 늙은이와 젊은이, 흰색(왕당파)과 붉은색(사회주의), 그리고 산꼭대기와 절벽, 이들 양편의 중간에 서 있기를 바란다. 말하자면 나는 당신이 언덕의 측면에 비켜 서 있기를 제안하는 것이다.[11)]

왼쪽으로는 1789년 혁명 기간에 공포정치를 주도한 산악파와 사회주의자 등과 같은 '내일의 인물들'과 부화뇌동해서 휩쓸리지 말고, 오른쪽으로는 왕당파나 보나파르트파와 같은 "어제의 인물들"과도 교류를 하지 말라는 것이 앙팡탱이 친구에게 전달하는 지혜의 말씀이었다. 앙팡탱은 양극단의 중간에서 어중간하게 처신하는 것이 역사적 격동기를 사는 지식인이 새겨야 할 제1원칙의 생존 법칙이라는 것을 시범적으로 실천했다.

그는 옛 동료였던 뒤베리에와 함께 일간지『르 크레디』Le Crédit를 1848년 11월에 창간했다. 골치 아픈 정치적인 논쟁을 삼가고 재정적이며 산업적인 이슈들을 주요 기사로 취급하겠다는 앙팡탱의 의도가 '신용'이라는 신문 제목에 잘 함축되었다. 새 시대의 과제는 이데올로기적인 진영논리가 아니라 국가재정의 성장과 경제적인 먹고사는 문제 해결이라는 실용주의

---

10) Alem, *Enfantin: Le Prophète aux Sept Visages*, p.187.
11) *OSSE* Vol. 11, p.107.

자 앙팡탱의 평소 신념의 반영이었다.

6월 봉기를 진압한 사령관 카베냑 장군은 "온건하고 상황에 적응한" 『르 크레디』의 출범을 반겼다. 반사회주의자로서 혁명 직후 파리 시장이 된 마라스트Armand Marrast와 카베냑 밑에서 내무장관을 지낸 뒤포르Jules Armand Dufaure도 "훌륭한 신문"이라고 환영했다.[12] 제2공화국 권세가의 후원에도 불구하고 『르 크레디』는 약 7천 프랑의 금전적 손해를 앙팡탱에게 안겨주고 1850년 8월에 폐간되었다. 2년 남짓 동안 이 신문은 앙팡탱이 지향한 '비정치적인 현실참여'의 실험무대였다.

얼마나 많은 (옛) 생시몽주의자들이 앙팡탱이 선보인 '비정치적인 현실참여'에 감명받아 그의 변신을 본받고자 했을까? 2월 혁명에서 6월 봉기에 이르는 숨 막히는 역사적 소용돌이 속에서 살아야만 했던 당대인에게 앙팡탱이 권하는 '완충지대에 서 있기'는 말하기는 쉬우나 행하기에는 어려운 곡예였을 것이다. '회색인'으로 처신하는 것이 개인과 가족의 안녕과 건강에 이롭다는 그의 충고는 옹졸하고 비겁한 기회주의 혹은 시대적 방관자가 되라는 궤변이 아니었을까?

이런 의문을 품은 생시몽주의자들은 테크노크라트로 현실에 입문한 옛 '지존의 아버지'가 가지 말라는 '좁고 위험한' 문으로 들어가기를 두려워하지 않았다. 바로야말로 앙팡탱이 권하는 방향과는 정반대의 길을 선택하여 1848년 혁명의 거친 가시밭을 헤쳐 간 또 다른 생시몽주의자였다.

---

12) Charléty, *Histoire du Saint-Simonisme*, p.242; Weill, *L'École Saint-Simonienne*, pp.224~225; Arthur John Booth, *Saint-Simon and Saint-Simonism: A Chapter in the History of Socialism in France* (London: Longmans, 1871), pp.224~225.

바로: 누구를 위하여 경종은 우는가

1848년 2월 혁명을 신호로 7월 왕정에 대한 조종弔鐘이 울렸을 때 바로는 역사적 소용돌이 한가운데로 뛰어갔다. 1830년 7월 혁명이 완수하지 못한 '사회문제'(노동문제)를 매듭지을 수 있는 결정적인 기회로 생각했기 때문이다. 그러나 4월과 5월의 노동쟁의가 잇달아 실패로 돌아감에 따라 그는 자신의 희망이 수포가 될까 조바심했다.

이런 의구심을 스스로 떨쳐버리고 새로운 국면에 접어든 혁명을 '역사적으로 올바른' 방향으로 견인하기 위한 비상조치가 일간지『노동자의 경종警鐘』Le Tocsin des Travailleurs의 창간이었다. 1848년 혁명 직후 7월 왕정 후반기에 실시된 언론통제안이 무효화됨으로써, 수개월 사이에 약 450여 종의 새로운 신문이 봇물처럼 창간되었다. 바로가 1848년 6월 1일 창간한『노동자의 경종警鐘』도 이런 시대적 분위기에 편승한 언론·표현 자유의 산물이었다.[13]

> 과거 60년 동안 노동권을 위하여 발생한 최초의 그리고 유일한 혁명이 1848년 혁명이다.

신문의 제목에서 잘 드러나듯이, 2월 혁명 덕분에 노동자들이 확보한 권리를 빼앗으려는 반동적인 부르주아의 음모에 대해 경계경보를 울려주자는 것이『노동자의 경종』의 기본정신이었다. 당시 용례에 따르면 장인匠人(artisan)만을 제한적으로 지칭하는 '우브리에'Ouvrier라는 용어 대신에 '트라

---

13) Irene Collins, *The Government and the Newspaper in France, 1814~1881* (London: Oxford University Press, 1959), p.102.

1 Juin 1848. Prix : 5 centimes. 1re année. – No 1.

ABONNEMENT.
Paris : 18 fr. — 9 fr. — 4 fr. 50.
Dép. : 30 — 15 — 7 50.
Rue du Boulay, 26.

LE TOCSIN DES TRAVAILLEURS.

COMITÉ DE RÉDACTION.
Emile Barrault.
F. Delente, *ouvrier*.
Affranchir.

PARIS, 31 MAI.

CE QUE NOUS VOULONS.

Depuis près de soixante ans que la France rompt avec le passé, la seule révolution faite ouvertement en vertu des *droits du travail* est celle du 24 février 1848. Or, la cause du travail et celle du peuple n'en font qu'une. Le grand travailleur de Dieu, celui qui opère ses miracles sur la terre, c'est le peuple. Donc, nous voulons que sa révolution, la seule qui soit bien à lui parce qu'elle ne procède que de lui, ne lui soit pas volée....

Où nous donnerons l'alarme aux travailleurs, nous avons le tocsin.

Pouvons-nous laisser faire l'Assemblée constituante et dormir? Sans doute cette assemblée veut le bien ; mais il s'y trouve tant de bonnes intentions en paletot ou en frac! La blouse y est si rare qu'elle a l'air d'y faire tache. La blouse était l'uniforme des barricades ; ce n'est qu'une exception dans la représentation nationale. Le proverbe a beau dire que *l'habit ne fait pas le moine*; ce qui trop souvent est vrai, c'est que *l'habit fait le bourgeois*.

Prenons garde, ayons la main sur le tocsin.

Est-ce que le Comité exécutif est propre à nous *rassurer*? Le lendemain de la révolution, on garantissait au peuple un labeur quotidien ; on logeait le problème de l'organisation du travail au Luxembourg; on instituait des ateliers nationaux. Ne semblait-il pas que l'Etat devenait le père de la grande famille? Aujourd'hui les ateliers nationaux vont être dissous. Le Luxembourg a reçu d'autres locataires. *Le National* épilogue sur les garanties affichées par l'Hôtel de-Ville, à la grande joie du *Siècle*. Ce que le gouvernement provisoire a écrit, le Directoire intérimaire commence à le raturer. Enfin, l'Etat donne sa démission de ses entrailles paternelles, cela le mettait sur les dents.

Alerte! un premier coup de tocsin.

Et à qui nous fierons-nous? *Aux républicains de la veille*? Parlons-en vite. La plupart de ces messieurs sont d'avis qu'avec un roi de moins et le suffrage universel de plus, le peuple tient **la meilleure des républiques**, surtout s'ils sont en place. Un roi de moins, comme cela suffit à remplir la poche du peuple! Le suffrage universel, comme cela le rassasie! Grand merci, messieurs. Le langage de ces républicains fossiles nous rappelle ces gens que l'Evangile réprouve; on leur demande du *pain* et ils donnent... *une pierre*.

Vite! un second coup de tocsin!

Serions-nous assez insensés pour compter sur les *républicains du lendemain*? D'avance nous le savons, si la République perpétuait l'exploitation du travail par le capital et les misères du prolétariat, plusieurs de ces royalistes d'hier seraient des Brutus. Ce qu'ils regrettent dans le trône tombé, c'est l'abri de leur pot-au-feu. Selon eux, la couronne constitutionnelle est le meilleur couvercle de la marmite bourgeoise. L'une est faite pour l'autre, et réciproquement.

Vite, vite, un troisième coup de tocsin!

En vérité, lorsque tant de petits complots monarchique s'étalent en plein soleil de mai, lorsque l'amélioration sérieuse du sort des travailleurs est traversée par tant de sourdes résistances, nous croyons encore voir, sur le balcon des Tuileries, l'égoïsme carré de Louis-Philippe. Cependant les Tuileries sont désertes; le vieux roi est à Londres et le vieux parti conservateur à l'ombre. Que s'est-il donc passé? Ah! nous avons grand-peur de retrouver la mauvaise queue de M. Guizot dans la légion de M. Thiers, jusque dans la phalange du maire de Paris...

Pour le coup, ma foi, nous sonnerions le tocsin à toute volée.

Ayons patience. La précipitation est toujours funeste. Seulement, que les travailleurs le sachent bien, ils ne doivent se fier qu'à eux-mêmes. Et ce qui les rendra plus invincibles que des piles de pavés, c'est la foi dans leur avenir. Ce qui porte plus loin que le fusil, c'est un principe vrai qui se propage avec la rapidité de la lumière. Quand un peuple sait bien ce qu'il veut, qu'a-t-il besoin d'armes? Il unit l'intelligence à la *force*, son calme fait la loi.

Dès-lors, qu'est-ce que les travailleurs ont à faire aujourd'hui? *à savoir et à vouloir.*

Il en est beaucoup qui, pour nourrir le présent, font volontiers le sacrifice de tout droit et de tout espoir. Parlez-leur de fraternité, d'association, d'organisation du travail, ils hochent la tête et répètent servilement le propos des bourgeois sans cervelle et sans cœur : *c'est un rêve*. Ayez de l'ambition pour eux, vous serez devant eux un fou ou un fourbe. Tâchez de leur montrer une perspective consolante, ils se rencognent dans leur misère et ne songent qu'à joindre péniblement les deux bouts, voilà tout leur avenir. Pauvres gens, la souffrance les a écœurés! Ce sont eux que les réactionnaires appellent les *bons ouvriers*, en attendant qu'ils les fassent décorer. Ce sont tout tout simplement les traînards de la grande armée des travailleurs.

Frères, pressez le pas au son de notre tocsin.

D'autres ont le fougueux enthousiasme de l'espérance. Ce sont les impatients qui voudraient d'un bond toucher au but. Le chemin est si rude qu'il faut bien les excuser d'aspirer à l'abréger. Ce sont eux que les réactionnaires nomment les *mauvais ouvriers*. Non, c'est une généreuse et bouillante avant-garde qui se dévouerait intrépidement pour le salut commun, mais qui a le tort de croire qu'on prend toutes les questions d'assaut.

Frères, ne vous élancez pas si loin du corps d'armée, écoutez notre tocsin.

Le corps d'armée, c'est cette masse de travailleurs qui n'aime pas à courir les aventures, mais qui ne lâche jamais pied et poursuit invariablement son but d'étape en étape. Le corps d'armée ne se compromet pas dans des escarmouches, il est solide aux grands jours. Tout ira bien, pourvu que les uns n'aillent pas trop en avant et que les autres ne restent pas trop en arrière.

Frères, ne vous séparez plus, et que notre tocsin vous rallie!

Oui, soyons unis, nous serons forts. Attachons-nous inébranlablement à notre République, nous serons deux fois forts. La République, telle que nous la voyons à cette heure, n'est pas la Terre-Promise, où les travailleurs doivent entrer et jouir de la répartition équitable des fruits de leurs sueurs ; mais elle est le premier degré de leur ascension vers le nouvel ordre social qui donnera largement à tous le pain quotidien du corps, de l'esprit et de l'âme.

Courage, travailleurs! vous avez fait la révolution de février, c'est à vous de sauver votre révolution. Pour nous, nous nous efforcerons de vous y aider, et l'œil ouvert, l'oreille au guet, nous ne laisserons pas notre tocsin muet à l'heure du péril ; s'il le faut, nous mettrons le carillon de la partie.

La vie et la mort.

Les soldats de la tyrannie donnent la mort ; les soldats de la liberté donnent la vie.

Les premiers obéissent à ce signal : *joue - feu*. Qu'ont-ils fait? des cadavres. Les seconds ne combattent qu'à ces mots : DIEU, AMOUR, LIBERTÉ. Leur arme, c'est leur âme, et dès que la raison commande, oublieux de tout intérêt personnel, ils s'élancent et dispersent autour d'eux les éclats brûlants et comme la mitraille enflammée de leur conscience. Qu'ont-ils fait? des vivants.

Les soldats de la liberté ne tuent pas, ils vivifient ; ils ne consument pas, ils éclairent; ils ne divisent pas, ils concilient; ils ne dépouillent pas, ils donnent, et, pour tout salaire, ne réclament qu'une étincelle de cet amour que Dieu distribue à tous et dont il est le foyer.

Vous qui ne savez que meurtrir et tromper, nous ne voulons pas vous frapper, mais vous guérir. Vous avez organisé la famine parmi nous, nous ne voulons pas vous punir en stérilisant votre individualisme, nous voulons ranimer vos cœurs desséchés et vous convier au saint banquet de la Fraternité.

Nous ne vous rendons pas responsables de la science diabolique que vous professez. Vous avez été élevés de la sorte, et comme vous avez sucé un lait corrompu, vous avez la corruption jusque dans votre esprit, la faute n'en est pas à vous. Mais nous en avons gravement pâti, nous, et voilà pourquoi, à bout de patience, nous avons fait notre révolution.

Défiez-vous de votre savoir, il en est temps. De quoi votre intelligence est-elle meublée? De tous les sophismes d'une vieille science, de tous les préjugés d'une société caduque. Votre tête est pleine, mais elle est mal remplie; n'importe, votre pédantisme et votre intérêt la ferment à toute idée neuve. Pour exclure la vérité qui se présente, votre intérêt se fait pédantisme, votre pédantisme se fait intérêt, la lettre morte chasse l'esprit vivant, et parce que vous êtes savantissimes, vous êtes les ignorants de l'époque.

Heureux les simples d'esprit! Comprendrez-vous enfin cette parole? La voici qui se vérifie sous vos yeux. Les simples d'esprit ont le cerveau vide de tout ce qui encombre le vôtre; dès-lors l'idée neuve y pénètre sans empêchement et s'y loge. Les simples d'esprit n'ont pas leur raison embarrassée dans toutes vos complications subtiles, et leur âme est grandement ouverte à la vérité, dès qu'elle arrive. N'ayant rien à perdre à l'acquérir, pas même la vieille science dont ils sont aussi deshérités, ils accueillent l'esprit vivant, et parce qu'ils sont ignares, ils sont les savants de l'époque.

Oui, heureux les simples d'esprit, c'est à eux les premiers que Dieu se communique, ce sont eux qui remontent plus librement vers la source éternelle de tout devoir et de tout droit, vers Dieu. Leur tête ne leur pèse pas sur le cœur pour en comprimer les aspirations, et lorsque les docteurs se plaisent dans les ténèbres de la mort, eux se laissent ravir à la lumière et à la vie.

Frères savants et riches, nous voulons vous aimer. Frères qui soutenez la tyrannie, nous vous aimons. Car nul ne fait le mal par plaisir, mais par manque de foi. Frères pauvres et ignorants comme nous, voyons et pensons tous en Dieu, et le monde est sauvé.

DÉLENTE.

Mise en accusation de M. Louis Blanc.

Le coup était attendu, il n'en est pas moins surprenant.

Quoi! c'est le 31 mai, deux semaines après l'attentat du 15, que M. Louis Blanc est accusé d'y avoir trempé? Il a fallu tout ce temps pour découvrir les traces de sa complicité? C'était donc une trame savamment et ténébreusement ourdie? Innocents que nous étions! Nous avions cru que cette fameuse conspiration du 15 mai s'était improvisée à la barbe même de l'Assemblée constituante, sous l'influence d'un beau soleil de printemps et de généreuses inspirations démocratiques que ce soleil avait ranimées.

Dieu nous garde de ne pas condamner la violation de l'Assemblée nationale! C'est à notre avis une faute

『노동자의 경종』

바로는 '트라바이외르'라는 단어를 의도적으로 신문 제목에 삽입하여 노동자의 경종이 블루칼라 노동자는 물론 과학자, 엔지니어, 예능예술인 등을 아우르는 화이트칼라 노동자를 포함한 독자를 대상으로 삼은 신문이라는 점을 홍보했다.

(출처: 프랑스국립도서관 갈리카 디지털도서관)

바이외르'Travailleur라는 단어를 신문의 제호로 선택한 점에 유의할 필요가 있다. '트라바이외르'는 육체노동자Travailleur manuel와 지식노동자Travailleur intellectuel 그리고 임금노동자Salarié 등을 포함하므로 '우브리에'보다는 더 포괄적인 용어이다.

생시몽이 '생산자'Producteur의 범주에 과학자, 산업경영자, 예술가, 성직자 등을 포함시켰고 생시몽주의자들도 지식인, 산업주의자, 예술가 등을 사회에 유용한 것을 생산하는 광의의 노동 계층으로 간주했다. 이런 용법상의 전통을 계승한 바로는 '트라바이외르'라는 단어를 의도적으로 신문 제목에 삽입하여 『노동자의 경종』이 블루칼라 노동자는 물론 과학자, 엔지니어, 예능예술인 등을 아우르는 화이트칼라 노동자를 포함한 독자를 대상으로 삼은 신문이라는 점을 홍보했다.

바로의 위와 같은 창간 의도는 노동자 출신 들랑트François Delente를 공동편집자로 영입한 것에서도 간접적으로 표출된다. 구두수선공이었던 들랑트는 복고왕정기에 노동운동에 연루·체포되어 감옥에 갇힌 동안 스스로 글을 깨쳐 출감 후에는 더욱 적극적인 노동운동가로 변신한 인물이었다. 들랑트를 "스스로에게 의존하여 성장한 노동자의 모범적인 모델"이라고 칭찬한 바로는 "진짜 노동자"와 "나이든 지식인"인 자신이 합심하여 출범시킨 『노동자의 경종』은 두 계층 사이의 성공적인 연대의 본보기가 될 것으로 기대했다. "민중에게 호소하는 신문의 창간이라는 어려운 임무를 감히 수행하려는" 두 사람은 "종교적인 우애"fraternité로 똘똘 뭉칠 것을 맹세했다.[14]

---

14) 들랑트의 과거행적에 대한 소개와 이에 대한 바로의 평가는 "Un Mot sur Nous," *Le Tocsin des Travailleurs*, 1848년 6월 21자 참조.

근대 프랑스 역사에서 소위 '노동자-지식인 연대'가 어떤 계기로 언제부터 시작했는지를 따져보는 것은 또 다른 이슈이지만, 7월 혁명 직후에 에콜 폴리테크니크 재학생들이 노동자들을 위한 무료야학 강좌를 개설했음을 상기할 필요가 있다.[15]

그 연장선상에서 루이 블랑과 알베르Albert라는 노동자가 협력하여 국민작업장의 설치와 운영을 논의한 전례도 있었다. 1789년 프랑스혁명의 구호로 등장한 자유, 평등, 우애 가운데 평등과 함께 올바른 대접을 받지 못하고 실종되었던 우애 정신을 1848년 혁명을 통해 구현하려는 것이 『노동자의 경종』 편집인들의 공동 의지였으리라.

『노동자의 경종』 창간호는 1848년 2월 혁명을 "과거 60년 동안 노동권을 위하여en vertu des droits du travail 발생한 최초의 그리고 유일한 혁명"으로 그 역사적 성격을 규정했다.[16] 바로와 들랑트는 2월 혁명의 이런 역사적 의의를 수호하고 "자기 노동의 합당한 열매"를 수확하기 위해서는 노동자들이 "부르주아의 못된 습관"을 냉정히 파악해야 한다고 입을 모았다.

노동자들을 "포악하고, 폭력적이며, 무시무시한" 집단으로 취급하여 동료가 아닌 "처분 가능한 도구"로 여기는 부르주아의 못된 습관을 망각한다면 순진한 노동자들은 또다시 그들의 희생물이 될 뿐이라고 주장했다.[17] 그런 불길한 징조는 보수주의자와 온건한 공화주의자가 야합하여 자유방임주의를 실현한다는 핑계로 노동자들의 생존 터전인 국민작업장을 해체하려는 음모로 구체화하고 있다고 『노동자의 경종』은 요란하게

15) 노동자-대학생 동맹에 관해서는 육영수, 『혁명의 배반, 저항의 기억: 프랑스혁명의 문화사』, p.25 참조.

16) "Ce que Nous Voulons," *Le Tocsin des Travailleurs*, 1848년 6월 1일자.

17) "Le Peuple," *Le Tocsin des Travailleurs*, 1848년 6월 7일자.

울었다.[18)]

부르주아지의 잔꾀를 이기기 위해서는 노동자들이 올바른 역사적 지식으로 무장해야 한다고 바로는 강조했다. 역사의식이 없는 '착한 노동자'는 부르주아계급의 미천한 하인에 만족하여 "노동투쟁의 부끄러운 패배자"가 될 수밖에 없기 때문이다.[19)] 지배계층의 눈에는 '나쁜 노동자'이지만 '승리하는 노동자'가 되기 위해서는 1830년 7월 혁명의 교훈부터 배워야 한다고 『노동자의 경종』은 요구했다.

굶어 죽을 바에는 차라리 총 맞아 죽겠다.

1830년 7월 노동자와 부르주아지가 합심하여 반동적인 샤를 10세를 쫓아냈다. 하지만, 이들의 허니문은 짧게 마감되고 부르주아지는 귀족에 붙어서 함께 기득권 세력인 명사층을 형성했다. 7월 혁명에 뿌린 하층민·노동자의 피가 헛되이 부르주아지만 살찌게 했던 것이다. 이런 역사적 교훈을 뼈저리게 배워서 자신만의 "분리된 정체성"을 단련해야 한다고 『노동자의 경종』은 호소했다. "분리된 아이덴티티", "지적인 위엄", "새롭게 형성된 퍼스널리티", "자율적인 양심"−신문에 빈번히 사용되던 표현들이다. 이는 부르주아지와는 차별화되는 노동자들의 새로운 집단의식을 강화하는 추임새에 다름 아니었다.

톰슨Edward P. Thompson의 유명한 표현을 빌리면, 독자적이며 자율적인 프랑스 노동계급 만들기의 결정적인 계기와 역사적 조건은 무엇이었을까?

---

18) "Ateliers Nationaux," *Le Tocsin des Travailleurs*, 1848년 6월 3일자.

19) "Ce que Nous Voulons," *Le Tocsin des Travailleurs*, 1848년 6월 1일자.

영국의 노동계급은 반국교도 전통, 러다이트 운동, 피털루 학살, 차티스트 개혁 등을 거치면서 1780년대~1832년 사이에 다른 계층과 구별되는 자의식을 형성했다. 이와 비교하면,[20] 프랑스에서는 그것보다는 다소 늦은 1840년 전후에 노동계급이라는 자의식이 만들어진 것으로 보인다.

프랑스 혁명 때 발표된 노동자 조직 결사 금지법인 르 샤플리에 법, 자코뱅 정부의 물가상한선 정책, 나폴레옹이 실시한 사용자 위주의 '노사협의회', 1831년 리옹 노동쟁의 등을 영양분 삼아 산업화의 제1 물결이 본격화되는 7월 왕정 후반부에 노동자들의 자의식이 성숙되었다. 노동자-민중가요 작곡자 뱅샤르가 1839년 창간한 『민중의 벌떼: 민중이 편집·출간한 노동자의 저널』La Ruche populaire, Journal des ouvriers rédigé et publié par eux-mêmes과 뷔셰가 1840년 창간한 『아틀리에』와 같은 해에 출간된 프루동Pierre J. Proudhon(1809~1864)의 『소유란 무엇인가』Qu'est-ce que la Propriété[21] 같은 책자들이 노동자의 계급으로서의 자의식을 만들어가는 데 기여했다.[22]

바로는 1831년에는 리옹의 노동자들이 무력 진압에 굴복했지만, 1848년의 노동자들은 국민작업장을 폐지하려는 부르주아의 음모에 단호히 대처해야 한다고 촉구했다. "일할 수 없다면 싸우다가 죽겠다"는 1831년 리옹 노동자들의 구호를 한 단계 끌어 올려서 "굶어 죽을 바에는 차라리 총 맞아 죽겠다"는 각오를 다져야 한다는 것이다. 부르주아들이 제 입맛대로

---

20) E. P. 톰슨, 나종일 외 옮김, 『영국 노동계급의 형성』(창비, 2000) 참조.

21) 피에르 조제프 프루동, 이용재 옮김, 『소유란 무엇인가』(아카넷, 2003) 참조.

22) Sewell, *Work and Revolution in France: The Language of Labor From the Old Regime to 1848* (Cambridge: Cambridge University Press, 1980), p.194, pp.219~220, pp.281~284 참조. 서웰의 견해에 대한 비판으로는 김인중, 「지속된 산업화와 프랑스 노동계급의 형성」, 이민호 외, 『노동계급의 형성: 영국·프랑스·독일·미국에 있어서』(느티나무, 1989), pp.125~133 참조.

쓰다가 버리는 "외부 압력으로 쉽게 제거될 수 있는 한 조각의 코르크"가 되는 것을 단호히 거부해야 한다고 『노동자의 경종』은 선동했다.[23]

바로가 노동자들의 '의식화 작업'에 열중하는 사이에 또 다른 정치적 위기 상황이 전개되었다. 그것은 다름 아닌 '나폴레옹'이라는 이름의 재등장이었다. 제1제정기의 황제였던 나폴레옹 보나파르트의 조카인 루이 나폴레옹 보나파르트가 1848년 6월에 제헌의회 의원으로 당선되었다. 나폴레옹이라는 불길한 이름이 정치무대에 재등장한 사건을 바로는 가볍게 간과하지 않았다.

『노동자의 경종』 편집자들은 6월 10일자부터 그 이름이 상징하는 시대착오적 오류를 고발하는 기사들을 연속적으로 게재했다. 바로와 들랑트가 공동 집필한 사설에서 루이 나폴레옹의 정치적 입문은 하나의 "비극적인 익살극"farce tragique을 위한 서막이라고 야유했다.[24] 마르크스가 나폴레옹 1세를 흉내 낸 나폴레옹 3세의 군사쿠데타를 비판하면서 "역사는 한번은 비극으로 또 한 번은 희극으로 반복된다"고 표현(표절?)했다는 사실[25]을 떠올린다면, 이 비유법의 원조는 바로였다는 점을 잊지 말아야 한다.

1848년 혁명의 혼란기에 많은 프랑스인은 나폴레옹이라는 이름에서 질서, 민족주의, 프랑스의 영광 등을 연상했다. 반대로, 바로와 들랑트에게 그 이름은 자유의 찬탈, 군사적인 독재, 유럽전쟁 등과 같은 부정적인 이미지로 오염되었을 뿐이다. 이제 막 정치신인으로 데뷔한 루이 나폴레옹이 큰아버지를 모방하여 또 다른 쿠데타를 꿈꾸고 있다면, 그것은 "범죄

23) "Le Peuple," *Le Tocsin des Travailleurs*, 1848년 6월 7일자.

24) "Napoléonisme," *Le Tocsin des Travailleurs*, 1848년 6월 13일자.

25) 칼 마르크스, 임지현·이종훈 옮김, 『프랑스혁명 3부작: 프랑스에서의 계급투쟁, 루이 보나빠르트의 브뤼메르 18일, 프랑스 내전』(소나무, 1991), p.162.

행위"에 불과하다. 또 "영웅의 영광이라는 낡은 광신"에 사로잡혀 있는 그의 지지자들은 "공범자라는 오명汚名"을 면할 수 없다고 『노동자의 경종』은 강도 높게 비난했다.[26]

바로는 나폴레옹이라는 이름과 함께 "출생이라는 복권"loterie de la naissance이 무덤에서 되살아날 가능성을 걱정했다. 보수반동주의자들이 루이 나폴레옹의 등장을 1789년 혁명과 1848년 혁명으로 숨통이 끊어진 출생에 근거한 사회신분제도를 부활시킬 절호의 기회로 악용할 것을 우려했던 것이다. 자신의 권력을 아들에게 물려주려던 나폴레옹 1세를 루이 나폴레옹이 행여나 흉내낸다면, 이들 가족 일당은 "자유를 훔친 도둑"filou de liberté이라는 불명예스런 역사적인 멍에를 피할 수 없을 것이다.[27]

뿐만 아니라, 만약 그가 나폴레옹의 신화(쿠데타에 이은 제정의 설립)를 감히 모방·되풀이하려고 애쓴다면, 그런 어리석은 야심은 "지난 1815년 이래의 우리 역사를 전면적으로 부정하는" 엄청난 반역사적 행위라고 혁명 직후 '떠오르는 별'이었던 루이 나폴레옹 얼굴에 찬물을 퍼부었다.[28]

민주-사회 공화국 만세!

국민작업장 해체와 나폴레옹 3세의 등장이라는 두 가지 긴박한 사건이 가진 역사적 의미에 대해 경종을 울리던 『노동자의 경종』은 창간 한 달을

---

26) "La Monomanie du 18 Brumaire," *Le Tocsin des Travailleurs*, 1848년 6월 11일자; "Prétendants et Présidents," *Le Tocsin des Travailleurs*, 1848년 6월 17일자. 나폴레옹 1세의 군사쿠데타는 새로 책정된 혁명달력에 따르면 안개의 달(霧月, Brumaire)에 해당하는 11월 18일에 거행되었기 때문에 흔히 "브뤼메르 18일"이라고 약칭해서 표현한다.

27) "Waterloo," *Le Tocsin des Travailleurs*, 1848년 6월 19일자.

28) "Waterloo," *Le Tocsin des Travailleurs*, 1848년 6월 19일자.

채 넘기지 못하고 폐간되었다. 부르주아 군대에 의한 무참한 노동자 학살이 진행되던 6월 봉기의 한 가운데 날인 6월 24일에 (마치 바리케이드 뒤에서 싸우다가 장렬히 산화하는 노동자의 뒤를 따르듯) 『노동자의 경종』은 "민주-사회 공화국 만세!"라는 최후의 외침을 남기고 숨을 거두었다.[29] 비록 짧은 기간이었지만 『노동자의 경종』은 노동자들의 파수꾼 역할뿐만 아니라, 이제는 일반인의 뇌리에서 희미해져 가던 옛 생시몽주의의 핵심 주제에 대한 관심을 환기시키는 데 중요한 기여를 했다.

특기할 사항은 바로를 포함한 편집자들은 '생시몽주의'라는 단어를 한 번도 신문에서 사용하지 않았다는 사실이다.[30] 바로는 1833년 '여성메시아 탐험대' 결성에 즈음하여 앙팡탱에 대한 자신의 정신적 독립의 표시로 '생시몽주의'라는 용어를 더 이상 사용하지 않겠다고 이미 밝힌 바 있었다. 바로가 『노동자의 경종』에서 '생시몽주의'라는 단어를 한 번도 언급하지 않은 이유는 생시몽주의를 '여성문제'와 종교적 신비주의로 오염시킨 '앙팡탱주의'와 거리를 두기 위한 의도였다고 짐작할 수 있다. 그렇지만, 『노동자의 경종』이 1848년 혁명 후의 "생시몽주의자들의 순수한 독트린"을 유지·전파한 유일한 포럼의 역할을 담당했다는 점을 과소평가할 수는 없다.[31]

바로는 『노동자의 경종』의 폐간에도 불구하고 '민주-사회 공화국' 건설을 향한 열정을 불태웠다. 여론의 무기인 신문 매체는 잃었지만 반시대적인 정치인을 질타하는 비판의 채찍을 계속 휘둘렀다. '민중의 대표자'이며 '『노동자의 경종』의 편집인'(바로)라는 이름으로 1848년 7월 라마르틴에

29) "Le Sang," *Le Tocsin des Travailleurs*, 1848년 6월 24일자.

30) E. Barrault, *1833, ou L'Année de Mére* (Lyon: Mne. S. Surval, 1833), pp.18~19.

31) Charléty, *Histoire du Saint-Simonisme*, p.238.

게 보낸 편지에서 '당신은 훌륭한 시인일지는 몰라도 정치인으로는 한심한 낙제생'이라고 썼었다. 시인으로서의 낭만적인 동정심과 "기독교적 감수성" 차원에서만 빈곤의 문제에 접근했기 때문에 가난한 사람을 제도적 차원에서 돌봐주는 '사회적 자선'의 필요성을 깨닫지 못했다는 것이 바로의 평가였다.[32)]

노동자들이 진정으로 원하는 것은 정부의 물질적 배급이나 일시적인 직업제공이 아니다. 권리로서의 노동의 정당한 보장과 스스로를 도울 수 있는 체계적인 정책입안이다. 정치적 조정능력과 일관된 사회적 프로그램을 제시할 능력이 없는 라마르틴은 "혼란스런 오르페우스"Orpheus에 불과하다.[33)] 그가 대변하는 임시정부는 우파 정치인에게는 '부르주아 유형의 공화주의'를, 좌파 정치인에게는 '사회주의 유형의 공화주의'를 약속하는 등 임기응변에 급급했다. 이데올로기적으로 양립할 수 없는 정당들 사이의 "위험한 연합"에 의존하는 "커다란 죄"grand mal를 범한 라마르틴이 이끈 임시정부가 두 달도 채 지속하지 못한 것은 바로가 보기에는 당연한 귀결이었다.[34)]

요약하자면, 1848년 혁명을 분수령으로 앙팡탱과 바로는 최종적으로 결별했다. 두 사람은 정치적 노선과 현실참여 방법에서 각기 다른 길을 선택했기 때문이다. 앙팡탱은 생시몽주의에 내재된 권위주의와 엘리트주의 관점에서 보통선거권과 노동권을 허용한 1848년 혁명에 대해 거부감을 느꼈다. 그는 사회주의자들과 의도적으로 거리를 두며 변혁기의 으뜸가

---

32) Barrault, "Lettre à M. Lamartine,"(1848년 7월). Microfiche #35938, Goldsmiths'-Kress Library of Economic Literature, Segment Ⅱ: *Printed Books, 1801~1850.*

33) Barrault, "Lettre à M. Lamartine."

34) Barrault, "Lettre à M. Lamartine."

는 처세술인 비켜서 있기를 실행하면서 『르 크레디』라는 경제지를 창간하여 정치적 무풍지대로 숨어 버렸다.

이와 대조적으로 바로는 1848년 혁명의 결정적인 순간들을 정면으로 돌파하는 벼랑타기를 두려워하지 않았다. 육체노동과 사무직에서 '일하는 사람'을 위한 정치계몽 신문인 『노동자의 경종』을 창간하여 국민작업장의 해체와 루이 나폴레옹의 등장이라는 정치적 음모에 맞서 싸웠다. 또한, 권력자들의 호의와 후원에 기댄 앙팡탱과 달리 바로는 지배계층의 정치적 무능력과 사회적 무책임을 서슴없이 고발했다.

임시정부의 실세였던 라마르틴에 대한 다른 입장에도 두 사람의 정치적 신념이 잘 나타난다. 앙팡탱이 자신은 결코 '혁명적인 사회주의자-생시몽주의자'가 아니므로 공직에 임명해 줄 것을 그에게 간청했다면, 바로는 라마르틴을 국민작업장 해체와 6월 봉기의 폭력적인 진압의 주범이라고 침을 뱉었다.

III. 제2제정의 테크노크라트가 된 생시몽주의자들

주지하듯이, 남성보통선거에 의해 1848년 12월 제2공화국 대통령으로 선출된 나폴레옹 3세는 1851년 쿠데타를 일으켜 자신을 황제로 하는 제2제정을 출범시켰다. 큰아버지 나폴레옹 1세가 1789년 혁명을 배반했듯이, 그의 조카는 1848년 혁명을 배반했던 것이다.

그럼에도 불구하고, 앙팡탱을 비롯한 대부분 (옛) 생시몽주의자들은 나폴레옹 3세의 쿠데타를 환영했다. 강력한 지도자의 권위주의 우산 밑에서 '준비된 산업주의자'인 자신들의 비전과 역량을 맘껏 발휘할 수 있을 것으로 기대했기 때문이다.

실제로 나폴레옹 3세는 옛 생시몽주의자들을 제2제정이 펼치는 본격적인 산업화 운동의 중추적 인물로 초대했다. 저널리스트이며 정치인인 게루Adophe Guéroult(1810~1872)가 나폴레옹 3세에게 '말(馬)을 탄 생시몽'Un Saint-Simon à cheval이라는 별명을 붙여주는 배경이다.[35] 우두머리였던 앙팡탱은 파리와 리옹을 오가면서 철도건설 관리자로서 공직을 계속 수행했고, 슈발리에Michel Chevalier는 제2제정의 핵심적인 전문 관료이며 루이 나폴레옹의 수

35) 생시몽주의자였던 게루는 7월 왕정기에는 『토론신문』(Journal des Débats) 특파원으로 이탈리아와 스페인에서 주로 경제문제 전문기자로 일했다. 제2제정기에는 앙팡탱이 창간한 『크레디』의 편집인으로 협력했고, 1859년에는 민주주의와 반교권주의를 표방하는 새로운 정치신문 『국민의 소리』(l'Opinion nationale)를 창간하여 주요 매체로 키웠다. 생시몽주의 동료인 페레르 형제가 창립한 '크레디 모빌리에'에서 근무한 경력도 있을 정도로 그는 평생 생시몽주의자들과 밀접한 관계를 맺은 인물이었다. 게루의 생애에 대해서는 다음을 참조했다. https://fr.wikipedia.org/wiki/Adolphe_Georges_Gu%C3%A9roult. (2021년 9월 18일 접속)

석 경제이론가로서 1860년 영국과의 자유무역 협정을 주도했다.[36] 그는 세계 최초로 1851년에 영국 런던의 수정궁에서 개최된 세계박람회에 공식 대표단 일원으로 참가하기도 했다.

생시몽주의자들이 제2제정기에 남긴 가장 중요한 업적은 근대적 은행 시스템의 수립이었다. 초창기부터 주요 멤버로 활약했던 에밀과 이작 페레르 형제(Emle Péreire/1800~1875 & Issac Péreire/1806~1880)는 동료 생시몽주의자인 귀스타브와 아돌프 데슈탈 형제(Gustave d'Eichthal/1804~1886 & Adolphe d'Eichthal/1805~1890)와 협력하여 1852년 크레디 모빌리에Société Générale du Crédit Mobilier라는 신용은행을 출범시켰다. 로스차일드Rothschild로 대표되는 '고등은행'Haute Banque의 탐욕을 경계하던 나폴레옹 3세를 설득한 열매였다. '고등은행'은 부유한 고객의 예금을 주요 자본으로 삼아 대출과 어음거래 등을 수익구조로 삼은 전통적인 민간은행을 지칭한다.[37]

나폴레옹 3세는 쿠데타로 잃은 정치적인 인기를 되찾기 위해 파리 재건축과 같은 대규모 프로젝트를 추진했다. 이에 발판이 되어줄 새로운 은행의 탄생을 적극적으로 지원했던 것이다. 그가 1852년 11월 8일에 서명한 법령에 따르면, '크레디 모빌리에'는 '산업의 공공출자자' 및 '금융재정가 협회'라는 이중적인 설립목적을 지녔다. 사회 인프라 건설에 필요한 산업금융을 창출·출자하는 데 주안점을 두었던 것이다.[38] 로스차일드 은행과 같은 전통적인 민간은행이 소유와 경영을 독점하면서 예금은행banques de

---

36) 나폴레옹 3세 밑에서 전문 관료로 일했던 생시몽주의자들의 구체적인 활약상에 대해서는 Éric Anceau, *Napoléon III: Un Saint-Simon à cheval* (Paris: Tallandier, 2008) 참조.

37) 문지영, 「19세기 파리 로스차일드은행의 설립과 성장」, 『서양사론』 104(2010. 3), pp.182~183.

38) Hervé Le Bret, *Les Frères d'Eichthal: Le Saint Simonien et le Financier au XIXe Siècle* (Presse de l'Université Paris-Sorbonne, 2012), p.387.

dépôts과 투자은행banques d'affaires으로 자본을 축적한 것과는 다르게, 소유와 경영이 분리된 주식합자 은행시스템의 출현이었다.

엄격하게 따지자면 크레디 모빌리에는 생시몽주의자들이 이미 한 세대 전에 주창한 '산업에 공동 출자할 수 있는 은행'Banque commanditaire de l'industrie이라는 개념에서 착안한 것이었다. '생산자 연합'이 선두에 서서 '민중의 보편적인 연합'을 결성하여 '수적으로 가장 많지만 가장 가난한 사람의 향상'을 달성하기 위한 은행을 설립하자는 것이다. 이 은행들은 중상층이 투자한 기금으로 철도건설 같은 공공사업과 통신망 같은 공공서비스를 제공하게 된다. 이러한 생시몽주의자들의 오랜 숙원이 크레디 모빌리에를 통해 마침내 실현되었다.[39]

산업주의 시대로 향한 행진의 맨 앞에는 모든 사람의 복지와 행복을 진전시키는 방향으로 '사회자본'을 축적·분배·증가시키는 은행원-금융재정 전문가가 자리잡아야 한다는 생시몽주의자들의 신념이 반세기 후에 '말을 탄 생시몽'인 나폴레옹 3세의 협조로 제도화된 것이다.

페레르 형제가 주식합자은행이라는 근대적 방식으로 창립·운영한 크레디 모빌리에는 자본의 생산적인 선순환을 지향하는 '조직된 자본주의' 또는 '대중자본주의'를 성공적으로 실험하게 된다. 이로써, 19세기 후반 프랑스에서 본격화되는 '은행혁명'의 기폭제가 된다.[40]

(옛) 생시몽주의자들은 19세기 후반에 전성기를 구가하는 세계박람회를 기획하고 조직하는 주요 멤버이기도 했다. 예술과 산업의 결합을 주제로 "세계의 진정한 산업 및 상업 조직화로 나아가자"라는 기치를 내걸었

39) Le Bret, *Les Frères d'Eichthal*, pp.382~383.

40) 문지영, 「19세기 중반 프랑스 주식합자은행의 출현과 크레디모빌리에」, 『프랑스사 연구』 26(2012. 2), p.139.

다. 1855년 5월 15일 개막된 파리세계박람회Exposition Universelle de Paris는 생시몽주의의 영광을 찬미하는 행사나 다름없었다. 1855년 파리세계박람회의 총괄운영위원장은 생시몽주의 동조자 르플레Frédéric Le Play였고, 농업·산업 분과위원회 운영위원 5명 가운데 3명이 생시몽주의자였다. 뿐만 아니라 800명의 음악가와 합창단원을 지휘하며 웅장한 개막식 공연을 이끈 사람도 생시몽주의 동조자인 작곡가 베를리오즈Hector Berlioz였다.

프랑스가 주최한 세계박람회에 끼친 생시몽주자들의 영향력은 제3공화국까지 이어졌다. 프랑스혁명 1백 주년을 기념하여 개최된 1889년 파리세계박람회와 뉴밀레니엄을 선포한 1900년 파리세계박람회는 '산업주의', '세계연합', 진보와 평화, 과학-기술-예술의 삼위일체를 내세운 생시몽과 생시몽주의자들의 꿈이 실현되는 국제무대였다.[41)]

제8장에서 살펴보겠지만, 슈발리에는 1832년 『르 글로브』에 연재된 「지중해시스템」에서 영국-지중해-중동-러시아-아프리카-아시아 등 전세계를 철도망과 전신망으로 연결하자고 제안한다. 세계를 하나로 가깝게 묶어서 과학기술문명을 나누고 우정과 평화에 기초한 '보편적 연합'을 결성하자는 것이다. 그 청사진이 한 세대 후에 세계박람회라는 국제행사로 일정 부분 실현된 것이다.

다른 한편, 물을 만난 물고기처럼 활기 있고 분주한 옛 동료들과 달리 루이 나폴레옹의 쿠데타는 바로에게 충격적인 사건이었다. "범죄인", "자유의 도둑놈"이라고 신랄하게 비난하던 나폴레옹 3세가 새로운 시대의

---

41) Pascal Ory, *1889, l'Expo universelle,* coll. "La mémoire des siècles"(Bruxelles: Editions Complexe, 1989), p.10; Thomas Hermann, "L'Exposition universelle, un reflet de la philosophie saint-simonienne," Jean-Christophe Mabire ed. *L'Exposition Universelle de 1900* (Paris: L'Harmattan, 2000), p.110.

주인공으로 재등장한 것은 바로 앞에 펼쳐질 암울한 미래를 예고했기 때문이다.

실제로 옛 생시몽주의자들이 언론인, 공직자, 입법의원, 엔지니어 등으로 제2제정에서 화려하게 입신양명하는 것과 대조적으로 바로는 철저히 배제되었다. 그는 엔지니어 출신 동생과 함께 수에즈운하와 러시아·스페인 철도건설에 대한 사업기획서를 제출했다. 그러나 제2제정의 고위관료에게 외면당해 메아리 없는 '종잇조각 위의 몽상'에 머물러야만 했다.[42] '끝까지 생시몽주의자'로 남고자 했던 에밀 바로가 제2제정 기간에 역사의 수면 밑으로 실종된 것은 어찌 보면 당연한 일이었다. 당대의 권력자와 정면충돌하고 동료들의 기회주의적인 처세술에도 대항하면서 비판의 고삐를 팽팽히 거머쥐기를 고집했던 그가 치러야 할 영광스러운 대가였던 것이다.

덧붙이자면, 제2공화국~제2제정을 거치며 현실참여의 올바른 방법과 노선을 둘러싼 첨예한 갈등에도 불구하고 옛 생시몽주의자들은 제2제정 중반에 '가족'으로 다시 뭉쳤다. '아버지' 앙팡탱의 적극적인 물질적인 후원과 핵심 멤버들의 합심으로 1861년 7월 27일에 '가족친구들'Amis de la Famille이 결성되었다.

원래는 1848년 반짝 생겼다가 없어진 '국민작업장'에 인쇄노동자로 등록하여 간신히 호구지책을 마련하던 생시몽주의자 '노동자-시인-노래패' 뱅샤르(톺아 읽기 1 참조)가 생활고를 겪고 있다는 소식을 접한 옛 친구들이 십시일반 생활비를 도와주던 모임이 모태가 되었다. 앙리 푸르넬이 회

42) Alexis & Émile Barrault, *Le Canal de Suez et La Question du tracé* (Paris, 1856); *La Russie et ses Chemins de Fer* (Paris, 1857); *Le Chemiin de Fer du Nord en Espagne* (Paris, 1858) 등 참조.

장직을 맡고, 24프랑의 연회비를 납부하는 '명예회원'에는 앙팡탱, 슈발리에, 뒤베리에, (제9장에 등장하는) 위르뱅, 페레르 형제 등이 이름을 올렸다.[43)]

이제는 중늙은이가 된 생시몽주의자들이 '학파' 창립 36년, '교회' 해체 29년 후에 물질적·정서적으로 서로서로를 돌봐주는 일종의 상부상조모임을 만든 것이다. 순결하고 푸르렀던 사회개혁가로 헌신하던 청장년 시절에 대한 달콤하고도 쓴 기억을 되새김질 하면서 명예롭게 사라질 시간을 준비하는 과정이리라. 자신들의 모임 이름 앞자리에 "생시몽주의"라는 호칭을 생략한 것은, 철없던 시절에 대한 회한悔恨의 표시인가. 아니면 시대의 위험한 여울목을 돌고 돌아 마침내 보편적인 연합의 새벽에 도달했다는 안식의 회상回想을 담은 말없음의 부호인가.

---

43) 상세한 명단은 Ralph Locke, *Music, Msicians, and the Saint-Simonians*, pp.359~360 각주 12 참조.

제2부

생시몽주의 사회사상의 스펙트럼

제5장

생시몽·생시몽주의자들과 사회주의:
사회적 개인에서 보편적 연합으로

개념사적으로 따지자면, 프랑스에서 '사회적'social이란 용어는 18세기 중엽까지만 해도 많이 사용되지 않는 새로운 개념이었다. 계몽주의가 만든 대표 작품인 『백과전서』는 '사회적'이란 항목을 다음처럼 설명했다.[1)]

> 최근에 이르러 사용하기 시작한 새로운 말로서, 어떤 인간을 사회(특히 인적 교류)에서 유용하게 하는 성질을 표현한다. 예컨대 사회적인 미덕.

'사회적'이란 낯선 개념을 프랑스 지식인층에 보급·유행시킨 인물이 『사회계약론』(1762년)의 저자 루소였다. 그가 '사회적'이란 형용사를 '계약'이라는 명사에 접목해 뭉치 말로 사용한 것은 '자연스러운 것처럼' 보이는 불평등을 비판하려는 의도였다. 타고난 불평등을 인정하는 영국의 존 로크와 애덤 스미스 같은 자유주의 정치경제학자들과는 달리, 루소는 '사회계약'은 개별적인 개인이 자발적인 연합을 통해서 소득재분배 등의 방법

1) 아치노카와 야스타카, 강광문 옮김, 『사회』(푸른역사, 2015), p.122.

으로 평등을 지향하려는 의지의 표현이라고 설명했다.2)

계몽주의 철학자들이 본격적으로 사용하기 시작한 '사회적'이란 개념은 19세기 들어 두 차례의 중요한 의미 변용을 겪었다. 19세기 초반에는 이 형용사에 "개인 구성원들의 영향권 밖에 있는 인간 초월적 기관들의 상호 연관된 영향"이란 또 다른 의미가 첨가되었다. '사회법칙'social laws과 '사회적 힘'social forces이라는 용법에서 이런 의미가 드러난다.

1830~1840년대에 또 한 차례의 중대한 의미변화가 발생했다. '사회적'이란 형용사에 개인 중심적인 경쟁과 구별되는 상호의존적인 사회형태를 지향한다는 특정한 의미가 착종되기 시작했다.3) 생시몽주의자 피에르 르루Pierre Leroux가 1834년 『개인주의와 사회주의에 관하여』De l'individualimse et du socialisme라는 책을 출간했는데 제목에 이런 뜻이 담겨 있다. 그는 자신이 처음으로 이름붙인 '사회주의'라는 새내기 이데올로기는 "자유-평등-우애의 문맥 양식에서 어떤 용어도 전혀 희생하는 않는" 개념으로 '공화주의' 또는 '자유주의'와 적대관계가 아니라고 설명했다. 그에게는 공화주의가 '사회적'이어야 하는 것과 마찬가지로, 사회주의는 자유적libéral이어야 했다.4)

'사회적' 또는 '사회주의'에서 파생한 '사회주의자'socialist라는 또 다른 신조어는 1850년대부터 현재적 용법으로 정착되었다. 이 사이 기간에 '급진적'radical, '공동의'co-operative, '협회적인'societarian, '집단주의적'collective 같은 형용사와 어울려 사용되거나, '상호부조주의자'mutualist, '토지균분론자'agrarianist,

---

2) 야스타카, 『사회』, p.143 & p.148.

3) 레이먼드 윌리엄스, 김성기 외 옮김, 『키워드』(민음사, 2010), "Socialist 사회주의자, 사회주의적," p.436; William H. Sewell Jr., *Work and Revolution in France: The Language of Labor from the Old Regime to 1848* (Cambridge: Cambridge Univ. Press, 1980), pp.143~144 & p.222.

4) Jean-Luc Yacine, *La Question Sociale chez Saint-Simon*, pp.329~330.

'연합주의자'associationist 같은 명사와 유사개념으로 사용되었다.[5)]

생시몽과 생시몽주의자들은 1820년~1850년 사이에 태동하고 정착된 '사회적'이란 개념과 '사회주의'라는 이데올로기의 이행기에 활약하면서 독창적인 '사회사상'을 구축했다. 잘 알려진 것처럼, 마르크스-엥겔스는 생시몽을 포함하여 푸리에와 오웬 등을 '유토피아 사회주의자'라고 부르면서 자신의 '과학적 사회주의(=공산주의)'와 대비시켰다.[6)]

서양 사회주의 계보학에서 오랫동안 수용되던 이런 구분은 역사적으로 올바른 것일까? 프랑스혁명 이후에 생시몽이 마주한 '사회문제'는 무엇이었고, 그 소용돌이 한 가운데에서 문제해결의 실마리를 거머쥔 '사회적 개인'은 누구인가? 생시몽의 지지한 "가장 다수의 가장 가난한 사람"은 마르크스의 '프롤레타리아'와 비슷한 집단인가? 스승의 가르침을 계승하여 생시몽주의자들이 주창한 '보편적 연합'의 대상과 내용은 무엇일까? 근대적 사회주의 사상이 태동하던 '처음으로' 돌아가 생시몽과 생시몽주의자들이 주창한 '마르크스 이전의 사회주의'의 역사적 성격과 그 유산을 되새김질해 봄으로써, '현실사회주의국가' 붕괴 이후의 사회주의적 현재와 미래를 다시 생각해 보려는 것이 이 장의 목표이다.

5) 레이먼드 윌리엄스, 『키워드』, pp.437~438.

6) 이 이슈에 관해서는 Friedrich Engels, "Socialism: Utopian and Scientific," Robert C. Tucker ed., *The Marx-Engels Reader* (New York: W. W. Norton & Company, 1978), pp.683~717 참조. 이 글은 원래 1880년 프랑스어로 출간되었는데, 공인된 영어 번역본은 1892년 선보였다.

1. 생시몽의 '사회적 개인'

생시몽은 프랑스혁명이 남긴 뜨거운 과제인 자유와 평등의 관계를 어떻게 인식했을까? 무엇보다도 그는 프랑스혁명을 가장 앞장서 이끌던 구호인 '자유'라는 사변적인 개념은 혁명에 의해 쟁취되거나 태어날 때부터 자동적으로 부여되는 생래적인 권리가 아니라고 지적했다. 생시몽은 '자유'라는 허울뿐인 홀씨에 묻어온 '개인주의'individualisme를 '이기주의'égoïsme와 동의어로 이해했던 것이다. 흥미롭게도 그의 이런 관찰은 '지혜가 없고, 미덕도 없는 자유'에 대한 무조건적인 갈망이 프랑스혁명이 낳은 "모든 해악 중 최대의 것"이라는 같은 시대 영국의 보수주의자 에드먼드 버크의 견해와 유사하다.[7]

> 사회적 개인은 단순히 개인의 산술적인 집합이 아니라, 차별적인 능력을 갖는 고유한 실체이다.

생시몽은 진정한 자유는 개별적이고 추상적인 자유라기보다는 개인 각자가 자신의 능력에 따라 사회에 자기 몫만큼 기여하는 '사회적 자유'로 전환 또는 확장되어야만 한다고 주장했다. 공익을 위해 생산적으로 통제되지 않는 자유에의 갈망은 사회질서를 망가뜨리는 원인이다. 따라서 '사회적 자유'의 실천을 위해서 산업·생산 활동을 방해하는 온갖 제한과 규제는 철폐되어야 한다고 그는 생각했다.

---

7) 에드먼드 버크, 이태숙 옮김, 『프랑스혁명에 관한 성찰』(한길사, 2008), p.374.

생시몽의 관찰에 따르면, 프랑스혁명이 야기한 '사회문제'Question sociale의 출발은 '평등'의 오남용에서 비롯되었다. 그는 '평등'이라는 절대명제는 현실적으로 실현될 수 없는 '가짜 이념'idée fausse이라고 인식했다. 루이 16세의 처형으로 입헌군주정을 폐지하고 등장한 제1공화국은 국가권력을 재산을 소유하지 않은 무식한 사람들 손아귀에 맡겼다. 이는 "절대적으로 실용적이지 않은 형태의 정부"에 다름이 아니었다.[8)]

소위 '상퀼로트'라고 불리는 노동자계층의 과도한 요구에 굴복하여 평등권 신장에 앞장선 로베스피에르야말로 "계몽주의의 가장 큰 적"이라고 생시몽은 비난했다. 생필품의 가격인상을 법적으로 제한하는 물가상한제와 반혁명적인 귀족-성직자에 대한 인민재판 요구 등이 대표적인 예였다. 민중이 요구하는 비이성적인 포퓰리즘에 굴복한 로베스피에르는 반동정부와 나폴레옹 군사 쿠데타를 초대한 '나쁜 사람'이었다. 버크의 표현을 다시 빌려서 생시몽이 가졌던 프랑스혁명에 대한 부정적인 기억을 요약해 보자.

> 법률은 전복되고, 법정은 와해되고, 산업은 활기를 잃었다. 상업은 소멸되고, 정치적·군사적 무정부 상태가 (프랑스) 왕국의 헌법이 되었다.[9)]

프랑스혁명이 남긴 병든 사회를 건강하고 정상적인 상태로 만들기 위해서는, '이기적 개인'을 '사회적 개인'individu social으로 대체해야 한다. 생시몽에게 '사회적인 존재'être social는 단순히 개인의 산술적인 집합이 아니었

---

8) Saint-Simon, "Letter from an Inhabitant of Geneva to His contemporaries," Keith Taylor, *Henri Saint-Simon: Selected Writings*, p.77.

9) 버크, 이태숙 옮김, 『프랑스혁명에 관한 성찰』, p.90.

다. 그것은 각자의 독특한 존재 양식과는 다른 성격과 차별적인 능력을 갖는 "고유한 실체"réalité *sui generis*다.[10] 각자가 가진 각기 다른 능력과 기능의 유기적인 결합체로서 구성되는 사회는 마치 정교하고 완전한 기계처럼 각 부품이 동시에 작동하여 움직이는 실체라는 설명이다.

그러므로 생시몽은 구체제에서 1신분, 2신분, 3신분 등으로 분류하여 각 신분에 속한 사람만을 평등하고 동질적인 집단으로 취급하던 것에 반대했다. 그 대신에 새로운 사회를 건설하기 위해서는 각자가 가진 다른 능력과 장단점을 모두 존중하여야 한다. 모두를 고귀하고 높낮이가 없으며 배제할 수 없는 협력자로 인정해야 한다고 설명했다.

위와 같은 시각에서 생시몽은 프랑스혁명 이후 프랑스가 직면한 '사회문제'의 해결책을 (사회주의가 아니라!) '산업주의'에서 구했다. 생시몽의 비판에 따르면, 프랑스혁명은 실증적인 인간·사회과학에 입각한 새로운 사회를 조직하는 데 실패했다. 또한 나폴레옹과 복고왕정도 폭력적이며 파괴적인 국가의 힘을 과시하는 낡은 정치에서 벗어나지 못했다. 앙시앵 레짐의 부활과 반복이라는 쳇바퀴에서 벗어나기 위해서, 생시몽은 '국가와 정치'를 『조직자』에서 아래와 같이 새롭게 정의했다.

> 옛 시스템에서 사람은 우두머리를 위하여 조직되었다. 새로운 시스템에서는 이들이 상호 연합한다. 군사 지도자 입장에서 보면 사람은 그의 명령commandement을 받는다. 산업지도자의 입장에서 보면 이들은 단지 지시direction를 받을 뿐이다. 전자의 경우에는 민중이 신하sujet지만, 후자의 경우에는 이들은 사회구성원sociétaire이다. 산업적 결합의 존경할 만한 능력

10) Yacine, *La Question Sociale chez Saint-Simon*, p.54.

이 아주 효능적이어서 그 시스템에 협력하는 모든 사람은 (가장 단순한 일꾼부터 가장 귀중한 물품 생산자와 첨단제품을 만드는 엔지니어에 이르기까지) 사실상 동조자collaborateurs이며 협력자associés이다.[11]

고전적 의미의 지배하고 군림하는 국가와 정부는 소멸하고, 국가의 인적 자원과 예산을 효율적으로 배분하는 전문 관료가 운영하는 '행정시스템'système administratif이 산업적인 평등을 구현하고 사회적 개인을 양성하는 컨트롤 타워라는 시각이다. 각 시민이 사회에 유용한 작업에 다른 방식과 태도로 공평하게 기여할 수 있도록 기회를 주고, 그에 합당한 분배를 제공하는 '산업적인 평등'égalité industrielle이야말로 진정한 '사회적 평등'이라고 생시몽은 강조했다.

인민주권이 아니라, 능력에 따른 계서적인 연합인 산업적인 평등이 현실세계에서 욕망할 수 있는 가장 고차원의 평등이다.

특별히 주목해야 할 점은 생시몽이 '산업적인 평등'을 실현하기 위한 전제조건으로 '인민주권'souveraineté du peuple이 아니라 '능력에 따른 계서적인 연합'association hiérarchisée des compétences을 앞장세웠다는 사실이다. 그의 논리에 따르면, 각자가 가진 능력을 가장 잘 발휘하여 공평하게 생산적인 활동에 참여할 수 있도록 허용하는 '산업적인 평등'이야말로 현실세계에서 "가능하고 욕망할 수 있는 가장 고차원의 평등"이며 동시에 "산업사회의 근본적인 성격"이다.[12] 형이상학적이며 절대적인 '평등'보다는 사회전체를 위해

---

11) Yacine, *La Question Sociale chez Saint-Simon*, p.193 재인용.

12) Saint-Simon, *Œeuvres* II, p.151. Pétré-Grenouilleau. *Saint-Simon: L'Utopie ou la*

유익하고도 공평무사한 '형평'衡平(équité)의 실현이 산업사회의 기본정신에 더 어울린다는 신념이었다.

생시몽이 발명한 산업주의라는 새로운 이데올로기는 부르봉 복고왕정이 추구한 '의회 자유주의'libéralisme du Parlement의 약점과 한계를 극복하기 위한 처방이었다. 자유주의자들이 형이상학적인 '감성'sentiments에 도취하여 파당적인 논쟁에 휩싸이는 것과는 달리, 산업주의자들은 실질적인 '이익'intérêts을 추구하며 사회 다수의 이해관계를 대변한다는 차이점에 방점을 찍었다. 애덤 스미스의 추종자인 장 바티스트 세Jean Baptiste Say가 실패한 자유방임주의 경제정책을 '산업주의'라는 '진정한 사회 독트린'doctrine vraiment sociale으로 바꿔야 한다는 것이 생시몽의 야심이었다.[13]

그렇다면 '진정한 사회 독트린'에 입각하여 새로운 시대를 이끌어 갈 중심 세력은 누구인가? 생시몽은 망설임 없이 '산업주의 정당'parti Industriel이 그 주인공이 되어야 한다고 지목했다. 생시몽에 따르면, 산업주의 정당은 다음과 같은 세 부류 집단의 유기적인 조합으로 결성되어야 한다. 사회에 유용한 노동을 직접적으로 하는 사람, 생산적·산업적인 활동에 자본을 중재하는 사람, 생산자에게 유용한 작업을 함으로써 궁극적으로 생산에 협조하는 사람이 산업주의 정당을 구성한다.[14]

위 자격요건에 따르면, 생시몽이 자신의 사망 이후에 조직될 것으로 기대한 육체노동자들이 중심이 된 '노동자들의 당'parti des travailleurs이 산업주의 정당의 맨 앞자리를 차지한다. 그리고 그 뒤를 이어 정신(지식)노동자, 생산 작업을 보조하고 도와주는 공공기관 종사자, '자본가'[15]와 금융기관 근

Raison en Actes, p.382. 재인용.

13) Yacine, *La Question Sociale chez Saint-Simon*, pp.162~164.

14) Yacine, *La Question Sociale chez Saint-Simon*, p.241.

무자, 산업발전에 응용되는 과학적인 진리나 기계적인 발명을 한 과학기술자, 노동과 생산의 가치를 독려하고 홍보하는 예술가와 지식인, 우호적인 여론을 조성하는 언론인 등이 모두 포함된다.

생시몽이 자본가와 노동자를 적대적 관계가 아니라, 서로 어깨를 겯고 함께 협력해야 할 동반자로 환영했다는 사실에 특별히 주목할 필요가 있다. '계급투쟁'을 선동한 마르크스가 은행과 금융권을 동원해서 노동과 자본을 중재하고 평화롭게 공존할 수 있다는 생시몽의 사상을 오웬의 사회주의보다도 월등한 착상이라고 놀라워했던 이유이다.[16)]

한편, 생시몽은 '노동자를 위한' 사회의 재조직을 요청했지만 '노동자에 의한 노동자의' 통치체제(마르크스가 주창했던 프롤레타리아 독재)를 반대했다는 점에 유의해야 한다. 무엇보다도 그는 계몽주의 철학자 루소가 사용했고 그 뒤를 이어 프랑스혁명기의 좌파 정치인이 호명했던 '프롤레타리아'prolétaire라는 명칭을 느슨하고 포괄적으로 사용했다. 예를 들면, 생시몽은 1820년 루이 18세에게 보내는 편지에서 "프롤레타리아의 존재를 굳건히 하고 …(상해·질병 때문에 일할 수 없는) 육체적 장애자에게는 도움을 제공하는 데" 국가예산을 우선적으로 배당·사용해야 한다고 요구했다.

또 말년작인 『사회조직에 관하여』De l'organisation sociale(1825)에서는 프롤레타리아를 '민중', '농민', '평민' 등과 유사한 개념으로 구별 없이 사용했다.[17)]

---

15) 프랑스 절대왕정기 중농주의 경제학자이며 정치가였던 튀르고(Anne Robert Jacques Turgot, 1727~1781)가 '자본가'(capitaliste)라는 단어를 처음으로 사용했다. David Owen Evans, *Social Romanticism in France*, p.9.

16) 칼 마르크스, 김수행 옮김, 『자본론 : 정치경제학 비판 제III권－자본주의적 생산의 총과정(하)』, pp.744~745.

17) Saint-Simon, "Fragments on Social Organization," Keith Taylor, *Henri de Saint-*

자본가, 유산자propriétaires, 지주·금리생활자rentiers 등과는 달리 기댈 것이라고는 자신의 노동밖에 없는 "가장 숫자가 많고 가장 가난한 계층"이라는 일반적인 의미로 사용했던 것이다. '노동계급'classe ouvrière이라는 용어가 1815년 무렵부터 영어·프랑스어에서 처음 등장했다고 하지만,[18] 생시몽은 자본주의 생산체제에서 착취당하는 계급이라는 마르크스의 용법과는 다른 시각으로 '프롤레타리아'를 인식했던 것이다.

여성과 남성, 이것이 바로 사회적 개인이다.

다른 한편, 생시몽은 자신이 해결하려던 '사회문제'에 '여성문제'를 포함시켜 여성(노동자)도 염두에 두었을까? 뷔셰Philippe Buchez는 생시몽이 생전에 여성문제를 충분히 토론하지 않은 것은 "불행한" 일이라고 토로했고,[19] 루이 블랑Louis Blanc(1811~1882)도 생시몽의 많은 저작물 가운데 여성에 대해 단편적으로나마 언급한 곳은 단 한 번뿐이었을 정도로 무관심했다고 맞장구쳤다.[20] 반면에 생시몽은 이혼과 짝사랑이라는 개인적으로 불행한 경험에도 불구하고 근본적으로 여성의 사회적 평등을 지지한 인물이었다는 다른 평가도 있다.[21]

Simon: Selected Writings. pp.262~264.

18) 에릭 울프, 박광식 옮김, 『유럽과 역사 없는 사람들: 인류학과 정치경제학으로 본 세계사. 1400~1980』(뿌리와이파리, 2015), p.701. 울프는 근거가 되는 문헌적 참고자료를 제시하지 않았다.

19) Philippe Buchez, "Lettre au Père (Sep.1829)," *L'École Saint-Simonienne et la Femme*, p.67.

20) Maria T. Bulciolu ed., *L'École Saint-Simonienne et la Femme*, p.10 재인용.

21) Marguerite Thibert, *Le Féminisme dans le Socialisme Français de 1830 à 1850* (Paris: Marcel Giard, 1926), p.84.

생시몽의 여성에 대한 배려와 관심의 증거로 제시되는 것이 첫 저서인 『제네바의 한 주민이 당대인에게 보내는 편지』이다. 이 『편지』에서 생시몽은 그의 사상적 우상이었던 뉴턴을 위한 기념비 제작을 준비하는 '뉴턴 위원회'Counseil de Newton에 여성의 참여를 명시했다.[22] 하지만 "위원회"에서 여성이 담당할 역할에 대해서 구체적 언급을 하지는 않았다. 그러나 남성에 버금가는 여성의 사회적 능력에 대한 암묵적 신뢰가 없었다면, 생시몽이 여성을 중요한 사회적 행사에 초대하지는 않았으리라는 것이다.

생시몽이 마지막 저서인 『새로운 기독교』에서 이성보다는 감성을 미래 사회 건설을 위해 중요한 요소로 제안한 것은 여성의 역할에 대한 기대감의 표시였다는 해석도 있다. 그는 과학자와 산업주의자에 대한 종전의 높은 평가를 유보하고, 예술가와 성직자 같이 인간의 감정에 호소하는 사람을 새 시대의 지도자로 천거했다. 그리고 여성이야말로 혁명적 혼란이나 계급 사이의 갈등을 순화시켜, 평화로운 새 시대의 건설을 도와주는 사랑의 전도사가 될 것이라고 추천했다.[23]

그 연장선에서 생시몽은 그의 임종을 지키던 마지막 비서 로드리그에게 "여성과 남성, 이것이 바로 사회적 개인이다l'homme et la femme, voilà l'individu social"라는 금언을 숙제처럼 남겼다. 생시몽 자신이 여성문제를 "부차적이며 주변적인 주제"로 취급[24]했던 것을 반성하고, 치유되어야 할 '아픈 손가락'을 제자들에게 물려주었던 것이다. 이런 유언을 받들어 생시몽주의

---

22) Saint-Simon, "Letters from an Inhabitant of Geneva to His Contemporaries," *Henri de Saint-Simon: Selected Writings*, p.78 참조.

23) Thibert, *Le Féminisme dans le Socialisme Français*, p.13.

24) Claire G. Moses, *French Feminism in the Nineteenth Century* (Albany, N.Y.: State University of New York Press, 1984), p.42 ; Susan K. Grogan, *French Sexual Difference: Women and New Society, 1803~44* (London: Macmillan, 1992), p.69.

자들이 여성을 '사회적 개인'에 포함시켜 '여성문제' 해결을 위해 어떻게 애썼는지에 대해서는 제7장에서 상세히 알아 볼 것이다.

사유재산은 오직 공동의 이익과 그 권리의 실행에 반드시 기초해야 한다.

요약하자면, 생시몽은 과연 (어떤) 사회주의자였을까? 프랑스혁명 이후에 전개되는 새로운 '사회'의 근본적인 재조직을 요청한 그는 18세기 말~19세기 초의 용례에서 보면 '사회주의자'라고 부를 수도 있다. 하지만 만약 '생산 수단의 국유화'가 근대적 사회주의를 규정짓는 필요불가결한 조건이라면, 사유재산의 사회적 쓰임과 공익적 활용을 제안한 생시몽은 사회주의자(의 조상)가 아니다. 생시몽은 이렇게 기록했다.

> 사유재산은 오직 공동의 이익utilité commune과 그 권리의 일반적인 실행에 반드시 기초해야 한다. … (그러므로) 사유재산은 국가(국민)의 가장 큰 이익le plus grand avantage de la nation을 위해서 구성되어야 한다.[25]

그리고 만약 '평등'을 '자유'에 앞장세우는 것이 근대적 사회주의의 성립 조건이라면, 개인의 생래적이며 차별적인 '능력'을 옹호한 생시몽은 권위주의적인 사회주의자에 더 가까운 인물이었다.[26] 생시몽의 사상에 내재

25) Saint-Simon, *Œuvres* II, p.82 & p.90. Pétré-Grenouilleau, *Saint-Simon: L'Utopie ou la Raison en Actes*, p.384 재인용.

26) 이런 견해는 Georg G. Iggers, *The Cult of Authority: The Political Philosophy of the Saint-Simonians. A Chapter in the Intellectual History of Totalitarianism* (The Hague: Martinus Nijhoff, 1958) 참조.

한 모순되고도 상충된 성격은 그가 살았던 역사 환경이 잉태한 혼성적인 산물이었다. '자유주의'와 '사회주의'의 이데올로기적 경계와 정체성이 드러나는 19세기 후반 이전에 활동한 생시몽을 '좌파적 자유주의자' 또는 '계서적 사회주의자'라고 평가할 수도 있으리라.

위와 같은 약점과 한계에도 불구하고, 이기적인 개인을 '사회적 개인'으로 바꾸고 '산업적 평등'을 주창했으며 노동자 우선주의를 지지한 생시몽의 사회사상을 과소평가할 수는 없다. 마르크스가 생시몽을 "노동자계급의 대변인"이며 "노동자계급의 해방을 자기 노력의 최종목표라고 선언"한 선각자로 기록한 이유이다.[27]

생시몽은 국가의 합법성과 존재이유를 유용한 사물의 이성적인 생산과 합리적인 분배에 있음을 우선적으로 강조했다. 이로써 '국가소멸론'의 씨앗을 뿌렸다는 점도 과소평가할 수 없다. 그리고 그와 당대인이며 경쟁자였던 푸리에는 농경중심적인 공동체를 설계한 과거지향적인 초기사회주의자였다. 반면, 생산자와 자본가가 공존하는 '산업주의적 사회주의'를 기획한 생시몽은 미래지향적 사회주의자였다.[28]

---

27) 칼 마르크스, 김수행 옮김, 『자본론 : 정치경제학 비판 제III권—자본주의적 생산의 총과정(하)』(비봉출판사, 2004), 개역판, p.744.

28) 초기 사회주의 3인방으로 꼽히는 오웬, 푸리에, 생시몽의 사상에 대한 스케치와 비교분석은 육영수, 「유토피아 사회주의」, 김영한 엮음, 『서양의 지적 운동 II—르네상스에서 포스트모더니즘까지』(지식산업사, 1998) 참조.

II. 생시몽주의자들의 '보편적 연합'

생시몽주의자들은 통제되지 않는 자유는 무정부상태로 귀결될 것이라는 스승의 경고를 경청했다. 1789년 프랑스혁명의 끝은 기요틴과 공포정치로 상징되는 정치적 혼란으로 마감되었다. 이와 마찬가지로, 1830년 혁명으로 탄생한 7월 왕정은 거리의 폭력적 시위, 무분별한 애국단체의 결사 등이 지배하는 무정부 시대가 될 것이라고 우려했다. "가장 열등한 사람들에게 가장 많은 선거권이 부여되는 시대는 가장 많은 혼란과 고통이 지배하는 시기와 동일"하다. "아나키즘은 자유주의자들의 승리와 함께 탄생한다."[29)]

보통선거권을 요구하는 캠페인으로 밤을 밝히는 자유주의자는 아나키즘을 조장하는 정치선동가라고 이들은 못 박았다. 프랑스혁명이 첫 단추를 풀고, 7월 혁명과 1848년 혁명이 연달아 열어버린 사회의 총체적인 무정부 상태를 봉합하려는 노력이 '연합'association이라는 단어에 집약되어 있다. '연합'이라는 용어는 '개인주의'나 '적대감'Antagonisme의 반대개념으로 생시몽주의자들이 처음 사용했다.

프랑스 초기사회주의자들은 '아소시아시옹'이라는 단어를 수공업 분야 숙련노동자 중심 노동운동의 특징을 묘사하기 위해 주로 사용했다. 동일한 직종에 종사하는 노동자로 구성된 단체corp와 협회société 및 상부상조를 표방하는 공제회mutualité 등을 총칭하는 소극적인 의미에서 사용했다. 이 단어에 7월 혁명과 리옹 노동쟁의 이후에는 자신의 권리를 주장하고 지키

29) *Le Globe*, February 20, March 18, July 2, 1831.

려는 노동자들의 자발적인 연합체라는 좀 더 적극적인 의미가 첨가되었다.[30]

특히 1848년 혁명을 전후해서는 대부분 노동자들이 보통선거권을 약속하는 공화주의의 부활을 지지함으로써, '연합'이라는 용어에는 생산자협동조합coopérative을 지향하는 '노동자 연합'association ouvrière이라는 특정한 의미가 내포되었다. 이제 '사회문제'는 '노동자문제'와 동의어가 되었다. 1848년 2월 혁명 이후에는 "프랑스는 이제 제4신분(노동자)이 통치하는 나라이다"라고 알려질 만큼 '노동자'와 '계급'이라는 두 보통명사가 유기적으로 결합하여 특별한 의미를 갖는 대명사가 되었다.[31] '노동자들의 공화주의화' 또는 '공화주의의 사회주의화'라는 용법이 등장한 것이다.

프랑스 사회주의와 노동운동에서 '연합'과 경합하며 빈번하게 사용되던 것이 '연대'(솔리다리테solidarité)라는 또 다른 키워드였다. 원래는 '공통의 의무 또는 보증관계', '둘 이상의 다수자 사이에 성립하는 상호적인 책임'이라는 법률용어로 사용되던 '연대'는 프랑스혁명을 통과하면서 그 의미가 급진적으로 변했다.

제3신분의 친구 미라보 후작Marquis de Mirabeau은 1789년 10월 행한 국민의회 연설에서 "공적인 믿음과 사적인 믿음 사이에 연대를 … 형성하는 것이 중요하다"고 말했다. 로베스피에르는 공포정치의 서막을 여는 1793년 국민공회에서 "우리는 모두 태도가 동일하다는 점에서 연대적이다"라고 선

---

30) William H. Sewell, Jr., *Work and Revolution in France*, pp.210~214; 김인중, 「지속된 산업화와 프랑스 노동계급의 형성」, 이민호 외, 『노동계급의 형성: 영국·프랑스·독일·미국에 있어서』(느티나무, 1989), pp.127~128; 김현일, 「19세기 프랑스 노동자들의 노동운동」, 『노동계급의 형성: 영국·프랑스·독일·미국에 있어서』, pp.144~146 참조.

31) 베르너 콘체, 이진모 옮김, 『코젤렉의 개념사 사전 10: 노동과 노동자』(푸른역사, 2014), p.152.

언했다.[32] 채권-채무 관계라는 좁은 법률적 용법에서 벗어나서, 사회적인 유대감 또는 '형제애'와 유사한 개념으로 '연대'라는 새로운 시사용어가 탄생한 것이다.

'사회주의'라는 단어를 처음으로 사용한 생시몽주의자 르루가 이 용어를 다시 끄집어 낸 것은 우연이 아니었다. 그는 1839년 출간한 『인간성에 대하여』De l'Humanité에서 '인간의 상호적인 연대'를 기독교적인 자비개념에서 사회적인 개념으로 번역했다.[33] 1860~1870년대에 본격적으로 고개를 내미는 프랑스 노동조합운동에서 '연대'는 '연합'을 물리치고 민주-사회주의자들의 사랑을 받았다.

위에서 간략히 서술한 19세기 후반기 사회주의 개념(운동)사의 시각에서 되돌아보면, 생시몽주의자들이 주창하던 '사회적 개인이 결집한 연합체'의 주인공은 '프롤레타리아'였을까? 생시몽주의자들은 생시몽과는 차별적인 의미로 '프롤레타리아'라는 용어를 특정해서 사용했을까? 이들이 남긴 방대한 사료에 대한 좀 더 엄밀한 '빅 데이터 분석'이 필요하겠지만, 생시몽주의자들도 스승처럼 '프롤레타리아'라는 용어를 '가장 수적으로 많고 가장 가난하지만 세상물정에 똑똑하고 정치적으로 중요한 사회집단'이라고 인식했다고 잠정적으로 결론지어도 크게 틀리지 않을 것이다.

예를 들면, 앙팡탱은 1830년 8월 1일 지방 지부의 생시몽주의자들에게 내리는 훈령에서 '프롤레타리아'를 '상속권을 박탈당한 빈털터리'classe déshéritée로 특정하거나 '민중'peuple이라는 일반 용어로 자의적으로 사용했다. 이는 '계급적 자의식을 가진 생산수단을 소유하지 못하고 착취당하는

32) 라이너 촐, 최성환 옮김, 『오늘날 연대란 무엇인가: 연대의 역사적 기원, 변천 그리고 전망』(한울, 2008), pp.33~35. 미라보와 로베스피에르 연설은 재인용.

33) 라이너 촐, 『오늘날 연대란 무엇인가』, p.37.

계급'을 지칭하는 마르크스와는 다른 의미를 부여했다는 뜻이다.[34)]

다른 한편, '여성문제'에 대해서 상대적으로 무관심했고 '여성노동자 문제'에 대해서는 따로 언급하지 않았던 생시몽과 달리 생시몽주의자들은 이 두 가지 문제에 특별히 주목했다. [톺아 읽기 2]에서 좀 더 상세히 설명하겠지만, 생시몽주의 교회의 '노동자 등급'에 일단의 '여성노동자'ouvrière가 등록했고,[35)] 기관지 『르 글로브』에 "여성에게 호소함"이라는 부제를 붙였다는 점에서 확인할 수 있다.

> 19세기 초반부터 두드러지는 '착취'에 기반을 둔 새로운 인간관계는 인류역사상 가장 특징적인 현상이다.

프랑스 좌파, 사회주의, 노동의 역사라는 관점에서 다시 보면, 생시몽주의자들은 '착취'라는 새로운 단어를 발굴하고 마르크스에게 전달한 집단이었다. 토지나 자원을 상업적·산업적으로 이용하고 개발하는 것을 의미하던 18세기의 용법을 생시몽주의자들은 부정적인 뜻을 가진 '착취'라는 19세기 사회주의 용법으로 전환시켰다. 생시몽주의자들의 첫 산문집인 『생산자』Producteur(1825~1826)에서 처음으로 "지구 토지의 착취"exploitation du globe terrestre라는 표현이 등장하는데, 인간의 이익을 위해서 자연과 생태계를 무

34) "Les Anniversaires de Jullet," *Recueil de Prédications*, Vol. 2, p.296. 앙팡탱과 유사한 용법의 또 다른 사례는 Charles Bélanger, "Pétition d'un prolétarire a la chambre des députés," *Le Globe* 2~3(1831) 참조.

35) 프랑스 '여성노동자'는 1848년 혁명 전후까지도 창녀를 뜻하는 '혼자 사는 여자'(femmes isolées)와 교환 가능한 명칭으로 불렸다. Joan W. Scott, "L'ouvrière! Mot impie, sordide…: Women Workers in the Discourse of French Political Economy, 1840~1860," *Gender and the Politics of History* (New York: Columbia University Press, 1988), p.142~143.

분별하게 개발하고 훼손한다는 비판적인 함의를 담고 있었다.

생시몽주의 기관지인 『르 글로브』에 "인간에 의한 인간의 착취"exploitation de l'homme par l'homme라는 표현이 처음으로 등장했다. 생시몽주의자들은 19세기 초반부터 두드러지는 '착취'에 기반을 둔 새로운 인간관계는 인류역사상 "가장 특징적인 현상"이라고 규정했다.[36] 신과 인간 사이에 존재하는 신학적 이원성二元性보다 유한자인 "나Moi"와 "타자Non-moi" 사이에 존재하는 실존적인 간격을 극복하는 것이 더 심각하고 시급한 역사적 과제라고 그들은 파악했다.[37] 사랑과 용서라는 도덕적 원리에 기반을 둔 신과 인간 사이의 수직적 관계 탐구에서 벗어나서, 인간과 인간 사이의 수평관계에서 발생하는 착취에 대한 근본적인 개선을 꾀하는 데 집중해야 한다고 생시몽주의자들은 역설했다.

생시몽주의자들의 역사관에 따르면, 인간사회의 집단규모가 가족 단위에서 부족 단위로, 부족 단위에서 국가 단위로 증대하는 것에 정비례해서 "인간에 의한 인간의 착취"도 완화되어야 마땅하다. 고대의 야만적인 노예제도가 로마제국 시대에는 평민Plebeian-귀족Patrician 관계로 대체되었고, 중세의 농노는 이전의 노예에 비해 그의 영주로부터 제한적이나마 종교 및 경작지의 도덕적 권리를 부여받았다. 그리고 프랑스혁명으로 제3신분은 앙시앵레짐 봉건체제의 갖가지 법적·경제적·법률적 속박에서 해방되었다.[38]

---

36) "Antagonism and Universal Association," *The Doctrine of Saint-Simon*, pp.64~65.

37) "Lettre du Père Enfantin à François et à Peiffer," *L'École Saint-Simonienne et la Femme*, p.75.

38) "A Digression on the General Development of Human Species," *The Doctrine of Saint-Simon*, pp.64~65.

이런 일련의 진보적인 역사의 흐름을 끊은 것이 초기단계의 산업혁명과 자본주의 과정에서 나타나는 '착취'라는 병리현상이었다. 앞에서 언급했듯이, '자본가'와 '프롤레타리아'라는 용어가 프랑스혁명 이전부터 간헐적으로 사용되었지만, 스승처럼 생시몽주의자들도 이 두 개념을 계급투쟁을 지목하는 정교한 정치경제적 용어가 아니라 윤리적인 갈래로 이해했다. '인간에 의한 인간의 착취'에 의해 빈곤, 실업, 범죄, 배고픔, 자살, 구걸, 매춘, 전염병, 알코올중독 등으로 얼룩진 열악한 경제상황에서 고통을 받는 '비참한 사람들'les misérables과 '프롤레타리아'는 동급으로 취급되었다. 빅토르 위고의 장편소설 『레미제라블』은 1862년 출간되었지만, 등장인물들이 살았던 시공간은 프랑스혁명 이후 7월 왕정이었다는 사실을 상기할 필요가 있다.[39)]

'인간에 의한 인간의 착취'라는 야만적이며 반인간주의적인 사슬을 끊기 위해서 생시몽주의자들이 제안한 것이 '보편적 연합'Association universelle이었다. 1829년 후반부터 '연합'이라는 보통명사에 "보편적"이란 형용사가 가미되면서 이 합성어는 새로운 의미를 띠게 된다. 생시몽주의자들에게 '보편적 연합'은 진보로서의 인류역사가 "가장 편협하고 가장 야만적인 연합에서 가장 사랑스럽고, 가장 주지적이며, 가장 풍요로운 사회로" 전진하면서 도달해야 할 가장 이상적인 마지막 단계였다.[40)]

주목해야 할 점은 이들이 구상한 보편적 연합의 공간적 범주에는 유럽 경계선 바깥에 거주하는 인종적인 타자들도 포함된다는 점이다. 제8장에서 구체적으로 알아보겠지만, 미셸 슈발리에가 1832년 발표한 「지중해 시

---

39) 스테판 욘손, 양진비 옮김, 『대중의 역사: 세 번의 혁명 1789, 1889, 1989』(그린비, 2013), pp.55~56.

40) "Conception, Method, and Historical Classification," *The Doctrine of Saint-Simon*, p.49.

스템」은 생시몽주의자들이 꿈꾸던 보편적 연합을 위한 지리-공간적인 청사진이었다. 유럽문명의 요람인 지중해를 중심으로 중동의 이슬람 문명권과 아프리카 북단을 거쳐 저 멀리 인도와 중국까지 철도와 증기선과 같은 당대 첨단의 근대기술로 연결시키자는 구상이었다. 일종의 19세기 버전 '지구촌'을 만들려는 야심작이었다. 다시 말하면, 보편적 연합은 "지구촌의 모든 지역에 걸친, (인간)관계의 가능한 모든 질서에 걸친 모든 인간의 연합"이었다.41)

인종과 빈부격차에 따라 격리된 칸에서 불평등한 음식과 복지시설로 차별화시킨 〈설국열차〉와 달리, 역사진보의 종착역을 향해 달리는 생시몽주의의 '보편적 연합'이라는 이름의 열차는 '나'(부르주아/자본가-남성-백인 유럽인)와 '타인'(노동자/프롤레타리아-여성-유색 비서구인)이 상호 간의 차이를 '관용'하면서 긴 여행의 동반자로 살아야 하는 공간이었다.

덧붙이자면, 전 지구에 걸쳐 다른 민족·인종·종교·문명을 아우르는 보편적인 연합은 전쟁이나 정복이 아니라 평화로운 방식으로 완결되어야 한다고 생시몽주의자들은 강조했다. 이들의 이런 신념은 프랑스혁명 당시에 군가로 만들어져서 혁명의 민중이 합창했던 '라마르세예즈'42)에 대한 일종의 '노래가사 바꿔부르기' 운동으로 표출되었다. 생시몽주의 음유시인들은 오리지널 가사에 나타난 적군에 대한 피의 증오의 노랫말을 생산-평화-화합에 부합하는 가사로 바꿔 원래 곡조에 맞춰 중요한 행사에서

41) *Doctrine de Saint-Simon: Deuxième Année*, pp.333~334. '보편적 연합'의 정의에 대한 원사료를 인용하면 다음과 같다. "l'union de tous les hommes sur toute la surface du globe, dans tous les ordres possibles de relations."

42) 혁명군가 〈라 마르세예즈〉의 탄생 배경과 그 용도의 변천과정에 대해서는 육영수, 『혁명의 배반, 저항의 기억』(돌베개, 2013), pp.200~201 참조.

합창했다.

예를 들면 〈노동의 노래〉Le Chant du Travail, 〈새로운 인간〉L'Homme nouveau, 〈평화로운 라마르세예즈〉Marseillaise pacifique 등이 있다. 〈노동의 노래〉는 〈라마르세예즈〉의 첫 구절인 "가라, 조국의 자녀들아. 영광의 날이 왔노라!"Allons, enfants de la Patrie, Le jour de gloire est arrivé!를 "가라, 산업의 자손들이여. 새로운 시간이 여기 왔다!"Allons, enfants de l'industrie, Voici venir des temps nouveaux!로 바꿔 일종의 노동가요로 만들었다.

생시몽주의자들이 1830년 7월 혁명 이후에 실행하던 '혁명가요 투쟁'은 재미있는 문화적 일화逸話 이상의 의미를 갖는다. 생시몽주의자들은 좌파 최초로 프랑스 국가가 된 〈라마르세예즈〉를 비판했다. 자신들이 1789년 혁명이 잉태한 입헌군주정의 쇼비니즘(배타적 애국주의)과 제1공화국의 과격한 민족주의의 자손이 아니라, 평화적인 공존과 연합을 지향하는 일종의 사회주의적 인터내셔널리즘을 지향한다는 메시지를 '노랫말을 통해' 던졌던 것이다.[43]

요약하자면, 생시몽주의자들은 생시몽이 남긴 덜 익은 과일을 그들이 마주한 시대적 햇빛과 바람 속에서 숙성시켜 세상에 내놓았다. 1789년 대혁명을 아프게 체험한 생시몽은 파괴보다는 생산을, 혼란보다는 조직을, 증오보다는 사랑을 내세운 "사회적 개인"의 도래를 위해 노력했다. 이후 1830년 혁명의 기대와 실망을 겪은 후배 생시몽주의자들은 '인간에 의한 인간의 착취'를 해결하기 위해서 '보편적 연합'이라는 올곧은 깃발을 바투 세웠던 것이다.

스승이 성긴 상태로 물려준 '사회적 개인'의 범주를 확장하여 여성과 인

---

43) Ralph Locke, *Music, Musicians, and the Saint-Simonians*, p.159.

종적 타자를 포옹함으로써 무산자와 유산자, 여성과 남성, 남성노동자와 여성노동자, 서양인과 유색인 등이 평화롭게 공존하는 새로운 인간관계의 모델을 수립했다. 이런 차이에도 불구하고, 생시몽이 지향한 '권위주의적' 사회재조직의 기본정신을 이어받아 생시몽주의자들도 '민중의 주권'보다는 '능력의 주권'을 더 중요시하여 통치방식(거버넌스)의 우선적인 원리로 강조했다는 사실을 잊지 말아야 한다.

III. 민주주의 좌파·계서적 사회주의에서 국가경영 자본주의로

19세기 프랑스 사회사상의 족보로 따지자면, 생시몽-콩트의 사상적 계보를 잇는 뒤르켐은 생시몽주의자들이 주창한 사회주의를 "벤처 자본주의와 테크노크라트를 합친 이상한 사회주의"라고 평가했다.[44] 뒤르켐의 기준에 따르면, 근대적 사회주의는 다음 두 요소로 구성된다.

첫째, 모든 경제적 기능을 사회의 방향 및 기관과 완전하게 연결시킬 것을 요구할 때 사회주의가 성립한다. 부의 생산 및 자원과 소득의 배분 등과 같은 경제적인 문제를 가장 중요한 국가적 이슈로 인식하고, 본질적으로 이기적인 자본가와 신분적으로 약자의 위치에 있는 노동자 사이의 갈등을 조정하여 상호가 공존할 수 있는 방식과 방향으로 경제문제를 해결하는 것이 사회주의의 본질이라고 뒤르켐은 파악했다.

둘째, 사회주의는 조합운동이나 사유재산 철폐 등에 초점을 맞춘 노동자들만을 위한 '먹고사는 이즘' 그 이상의 사상적 운동이다.[45] 다시 말하면, 사회에서 소외되거나 불평등에 시달리는 사람이 '아래로부터' 요구하는 목소리를 반영하여 '위로부터의 기획경영'으로 음지에 있던 사람을 양지로 이동하는 운동이다. 그러므로 '경제적인 (빵의) 문제'에만 한정되지 않고 정치, 도덕, 가족(남녀)관계, 예술창작 영역 등에서 민주적인 사회(재)조직, 남녀평등, 이타적인 도덕심 등을 구현하려는 것이 사회주의의 또 다른 성립조건이라고 뒤르켐은 첨부했다.[46]

---

44) Émile Durkheim, trans. by Charlotte Sattler, *Socialism and Saint-Simon* (Yellow Springs, Ohio: Antooch Press, 1958), p.21. *Le Socialisme*(1928)의 영어 번역본이다.
45) Durkheim, *Socialism and Saint-Simon*, p.26.

노동과 자본이 사회 전체의 이익을 위해서 관리되고, 누구나 그 능력에 따라 일을 맡고 자기가 한 일만큼 보수를 받는 사회로 개조하려는 생시몽주의는 당대의 우수한 사회주의이다.

사회주의는 '경제주의' 더하기 '노동자주의'ouvrièrisme 더하기 알파(공동체주의)라는 뒤르켐의 잣대를 적용하면, 생시몽과 생시몽주의자들이 지향한 산업주의와 보편적 연합은 이상한 혼성 사회주의처럼 보인다. 생산자 중심으로 사회를 재조직하고, 은행과 재정가의 후원과 기술 관료의 주도로 국가 생산량을 극대화하며, 그 효과가 '아래로 흘러넘쳐' 빈곤과 복지 문제를 해결할 수 있다는 것이다. 이러한 생시몽주의자들의 사회주의는 자본주의적 요소와 혼합되어 자본주의 붕괴론에 기반을 둔 '과학적' 마르크스주의와는 구별된다.

많은 옛 생시몽주의자들이 제2제정 때, 나폴레옹 3세 밑으로 들어가서 '금융지배체제'Bancoratie 건설에 협력한 것은 변절이나 배반이라기보다는 일관적으로 견지했던 신념을 현실정치에서 구현하려는 앙가주망의 일종이었다. 이런 관점에서 다시 짚어보면, 중앙집권적인 행정조직에 의존하는 생시몽(주의자)은 "경영적이며 독점적인 자본주의의 첫 번째 이론가"로 재평가해야 한다는 최근의 주장도 아주 틀린 것은 아니다.[47]

'유토피아 사회주의자'라는 마르크스주의자의 비난과 '경영·독점 자본주의 이론가'라는 양극단에 선, 생시몽의 '사회적 개인'과 생시몽주의자들의 '보편적 연합'이 갖는 역사적 의의와 유산은 무엇일까? 이 질문에 대답

46) Durkheim, *Socialism and Saint-Simon*, p.28.

47) Riccardo Soliani, "Claude-Henri de Saint-Simon: Hierarchical Socialism," *History of Economic Ideas* XVII(2009. 2), p.38.

하기 위해서는 프랑스혁명이 끼친 영향과 과제를 곱씹어봐야 한다.

프랑스혁명은 무엇보다도 국가·정부가 "인민(민중)을 위한 것"이라는 새로운 인식을 처음으로 고취함으로써 19세기에 전개되는 혁명적인 좌파 및 사회주의 사상에 좌표를 제시한 특별한 사건이었다.[48)]

주지하듯이, 프랑스 제헌의회 의원들의 좌석배치에서 우연히 탄생한 '좌파'Left는 당시에는 국왕의 헌법 거부권 폐지, 권력분립, 임명이 아닌 선출에 의한 사법부 구성, 행정부가 아닌 입법부의 우위, 1인 1표라는 민주적 참정권 등 기본적으로 '민주주의적' 개혁을 요구했다. 특히 '인간과 시민의 권리선언' 제3조에 명시된 "모든 주권의 원칙은 기본적으로 국민에게 있다"는 조항은 민주주의, 공화주의, 사회주의, 급진주의 등이 모두 준수해야 할 금과옥조가 되었다.

다시 말하면, 정부 및 통치의 합법성은 그 권력을 어떤 계급에게서 위임받았는지 '계급의 위치'에서 찾아야 한다는 역사적 유산을 프랑스혁명이 물려준 것이다.[49)] 영국이나 독일 같은 이웃나라와는 달리 프랑스 지식인과 정치인은 자신이 선택한 정파적·이데올로기적인 노선과 관계없이 프랑스혁명이 잉태한 '민중'을 결코 내다버릴 수 없는 공동의 자식으로 인식했다.

위와 같은 당대의 역사적 맥락에 대입해 보면, 생시몽과 생시몽주의자들이 지지한 사회주의는 공화주의·민주주의와 대척점에 있는 것이 아니라 오히려 그 '내부'에 존재했다. 프랑스혁명 초기에 '군주 없는 통치' 또는

---

48) 제프 일리, 유강은 옮김, 『The Left, 1848~2000: 미완의 기획, 유럽좌파의 역사』(뿌리와 이파리, 2008), p.51.

49) Tony Judt, *Marxism and the French Left: Studies in Labour and Politics in France, 1830~1981*(Oxford:Clarendon Press, 1986), p.3.

'국민들의 투표를 통한 대의정부'라는 소극적인 의미에서 주창했던 민주주의와 공화주의는 공포정치로 잠식되었다. 나폴레옹 독재와 부르봉왕정 부활이라는 역사의 뒷걸음질에 밟혀 숨을 죽인 민주-공화주의는 1830년 7월 혁명 이후에는 '민중'을 앞장세운 사회주의로 털갈이하면서 그 역사적 소명을 이어갔다.

1848년 혁명 이후에는 '민중'과 '노동'이 결코 분리할 수 없는 한 몸으로 합체되면서 '민주주의의 사회화' 또는 '사회주의의 민주화'라는 또 다른 전통을 만들었다. 1848년 혁명기에 노동자들의 권리옹호를 위해 바로가 창간한『노동자의 경종』마지막 호에서 외쳤던 구호가 "민주-사회 공화국 만세!"였음을 상기해 보자. 프랑스에서 미완의 (실패한) 혁명 이후에도 "민주주의라는 깃발"이 휘날리고 공화주의 유산이 유지될 수 있었던 것은 양자를 밑바닥에서 지탱했던 "사회주의 전통" 덕분이었음을 잊어서는 안 될 것이다.[50)]

생시몽과 생시몽주의자들이 민주주의-공화주의-사회주의가 교차하는 로터리에 세운 푯말인 '사회적 개인'과 '보편적 연합'은 19세기 후반에 꽃피는 연대적 사회주의 물결의 마중물이 되었다. 생시몽이 선창했던 "능력에 따라, 필요에 따라"라는 외침은 사회주의자 카베Étienne Cabet(1788~1856)의 유토피아 소설『이카리 여행』Voyage en Icarie(1840)에서 복창되었고, 생시몽주의자들이 휘날렸던 "각자의 능력에 따라, 각자의 노동에 따라"라는 표어는 1936년 소비에트 연방의 헌법에 삽입되었다.[51)]

50) 제프 일리, *The Left, 1848~2000*, p.33.

51) Luc Bovens & Adrien Lutz, "From Each according to Ability; To Each according to Needs: Origin, Meaning, and Development of Socialist Slogans," *History of Political Economy* vol. 51~2(April, 2019).

통치하고 군림하는 국가의 종말과 전문 관료가 경영하는 생산의 정치학, 각자도생各自圖生의 경쟁보다는 보편적인 연합의 평화주의, 다른 능력을 가진 사회구성원의 '기능적인 불평등'에 기초를 둔 계서적인 사회질서, 인간에 의한 인간의 착취를 종결하고 남녀·인종의 공존을 지향하는 평화로운 신세계, 산업-과학-테크놀로지가 삼위일체가 되어 디자인하는 미래—이와 같은 무지개처럼 다양한 색깔로 구성된 생시몽주의자들이 제시했던 '사회주의의 길'은 21세기에도 우리가 걸어가야 할 방향이다.

존 스튜어트 밀이 생시몽주의 학파가 추진했던 "노동과 자본이 사회 전체의 이익을 위해서 관리되어 모든 개인이 사상가로, 교사로, 예술가로 또는 생산자로 노동의 일부분을 분담하지만 누구나 그 능력에 따라 적당한 일을 맡고 또 자기가 한 일만큼 보수를 받는 사회로 개조하려는 계획"은 당대의 다른 것들보다 "훨씬 우수한 사회주의"라고 꼽은 것은 오늘날에도 여전히 유효한 평가이다.[52)]

그러므로 생시몽주의야말로 '불량품 역사'라고 판정받은 마르크스주의보다 더 역사적으로 올바른 사회주의 길잡이이며, 생시몽주의자들은 "선견지명이 있는 사상가prospective thinkers"였다.[53)] 역사와 문명이 닥치고 따라가야 할 과학적인 법칙을 건방지게 가르치는 대신에, 현존하는 제도와 인간관계의 개혁을 위한 새로운 언어를 제시한 생시몽주의자들은 세상물정 모르는 순진한 패배자들이 아니라 '어제의 예언가'이며 동시에 '내일의 실천가'였다.

이들에게 잘못이 있다면, 21세기 새벽에 '이미 현실이 되어버린' 능력지

---

52) 존 스튜어트 밀, 『자서전』, p.175.

53) Ludovic Frobert, "François Perrout: Saint-Simon Rather Than Marx," *French History* Vol.32, No.3(2018), p.424 & p.427.

상주의와 법인-후기자본주의의 문법과 매뉴얼을 너무 일찍 보여주었다는 점이다. 1989년 베를린 장벽 붕괴에 따른 '현실사회주의' 해체 이후를 사는 우리는 부정적 또는 긍정적 의미에서 "이미 조금은 생시몽주의자들"이라고 고백해도 놀랍지 않을 것이다.

제6장
생시몽주의 사회미학:
역사적 기원, 특징, 유산

생시몽주의자들이 미학 이론의 형성과 논쟁에 적극적으로 참여했다는 사실은 잘 알려져 있지 않다. 이들이 1830년대 전후에 등장하는 '사회미학'art social 이론을 주도하고, 당대의 또 다른 신흥 예술사조인 '예술지상주의'와 경쟁 관계였다는 것을 숙지하고 있는 사람도 드물다. 한 걸음 더 나아가, 생뵈브Charles Augustin Sainte-Beuve와 하이네Heinrich Heine와 같은 당대 유명 문인들이 생시몽주의자들이 주창하는 사회미학에 동조·심취했고, 19세기 후반에는 발자크와 보들레르의 작품세계에도 생시몽주의 미학 이론이 상당한 영향을 미쳤다는 것도 대부분은 낯설어 할 것이다.[1)]

---

1) 유명한 평론가 생뵈브가 생시몽주의 학파와 맺은 밀접한 관계에 대해서는 Eugène Despois, "Sainte-Beuve saint-simonien." *La Revue politique et littéraire 51*(June, 1875), pp.1197~1204; 독일 시인 하이네와 생시몽주의자들의 지적 교류기는 E. M. Butler, "Heine and the Saint-Simonians," *The Modern Language Review* XVIII (1923), pp.68~85 참조. 발자크와 생시몽주의의 지적 인연에 대한 논문으로는 Jean-Hervé Donnard, "Deux Aspects Inconnus du Saint-Simonisme de Balzac," *Année Balzacienne* (1961), pp.139~147 및 Bruce Tolley, "Balzac et les Saint-Simoniens," *Année Balzacienne* (1966), pp.49~66 등 참조. 보들레르와 생시몽주의자 에밀 바로와의 관계에 대해서는 Klaus Herding, "Décadence und Progrès und Kunsttheoretische Begriffe

생시몽주의와 미학에 대한 일반적인 무지와 무관심은 어쩌면 당연한 현상인지도 모른다. 주지하듯이, 에콜 폴리테크니크 출신의 엔지니어들이 중심이 되어 실증주의와 산업주의의 깃발 아래 형성된 생시몽주의 학파에서 미학 이론 같은 추상적인 주제는 설 자리가 마땅치 않았을 것이다. '실증적이지도 생산적이지도 않은 주제'라는 이유로 애초부터 생시몽주의자가 홀대한 미학 이론은 생시몽주의 연구자들에 의해서도 주변적인 주제로 간과되거나 과소평가되었다. 1920년대 후반에 이르기까지 미학 이론에 관한 본격적인 연구서가 출간되지 않았고, 생시몽주의에 대한 연구목록에서 미학을 다룬 논문과 저서 및 박사학위가 질적·양적으로 절대적으로 빈약한 것이 이런 추세를 반영한다.[2)]

선행연구에서 합당한 평가를 받지 못한 생시몽주의 미학의 이론적 기원과 전개 과정 및 그 특징 등을 재조명하는 것이 이 장의 목표이다. 생시몽(주의자들)이 미학에 관심을 갖게 된 이유는 무엇이었을까? 이들의 사회미학이론은 실증주의, 산업주의, 페미니즘 등과 같은 생시몽주의의 다른 사상들과 어떤 유기적인 관계를 가지는가? 특히, 1830년대를 전후로 등장하는 생시몽주의의 '사회미학'은 우리가 앞에서 알아본 '사회적 존재'와

---

bei Barrault, Baudelaire und Proudhon," *Wissenschaftliche Zeitschrift der Humboldt Universität*, vol. 34 (1985), pp.35~54 참조.

2) 생시몽주의 미학에 대한 첫 본격적인 연구서는 Marquerite Thibert, *Le Rôle social de l'art d'après les Saint-Simoniens* (Paris: Marcel Revière, 1927)이다. 그 뒤를 이어 Herbert Hunt, *Le Socialisme et le Romantisme en France: Étude de la Presse socialiste de 1830 à 1848* (Oxford: Clarendon Press, 1935)가 출간되었다. 또한 Bruce Tolley, "The Social Role of Art and Literature according to the Saint-Simonians, 1825~1833,"(옥스퍼드대학 박사학위논문, 1967~1968)이 생시몽주의의 예술론에 대한 최초의 박사학위논문이다. Ralph Lock의 *Music, Musicians and the Saint-Simonians*은 생시몽주의에 직간접적으로 참여한 음악인의 작품과 행적을 추적한 역작이다.

'사회주의' 개념의 어디쯤에 위치하고 있을까? 사회미학은 당대의 주류 문예사조 및 문예운동과 어떤 공통점과 차별성을 가지는가? 이런 질문들에 대한 답을 모색함으로써 프랑스 참여문학의 역사적 기원과 계통을 더듬어보려는 것이 또 다른 목표이다.

I. 사회미학의 기원과 태동, 1802~1825년

생시몽과 예술가: 무위도식 베짱이에서 산업주의 추임새 꾼으로

생시몽은 처음에는 예술(인)이나 미학 이론에 대해 별다른 관심을 보이지 않았다. 그가 예술의 중요성을 간과하거나 과소평가한 요인을 몇 가지 측면에서 짐작해 볼 수 있다. 우선 실증주의의 선구자인 생시몽이 새로운 사회건설을 위해 문학이나 미술과 같은 비실증적인 분야의 도움에 의존하지 않았다는 것은 자연스럽게 보인다. 게다가 당대 예술인과의 개인적인 사교를 통해 그가 경험한 예술인에 대한 실망감은 미학에 대한 그의 몰이해를 부추겼을 것이다.

그의 젊은 부인 샹그랑Sophie Champgrand이 작가와 배우, 가수와 작곡가 등 일단의 예술가들을 종종 그의 집으로 초대했을 때, 생시몽은 이들이 "많이 먹기만 하고 말도 안 되는 대화를 나누는" 집단이라고 불만을 토로했다.[3] 사회에 도움이 되는 유용한 일은 전혀 않는 게으름뱅이 혹은 남이 베푸는 도움에 의존하면서도 황당한 꿈만 꾸는 사회적 기생충에 가까운 존재들이 예술가라는 편견을 갖고 있었던 것이다.

이런 배경에서 생시몽은 『제네바의 한 주민이 당대인에게 보내는 편지』에서 예술가를 다른 사회집단에 비해 상대적으로 가볍게 취급했다. 그는 이 저서에서 자신이 사상적 우상으로 섬기는 뉴턴에게 헌정하는 신전을 건설하는 중요한 과업에 예술가들도 동참시켰지만, 다른 사회 계층과 비

3) Léon Halévy, "Souvenirs de Saint-Simon," *Revue d'histoire économique et sociale* XIII (1925), p.168.

교해 예술가를 이류 집단으로 푸대접했다.

초대된 인물 가운데 과학자가 12명인 것에 비해 예술가는 9명(작가 3명, 미술가 3명, 음악가 3명)으로 수적으로 열세였다. 게다가 예술가들은 "흥미로운 미술품, 조각품"이나 "재미있는 음악"을 동원하여 노동에 지친 사람을 위무慰撫하는 부차적인 임무를 부여받았다.[4] 생산적인 활동과는 구별되는 레저의 영역에 종사하는 일종의 '베짱이' 혹은 '어릿광대'로 생시몽은 예술가를 얕봤던 것이다.

초기저작에서 나타난 예술(가)에 대한 생시몽의 부정적인 고정관념은 20년 가까운 세월이 지나는 동안에도 본질적으로 변화하지 않는다. 하지만 사상적 성숙기에 저술한 『조직자』에서 생시몽은 예술가를 다시 평가한다. 예술가들이 "사회적 비용부담을 거의 지우지 않는 사람들"이며 사회에 긍정적인 효용성을 가져다준다고 생시몽은 다소 긍정적 측면에서 재인식한다. 그 연장선상에서 그는 신세계를 주도할 의회를 구성하는 세 위원회 가운데 하나인 '발명국'의 구성 멤버로 1백 명의 예술가들을 초대한다.[5] '발명국'은 공공사업을 위한 각종 프로젝트를 총괄하는 곳으로 이 기구를 통해 예술가들은 노동자들이 더욱 열심히 일하도록 흥을 돋우는 공공축제를 기획하고 주관하는 책임을 맡는다.

의회의 다른 기구는 '감사국'과 '집행국'이다. 전자는 물리학자와 수학자로 구성되며, 후자의 구성원은 "산업계의 가장 중요한 지도자들" 가운데서 선택된다. 주목할 점은 '발명국'에 소속된 예술가들은 주로 엔지니어들

4) Saint-Simon, "Letters from an Inhabitant of Geneva," *Henri Saint-Simon: Selected Writings*, p.76.

5) Saint-Simon, "Premier Extrait de L'Organisateur(1819)," *Henri Saint-Simon: Selected Writings*, p.196.

로 구성되어 신세계의 주요업무와 행정을 총괄 지휘하는 '집행국'에 종속된다는 사실이다. 예술가들은 여전히 엔지니어에 비해 상대적으로 열등한 존재이며, 그들이 담당할 사회적 기능도 축제와 노동요라는 여흥과 레저 활동에 국한되었던 것이다.

예술가의 지위와 기능에 대해 미세하지만 중요한 변화는 1823~1824년 생시몽이 발표한 『산업주의자의 교리문답』Catéchisme des Industriels에서 감지된다. 이 저서에서 예술가들을 "가상 뛰어난 도덕주의자들, 신학자들 및 법률가들"과 동급으로 격상시켰다. 생시몽은 이들이 힘을 합쳐 지난 수 세기 동안 심각할 정도로 타락한 도덕률을 회복하기 위한 '도덕과학 아카데미'를 창립할 것을 요청했다.

> 오늘날 도덕과학 아카데미에 소속된 음악가, 미술가, 조각가들이 인간의 심성을 향상시키는 것을 지켜보는 것은, 더 이상 기계제작자와 시계제조자 및 공구제작자들을 물리-수학 아카데미에서 발견하는 것만큼이나 이상한 일이 아니다.[6]

그는 예술가 집단이 수행해야 할 변화된 시대적 사명감에 눈을 떴다. 예술가의 사회적 역할과 책임감이 과학자나 엔지니어에 못지않게 중요하다는 것을 생시몽이 인정하기 시작한 것이다.

생시몽의 예술(가)에 대한 신임과 기대감은 그의 마지막 저서인 『새로운 기독교』Nouveau Christianisme(1825)에서 절정을 이룬다. 그는 인본주의적 기독

---

6) Saint-Simon, "Extract from Catéchisme des Industriels," *Henri Saint-Simon: Selected Writings*, p.259.

교를 먼 훗날 천국에서가 아니라 '지금 이 땅에서' 완수하고, 형이상학적 인 영혼의 구원이 아니라 물질적인 행복을 약속하는 새로운 복음의 도래를 필생의 마지막 목표로 설정했다.

생시몽은 예술가도 그가 가진 특별한 재능을 발휘하여 새 시대 창조에 당당히 한몫을 담당해야 한다고 요청했다. 예를 들면, 시인은 종교의식에서 암송될 시를 작곡함으로써 성직자를 "도와주고" 음악가들은 시에 리듬을 붙여 종교의식을 "풍부하게 하며" 미술가와 조각가들은 가장 모범적인 성인이나 기독교인의 행적으로 교회를 장식함으로써 종교심을 "고양시켜 주고" 건축가들은 동정심과 형제애를 고취하기 위해 교회를 특별한 건축양식으로 "디자인"한다.[7]

이에 그치지 않고 예술가는 새로운 종교가 현세에서 실천될 때 인류가 누릴 기쁨과 행복을 사람에게 생생하게 묘사해야 한다. 그 반대의 경우 인류가 직면할 파괴와 공포에 대한 경각심을 고취하는 일종의 '가상현실'의 창조자로서 역할을 담당해야 한다고 생시몽은 덧붙였다. 『새로운 기독교』에서 그는 이성적 인간(과학자)과 실용적 인간(산업주의자)에 버금가게 중요한 감성적 인간으로서의 예술가의 존재 이유와 그 가치를 발견했던 것이다.

요약하면, 『제네바의 한 주민이 당대인에게 보내는 편지』에서 『새로운 기독교』에 이르기까지 약 20여 년의 시간 간격을 두고 예술(가)에 대한 생시몽의 평가와 기대감은 지속과 변화라는 이중적인 양태를 보였다. 한편으로는 예술가의 위상이 대중적인 예능인에서 의회와 학술단체의 명예로

---

7) Saint-Simon, *Nouveau Christianisme* in *Œuvres de Claude-Henri de Saint-Simon* (Paris: E. Dentu, 1869), Vol. 3, p.160.

운 구성원으로 그리고 신성한 종교의식의 도우미로까지 명예롭게 격상되었다. 뿐만 아니라, 부정적인 편견에서 긍정적인 이미지로, 그리고 주변적 위치에서 핵심적인 지위로 향상되었다.

그런데도 생시몽의 사상체계에서 예술가는 그 범주와 기능에 있어서 일정한 한계를 여전히 벗어나지 못했다. 겉보기에는 그 명칭과 역할이 화려한 변신을 이룩한 것처럼 보일지라도, 본질적으로 예술가는 과학자, 산업주의자, 성직자 등과 같은 주도 계층의 역할을 보조하거나 후원해 주는 일종의 '대변인'porte-parole에 지나지 않았던 것이다.

만약 예술가를 그 기능에 따라 "통속적인 선전자"vulgarisateur, "선동가"instigateur, "예언자"révélateur 등으로 분류할 수 있다면,[8] 생시몽의 예술관은 어느 지점에 있을까? 앞에서 살펴보았듯이, 생시몽은 예술가들이 인간의 감성에 호소하여 특정한 사회적 목표달성을 독려하고 특정한 이데올로기를 선전하는 데 특별한 재능이 있다고 확신했다. 그러므로 그는 모름지기 예술가는 다른 사회 지도자를 섬기는 보조적 역할에 만족해야 하며, 그 이상의 주제넘은 야심을 품지는 못할 것으로 생각했다. 다시 말하면, 생시몽은 어둠의 장막 저 너머에 있는 미지의 더 나은 미래로 인류를 인도하는 예언자적 목소리를 예술가한테서 듣기를 기대하지 않았다.

올랭드 로드리그: 사회변혁의 아웃사이더에서 선봉장으로

생시몽이 피력한 위와 같은 미완의 예술관을 처음으로 보완·수정하고자 노력한 인물이 올랭드 로드리그였다. 유대인 태생의 수학자 출신인 그

8) Herbert L. Hunt, *Le Socialisme et le Romantisme en France: Etude de la Presse Socialiste de 1830 à 1848* (Oxford: Clarendon Press, 1935), p.18.

는 1825년 「예술가, 지식인 그리고 산업주의자 : 대화」L'Aritiste, Le Savant et L'Industriel: Dialogue 라는 제목의 에세이를 발표함으로써,[9] 생시몽 사망 이후 생시몽주의자들이 지향해야 할 미학 이론의 방향과 주요 내용을 제시했다. 제목이 반영하듯이, 예술가, 지식인, 산업주의자 사이에 전개된 가상적인 대화 형식으로 쓰여진 이 글에서 로드리그는 스승인 생시몽과는 달리 예술(가)에게 좀 더 적극적이며 역동적인 사회적 지위와 역사적 과제를 부여했다.

미래는 인간의 가슴을 지배하는 자들의 것이다.

「대화」 서두에서 로드리그는 예술가, 지식인, 산업주의자 사이에 "일종의 영원한 적대감"이 존재한다고 문제를 제기했다. 우선, "지식의 실질적인 유용성을 과시하며 외부세계에 대한 인간의 통제를 증가시키는" 것을 속성으로 삼고 "실질적인 결과"에 의해 모든 것을 평가하는 데 익숙한 지식인은 예술가를 "과잉감정의 인간"homme eclaté으로 멸시하는 경향이 있다.[10]

그뿐만 아니라, 예술은 주로 부유하고 게으른 사람 사이에서 성행하기 때문에 예술(가)의 황금시대는 사치풍조에 젖은 귀족들이 예술을 지원하던 절대왕정기였고, 과학적인 영향력이 증대하는 미래에는 예술은 역사라는 이름의 풍차를 돌리지 못하는 '흘러간 물'로 전락할 것이라고 지식인은 진단한다.[11]

---

9) Olinde Rodrigues, "L'Aritise, Le Savant et L'Industriel," *Opinions littéraires, philosophiques et industrielles*(Paris: Galerie de Bossange Pere, 1825), pp.347~348.

10) Rodrigues, "L'Aritise, Le Savant et L'Industriel," p.337.

올랭드 로드리그
유대인 태생의 수학자인 로드리그는 스승인 생시몽과는 달리 예술가에게 좀 더 적극적이며 역동적인 사회적 지위와 역사적 과제를 부여했다.

(출처: 생시몽주의자연구협회)

11) Rodrigues, "L'Aritise, Le Savant et L'Industriel," pp.350~351.

산업주의자도 예술(가)에 대해 지식인과 비슷한 편견을 가지고 있다고 로드리그는 지적한다. 물질적이며 생산적인 이해관계에 민감한 산업주의자는 구체적인 결과물을 창출하지 못하는 예술가를 "사회적 지위와 내용물이 없는 인간들"hommes sans tenue et sans consistance이라고까지 얕잡아 보는 경향이 있다.[12] 산업주의자는 "상상력의 인간"hommes à imagination인 예술가는 합리주의와 생산주의의 엄격한 원칙에 따라 수행되는 국가의 큰일에 기여할 능력이 절대적으로 부족하다고 판단한다.

지식인과 산업주의자의 예술가에 대한 위와 같은 공격에 대해, 로드리그는 예술가를 제외하고 신세계의 건설은 불가능하다고 단언한다. 경험주의와 합리적인 담론에만 의존하는 지식인의 작업은 너무 "무거워서"lourd 보통 사람이 근접하기 힘들며, "돈에 대한 세속적인 열정"에만 사로잡혀 있는 산업주의자는 너무 이기적이고 탐욕적이기 때문에 공공 이익을 위해 자신을 희생하지 않으려는 한계를 각각 가지기 때문이다.[13]

학문의 형식적인 경직성에 얽매인 지식인과 사적 이해 추구로 눈먼 욕망의 포로인 산업주의자는 새 시대의 지도자가 될 자격이 없고, 오히려 예술가야말로 이들 두 계층이 갖추지 못한 재능과 장점을 겸비했다고 로드리그는 변호한다.

로드리그에 따르면, 미래는 인간의 '가슴'을 지배하는 자들의 것이다. 그러므로 감각과 상상력이라는 특별한 재능을 타고난 예술가는 사회의 변두리를 서성거리는 아웃사이더가 아니라, 사회변혁의 중심에 굳게 발을 딛고 서 있는 핵심인물로 재발견되어야 한다. 사람의 상상력과 감각에 호

12) Rodrigues, "L'Aritise, Le Savant et L'Industriel," p.338.

13) Rodrigues, "L'Aritise, Le Savant et L'Industriel," pp.337~338.

소하여 새로운 사상을 전파하는 "가장 생기 있고 가장 결정적인 행위"를 수행하는 인물이 다름 아닌 예술가이기 때문이다.[14] 예술가들은 전달하고자 하는 새로운 사상의 모토와 내용을 캔버스와 대리석에 깊이 새긴다. 뿐만 아니라, 그것을 시로 짓고 음률을 덧붙여 대중화시키는 데 출중한 재능을 보인다. 이처럼 "자극적이며 선동적인" 수단을 동원하고 이용할 줄 아는 예술가는 사회여론의 창출자이며 조타수이다.

또한, 지식인이나 산업주의자 같은 다른 전문적 이익집단이 한마음 한뜻으로 대의명분을 위해 협력하도록 중재한다. 예술가는 (요즘 용어를 빌면) 감성지수EQ가 높은 사회운동의 속도 조정자이기도 하다. 한 마디로 표현하면, "운동의 가장 선두에 서서 지적 능력을 갖춘 모든 이들을 인도하여 용감히 행진하는" 예술가는 사회변혁의 '아방가르드'인 것이다.[15]

1825년부터 생시몽주의자들이 간헐적으로 사용하던 '아방가르드'라는 용어는 19세기말의 예술적 아방가르드 운동과 구별된다. 전자가 사회발전의 진정한 사자使者로서 예술가의 사회적 책무를 강조한다면, 후자는 예술적 형식과 스타일에 있어서의 혁명적인 새 물결을 지칭한다. 로드리그는 모든 사회운동을 선도하는 아방가르드로서의 예술(가)의 역할은 종교(가)의 범주를 넘어서는 것이라고 확신한다. 만약 예술(가)의 도움이 없다

14) Rodrigues, "L'Aritise, Le Savant et L'Industriel," p.341.

15) Rodrigues, "L'Aritise, Le Savant et L'Industriel," p.347. 생시몽주의자들이 사용한 '아방가르드'의 용례와 그 용어의 역사에 대해서는 Donald D. Egbert, "The Idea of 'Avant-garde' in Art and Politics," *The American Historical Review* vol. LXXⅢ #2 (Dec., 1967), pp.339~366; Linda Nochlin, "The Invention of the Avant-Garde: France, 1830~80," *Art Review Annua*, vol. 34(1968), pp.11~18; Nicos Hadjinicolaou, "Sur l'Ideologie de l'Avant-Gardisme," *Histoire et Critique des Art* vol. 6(1978), pp.49~78 등 참조.

면 종교는 "지엽적이며 부차적인 영향력" 행사에 머물지만, 예술(가)의 지원을 받는다면 종교는 "고양된 도덕의 지위"로 승격될 수 있기 때문이다.[16)]

사회변동의 선봉장이면서 도덕 운동의 방향타이며 추진력인 예술(가)의 생명력은 그 사회적 성격에 있음을 간과하지 말아야 한다고 로드리그는 강조한다. 구체적인 대상이나 목적의식이 없는 '순수한 상상력'은 '퇴행적인 상상력'과 동의어이기 때문에, 예술(가)의 영향력은 오직 공공의 행복을 증진시키는 방향으로 올바르게 행사될 때만이 유효하며 동시에 무한하다는 견해이다.

'예술과 예술가를 위한 변명 또는 옹호'로 읽힐 수 있는 로드리그의 「대화」는 향후 전개될 생시몽주의 미학 이론의 주요 이슈들을 거의 망라하고 있다. 예술가, 지식인, 산업주의자 사이의 조화로운 협력관계의 모색, 사회발전의 아방가르드로서 예술의 지위, 동전의 양면과 같은 예술과 종교의 밀접한 관계 등으로 요약되는 그의 미학 이론의 뼈대 위에서 생시몽주의자들은 더욱 정교하고 치밀한 사회미학 이론을 발전시킨다.

그러나 1825년 생시몽 사망 직후 생시몽주의 학파 조직의 분주함과 생시몽주의자들의 이산집합의 어수선함 속에서, 생시몽주의 미학은 뒷전에 묻혀 1825년~1829년 침체기에 빠진다. 생시몽주의자들의 첫 번째 저널인 『생산자』Producteur 에서 예술은 거의 언급이 되지 않거나 사소한 주제로 다루어졌다. 예술을 "시대의 수동적인 산물"로 가볍게 취급하고, 콩트가 주창한 실증주의적 기준에 따라 '사회적 생산력을 최대화하는 도구로서의 예술'이라는 좁은 범주에 가두었다.[17)]

---

16) Rodrigues, "L'Aritise, Le Savant et L'Industriel," pp.367~368.

'예술가'라는 명칭 그 자체에 대한 모호한 정의에서도 이 시기 생시몽주의자들의 혼란이 반영된다. 때로는 "최상의 동정적인 능력을 부여받은 사람"이라는 좁은 뜻으로, 때로는 "가장 저급한 야만적 행위에서 문명의 단계로 인간이 발전하도록 끊임없는 진보의 운동을 인류에게 재촉하는 인물"이라는 거창한 의미로 생시몽주의자들은 예술가를 자의적으로 정의했다.[18] 로드리그가 선구적으로 세운 미학이론의 이정표는 생시몽주의 학파가 출범하는 초창기에 낀 혼미한 안개 속에서 상실될 위기에 놓인 것처럼 보였다.

---

17) Thibert, *Le Rôle social de l'art d'après les Saint-Simoniens*, p.21.

18) Georg Iggers, *The Doctrine of Saint-Simon: An Exposition, First Year, 1828~1829*, p.73 & p.240.

II. 에밀 바로 : 시대의 예언자인 예술가

생시몽주의라는 총체성을 이루는 한 부분에서 제외되어 망각될 뻔한 미학이론을 부활시키는 데 결정적으로 기여한 인물이 에밀 바로Émile Barrault였다. 콜레주 드 소레즈Collège de Sorèze에서 문학과 수사학 담당 교사로 재직한 경력을 살려 그는 로드리그가 남긴 예술관을 계승하여 더욱 세련되고 정교한 생시몽주의 미학이론을 완성했다. 1830년 발표한 「예술가에게 고함」Aux Artistes: Du Passé et de l'Avenir des Beaux-arts과 「예술」L'Art이 그 결실이었다. 전자는 전문적인 예술(비평)가를 염두에 두고 집필되었고, 후자는 "예술을 탐닉하고 예술의 매혹적인 감성을 이해하는 사람"을 즉 교양대중인을 염두에 두고[19] 집필되었다. 독자층의 구별에도 불구하고 위 두 글은 생시몽주의 '사회미학'art social의 주요 성격과 시대적 소명감을 종합적으로 제시했다는 공통점을 가진다.

비판적 시대의 예술과 유기적 시대의 예술

7월 혁명 직전 생시몽주의 기관지인 일간 『르 글로브』에 발표한 「예술가에게 고함」은 미학에 대해 역사·사회적 비평을 시도한 선구적인 글이다. 바로가 글머리에서 밝혔듯이, 이 글은 "미학의 새로운 과학을 수립"하려는 것이 아니라 생시몽이 설계한 신세계의 청사진 안에서 예술의 바람직한 역할을 수립하려는 것을 기본목표로 한다.

---

19) Émile Barrault, "L'Art," *Religion Saint-Simonienne: Recueil de Prédications*, vol. 1, p.495.

이런 의도로 바로는 “고대 그리스에서 우리 시대까지”의 서양 예술사를 생시몽이 주창한 역사발전의 변증법적인 범주인 ‘비판적 시대’époque critique와 ‘유기적 시대’époque organique를 적용하여 해석·비평한다. ‘비판적 시대’가 다양하고 상반된 가치관과 시대정신의 갈등과 충돌이 지배하는 시간이라면, ‘유기적 시대’는 전 단계의 위기의 시대보다 한 단계 상승한 시대로 평화와 조화가 공존하는 시간이다. 두 시대가 교체하면서 역사가 진보하는 것처럼, 예술도 이 두 단계가 내변하는 상이한 시내정신의 교체를 경험하면서 성숙해진다고 바로는 설명했다.

바로는 서양 예술사를 예술작품에 나타나는 종교적 감성의 존재 여부에 따라 비판적 시대의 예술과 유기적 시대의 예술로 분류한다. 다신교를 숭배한 그리스 예술이 첫 번째 유기적 시대의 예술이라면, 중세의 기독교 예술은 두 번째 유기적 시대의 예술 양식에 속한다. 그리고 첫 번째 비판의 시대의 예술은 그리스의 철학적 시대와 함께 탄생하여 기독교가 전파되는 시기까지 지속된다. 두 번째 비판적 시대의 예술은 종교개혁의 기운이 움트는 15세기 말에 출현하여 당대까지 지속된다.[20] 바로는 특정 시대 예술의 특정한 형식이나 스타일 및 패턴을 꼼꼼하게 관찰하면 그 시대의 사회적, 도덕적, 종교적 발전정도와 상태를 분석하고 이해할 수 있다고 확신한다.[21]

바로의 진단에 따르면, 가장 위대한 예술적 업적은 유기적 시대에 성취된다. 종교적 영감靈感이야말로 가장 강력하고도 건강한 예술적 모티브이기 때문이다. 예를 들면 지속성과 생동감으로 유명한 그리스의 건축물은

---

20) Barrault, “Aux Artistes: Du Passé et de l’Avenir des Beaux-arts,” *Religion Saint-Simonienne* (Bruxelles: Louis Hauman et Compagnie, 1831), 2nd Edition, p.7.

21) Barrault, “Aux Artristes,” pp.9~10.

당시 사람이 자연을 정복하고 전쟁의 영웅을 숭배하는 것을 표현하는 많은 걸작을 낳았다. 팡테옹 신전 같은 그리스의 위대한 건축물은 오늘날까지도 "공동의 믿음을 위한 심오한 감상感想"을 사람에게 주입해 준다.

문학 분야에서는 고대 그리스의 호메로스와 중세기독교 시대의 단테가 서사시라는 유기적 시대의 가장 뛰어난 문학적 장르를 통해 "하늘의 뜻"을 인간의 행위와 결합하는 데 성공했다. 두 위대한 작가들이 추구한 문학 작품의 공동주제가 인간의 의지와 욕망을 하늘의 신성한 뜻과 가르침으로 '승화'sublimation하는 내용을 다룬 것은 단순한 우연의 일치가 아니라고 바로는 생각했다.[22]

이와는 대조적으로 비판적 시대의 예술은 "의미 있는 감상의 부재"로 특징지을 수 있다. 그리고 '단순함'simplicité을 자랑하는 유기적 시대의 건축물과 달리 비판적 시대의 건축은 "치장의 사치스러움"에 함몰된다. 신전이나 교회를 대신하여 '극장'salle de spectacle이 대표적인 건축물로 등장함으로써, 비판적 시대의 기념물들은 그 시대의 "시대정신"character을 생동감 있게 표현하지 못하고 호사스러운 "돌멩이 더미"의 유희로 전락한다.[23]

문학 분야에서는 개인 사이의 갈등과 증오의 일차적인 진원지인 "퍼스널리티"personnalité에 초점을 맞춘 작품들이 비판적 시대에 유행한다. 소포클레스와 같은 고대 그리스 비극의 천재작가들도 "격정, 인물, 관습, 사건 등을 하늘의 뜻은 물론 사회적 관계와 연관해서 언급하지도 않은 채 묘사하는" 경향이 있다고 바로는 지적했다.[24] 개인주의의 부상浮上과 신성과 인간성의 유리遊離가 비판적 시대의 문학을 지배하는 특징이었다.

22) Barrault, "Aux Artistes," pp.15~16.

23) Barrault, "Aux Artistes," pp.14~16.

24) Barrault, "Aux Artistes," p.17.

에밀 바로의 조각상
추종자들의 이산집합이 빈번하고, 사상운동의 중심지가 변화무쌍한 생시몽주의 30년 역사에서 변절하거나 배반하지 않은 예외적인 인물 가운데 한 명이 바로였다.
(출처: 생시몽주의연구협회)

유기적 시대의 시대정신을 가장 잘 표현한 서사시나 찬(송)가hymne와는 다른 예술 장르가 출현하여 비판적 시대를 묘사한다. 소설과 드라마가 그것이다. "인간의 갈등과 증오에 대한 만들어진 이야기"에 불과한 소설은 인간의 야비함과 부패상을 더욱 더 조장한다.[25] 그리고 교회가 아니라 극장이 가장 인기 있는 집회 장소로 부각되는데, 그곳에 모인 군중은 이기적이고 찰나적인 향락을 위해 배우들이 전달하는 세속적인 이야기에 고귀한 영혼을 빼앗긴다.

특히 17세기 이래 인간의 존엄성은 "익살스럽고 저속한 드라마"와 "회의적인 철학"이라는 두 가지 퇴폐적 흐름 때문에 심각하게 오염되었다고 바로는 우려했다.[26] 그의 눈에는 이솝우화 작가 라퐁텐Jean de La Fontaine(1621~1695)이야말로 회의주의와 냉소주의가 팽배하는 비판적 시대의 대변자이다. 뛰어난 문학적인 위트와 통찰력에도 불구하고, 그의 우화들은 사람들이 숭고한 도덕적·종교적 교훈을 따르도록 영감을 고취하는 "깊은 가르침의 패러디"가 부족하다고 바로는 지적했다.[27] 야비한 도덕적 타락의 나락에 빠진 인간들은 동물의 삶과 행동에서 지혜와 교훈을 구하는 지경에 이르렀다고 그는 비꼬았다.

18세기 계몽주의 철학자들의 사상도 바로에게는 비판적 시대정신의 징표로 이해되었다. "천재성과 열광에 가득찬 당신은 파괴를 도발했으며 비탄, 불신, 그리고 고독만이 당신의 나날을 타락시켰다"라고 바로는 루소를 비난했다.

기독교의 폐해를 고발하고 무신론을 주창한 볼테르에 대해서 그는 더

25) Barrault, "Aux Artistes," p.17.
26) Barrault, "Aux Artistes," p.37.
27) Barrault, "Aux Artistes," p.40.

강하게 비난했다. "사람이 가진 무질서한 마음을 농락하고, 비종교적인 비웃음을 서사시의 형태로 표현하고, … 파괴의 즐거움을 만끽하며, 인간성만큼이나 스캔들을 사랑한" 볼테르는 자신이 마치 계몽주의 시대가 잉태한 신인 것처럼 우쭐거린다고 바로는 고발했다.[28] 이성과 경험을 바탕으로 개인주의적이며 합리주의적인 사고방식을 함양하여 미신과 관습의 어두운 장막을 몰아내는 '밝은 지식의 세례'를 선사한다고 주장하는 계몽주의 철학을, 바로는 분열과 갈등을 잉태하는 사상적 씨앗이라고 파악한 것이다.

바로는 비판적 시대의 예술과 철학이 가진 파괴적이고 반항적인 성격에도 불구하고, 그것이 지닌 긍정적인 측면도 간과할 수 없다고 부연한다. 변화하는 사회적 환경과 대중적인 요구에 적응하지 못하는 선행하는 유기적 시대의 낡은 예술을 붕괴시키고, 그 빈자리를 새롭게 향상된 예술적 양식이 차지하도록 비판적 시대의 예술은 '창조적 파괴'의 역할을 담당하는 것이다. "비판적 시대는 선행하는 유기적 시대의 배은망덕하지만 합법적인 아들"이라는 바로의 규정[29]은 이런 측면에서 이해된다. 시대의 흐름과 역사적 사명감에 부응하지 못하는 유기적 시대의 예술을 용도폐기시키고 새로운 예술의 도래를 촉진하는 악역을 담당한다는 측면에서 비판적 시대 예술의 순기능이 발견되는 것이다.

다른 한편, 유기적 시대의 예술은 자신의 붕괴를 스스로 재촉하는 약점을 내포하고 있다고 바로는 분석한다. 예를 들면 고대 그리스 다신교 시대의 유기적 예술이 정신적인 생동감이 모자란다면, 중세 기독교 시대의 유

28) Barrault, "Aux Artistes," pp.43~44.

29) Barrault, "Aux Artistes," p.24.

기적 예술은 물질적 생식능력이 부족하다는 것이다.

> 힘, 웅장함, 그리고 거대하고 장엄한 그 무엇이 다신교 예술의 특징이라면 부드러움, 사랑, 그리고 통찰력이 있지만 우울한 그 무엇quelque chose de pénétrant, mais de triste이 기독교 예술의 특징이다.[30]

지극히 물질적인 것을 숭배하는 고대 그리스 예술이 웅장한 스케일의 예술품을 창조한다면, 형이상학적인 영혼만을 배타적으로 신성시하는 중세 기독교 예술은 신비하고 추상적인 예술을 창조하는 경향이 있다. 어느 경우든, 유기적 시대의 예술은 그 내부에 배태되어 있는 약점 때문에 궁극적으로는 비판적 시대 예술의 도전과 침입을 감내해야만 하는 것이다.

> 역사야말로 가장 높고 가장 시적인 가르침을 주는 강력한 매력으로 사람을 사로잡을 것이다.

그렇다면, 다가올 유기적 시대의 미학적 소명감을 충족시키는 데 가장 적합한 예술적 형식은 무엇일까? 바로는 "개인 상호 사이 또는 정치·종교적 기관을 향한 감정의 전쟁을 묘사"하는 비극이나 "악덕을 교정하는 대신 그것을 조롱하는" 희극이 미래의 유기적 시대에는 사라질 것으로 보았다. 뿐만 아니라, 비판적 시대의 지배적인 예술 양식인 소설은 인간성의 갱생이 불가능하다고 과장하는 "잘못된 모조품"la mensongère contrefaçon이므로 새 시대에는 설자리가 없을 것으로 판단했다.[31]

---

30) Barrault, "Aux Artistes," pp.29~30.

31) Barrault, "Aux Artistes," pp.58~59.

이러한 소설과 희극에 대한 혹평과는 대조적으로 바로는 음악은 "유일하고도 진정한 예술"이며 음악가는 "가장 인기 있는 예술가"로 미래에도 살아남을 것이라고 예견했다. "각각의 영혼에 반응하며 개인으로부터 각기 특정한 해석을 받는 매우 신비스러운 언어"인 음악은 사람 사이에서 유일한 공통언어로 작용할 것이기 때문이다.[32]

희극, 비극, 소설이 다가올 새로운 유기적 시대의 예술적 장르가 될 수 없다면 도대체 어떤 양식이 이들이 남긴 빈 공백을 채워줄 것인가? 이런 의문에 대해 바로는 역사야말로 "가장 높고 가장 시적인 가르침"을 주는 "강력한 매력"으로 사람을 사로잡을 것으로 기대했다. 새로운 시대가 요청하는 가장 바람직한 역사는 단순한 "사실의 창고", "인간성에 대한 풍자" 혹은 "신에 대한 비방"이라는 역할에 더는 만족하지 않는다. 그 대신, 다가올 유기적 시대의 역사는 평화, 해방, 산업 발전으로 향한 휴머니티의 지속적인 진보를 기록함으로써 신의 뜻이 이 땅에서 구현되는 것을 증언한다.

다시 말하면, 예술의 새로운 한 양식으로서 미래의 역사는 그 안에서 "진리와 아름다움이 조화롭게 일치"되는 화합의 합창곡을 작곡할 것이라고 바로는 예언했다.[33] 실증주의 창시자의 아들인 생시몽주의자 바로가 역사쓰기를 문학 장르 글쓰기의 한계를 뛰어넘어 인본주의적 진선미를 구현하는 결정적인 도구로 소환한 것이다.

32) Barrault, "Aux Artistes," pp.51~52.

33) Barrault, "Aux Artistes," p.61.

예술과 사회: 낭만주의와 예술지상주의 비판

바로는 역사 감각의 빈곤으로 자신이 완수해야 할 사회적 책임감을 자각하지 못하는 동시대 예술가들을 꾸짖었다. 이들은 선행한 유기적 시대의 예술이 가진 결점을 수정하지 못하고, '연장된' 비판적 시대의 희생자로 만족하기 있기 때문이다. 그들이 살고 있는 시대 현실과 당면과제에 대한 민감하고 투철한 사회의식이 빈곤하다는 것은 이들이 유기적 시대의 예술가로 변화 혹은 발전하지 못하는 장애물로 작용한다고 바로는 진단했다.

> 미래의 새로운 예술은 감동과 교육이라는 이중과제를 수행하여, 휴머니티의 후견인으로 거듭나야 한다.

「예술가에게 고함」 첫 머리에서 바로는 "예술의 데카당스는 (오늘날) 명확한 사실"이라고 경고하고[34] 퇴폐예술의 증가에 책임져야 할 두 부류를 지목했다. 첫 부류는 월터 스콧Walter Scott, 바이런George Byron, 샤토브리앙René Chateaubriand 등이 대표하는 소위 낭만주의 작가들이었다. 바로에 따르면, 이들 낭만파 작가들은 문학적인 소재와 직관을 획득하기 위해 복고적인 과거에 의존하거나 자신을 스스로 "우울함의 교만"fatuité de la mélancolie 속에 고립시키는 시대착오적 오류를 범한다.

예를 들면, 바이런은 "사람을 단합시키는 대신 그들을 고독 속으로 밀어 넣고 그들의 행위를 위한 하나의 목표를 제공하는 대신 그들을 몽상과

34) Barrault, "Aux Artistes," p.1.

절망감에 던져버린다."[35] 바로가 보기에는 바이런이 스스로의 격정과 우울함을 이기지 못하고 자살이라는 극단의 방법을 택한 것은 퇴폐적 낭만주의자들이 지불해야 할 파국적인 대가를 보여주는 하나의 좋은 사례였던 것이다.

바로가 예술적 퇴폐주의를 조장하는 데 일조했다고 지목한 또 다른 부류는 소위 '예술지상주의자'였다. '예술지상주의'art pour l'art라는 용어가 인쇄물에서 최초로 등장한 것이 1833년이므로,[36] 바로가 당시 이 특정한 표현을 알고 있었는지는 불분명하다. 예술의 '사회적' 기능을 무시하고 순수예술을 고집하는 일단의 예술가를 그는 못마땅하게 여겼다. "무사 공평주의"와 "현실참여거부"désengagement를 예술이 추구해야 할 소중한 미덕으로 간주함으로써, 이들은 예술의 사회적 책임감을 돌보지 않는 오류를 범한다고 그는 지적했다.[37]

불편부당不偏不黨을 가장하여 예술을 사회와 분리하려는 예술지상주의자들의 이런 태도는 "아무리 마셔도 갈증을 해소할 수 없고 취하게만 하는 술"처럼 해로운 것이다.[38] 또한 낭만파 또는 순수예술파에 관계없이 대부분 예술가가 빠지는 '독창성'에 대한 집착도 예술적 퇴폐주의를 조장하는 또 다른 원인이 된다고 바로는 덧붙였다. 예술적 오리지널리티 추구라는

---

35) Barrault, "Aux Artistes," pp.47~48.

36) 순수예술주의에 반대하는 입장의 문학평론가 포르툴(Hippolyte Fortoul)이 한때 생시몽주의자였던 르루(Pierre Leroux)가 간행하는 *Revue Encyclopédique* LIX(1833년 7~9월)에서 이 용어를 처음으로 사용했다. Donald D. Egbert, *Social Radicalism and the Arts. Western Europe: A Cultural History from the French Revolution to 1968* (New York: Alfred A. Knopf, 1970), p.109.

37) Barrault, "Aux Artistes," p.55.

38) Barrault, "Aux Artistes," p.55.

그럴듯한 명목으로 예술가들은 경쟁적으로 "평범한 형태 뒤틀기"에 열중하고 각종 "기상천외"를 창출함으로써 예술적 데카당스라는 수렁에서 헤어나지 못하고 있다는 것이다.[39]

위와 같은 예술적 퇴폐주의에서 해방되기 위해 바로는 '예술가'라는 용어 자체의 재인식을 요청한다. 새 시대의 예술가는 '창조적인 상상력을 가진 인물'이라는 전통적인 범주를 넘어서 '설득력 있는 웅변술'éloquence이라는 새로운 능력으로 무장해야 한다고 그는 주창했다.[40] "시는 감동을 줄 수 있는 능력"puissance d'émouvoir이라는 것을 깨닫고 웅변가처럼 언어적 마술을 통하여 청중들의 마음을 움직일 수 있는 사람이 이상적인 예술가의 초상肖像에 부합된다는 것이다.

교훈적인 내용만 주입하려는 예술은 너무 따분하고, 감상의 바다에 익사한 예술은 너무 달콤하다. 이런 두 가지 단점을 극복하기 위해 미래의 "새로운 예술"art nouveau은 감동과 교육이라는 이중과제를 수행해야 한다. 다시 말하면, 다가올 유기적 시대의 예술가들은 사랑, 평화, 형제애 등과 같은 건전한 사회메시지를 감정과 동정심이라는 이름의 따뜻한 보온병에 담아 삶의 의미를 찾지 못해 방황하는 독자에게 전달해야만 하는 것이다. 일종의 '감성 교육자'sentimental éducateur로서 역할을 수행해야만 미래의 예술가는 진정한 "휴머니티의 후견인"으로 거듭난다는 견해이다.[41]

39) Barrault, "Aux Artistes," p.49.
40) Barrault, "Aux Artistes," p.77.
41) Barrault, "Aux Artistes," p.73.

예술가-성직자 : 새로운 예술을 완성하는 최후의 척후병

창조력과 설득력을 겸비한 미래 예술가의 이상형을 바로는 '예술적인 사도직'apostolat artisque 개념으로 규정한다. 그의 설명에 따르면, 예술가는 그가 추구하는 예술적 모티브에 따라 "외부세계의 예술가"artiste de monde extérieur와 "내부세계의 예술가"artiste de monde intérieur라는 두 부류로 나뉜다. 전자가 전쟁의 승리, 인간에 의한 자연정복, 영웅들의 신격화 등과 같은 외부적인 사건을 예술의 주요 모티브로 삼는다면, 후자는 지성, 명상, 종교적 믿음 등과 같은 인간성의 내적이며 추상적인 가치들을 예술 양식으로 표현하려고 노력한다.42)

종교적인 비유를 빌면, 외부세계의 예술가가 종교 '숭배'culte 측면에 치중한다면, 내부세계의 예술가는 종교 '교리'dogme 측면에 몰두한다. 이 두 부류의 예술가들은 종교의 불완전한 반쪽 얼굴만을 짝사랑하기 때문에 "진정한 의미의 종교적 의무"를 완전히 수행하지 못한다고 바로는 진단했다. 그러므로 "오르페우스의 운율을 단테의 서사시와 결합하듯이" 종교적 의식과 교리를 조화롭게 결합시켜야만 예술가는 진정으로 성직자의 반열에 오를 수 있는 것이다.43)

> 새 시대의 예술가는 사회와 발맞춰 행진하지 말고 사회를 앞장서서 이끌며 여론을 감독해야 한다.

'예술가-성직자'로 거듭나는 미래의 예술가는 이전과는 다른 차원의 사

42) Barrault, "L'art," pp.503~504.
43) Barrault, "L'art," pp.503~504.

회적 책무를 완수해야 한다고 바로는 강조했다. 당대의 지배적인 의견과 가치관에 굴복하여 "사회와 발맞춰"à la suite de la société 행진하는 대신, 새 시대의 예술가는 사회를 "앞장서서 이끌며" 여론을 감독해야 한다.[44] 당대의 사회·경제적 환경과 사상적 분위기를 소극적으로 반영하거나 수동적으로 비쳐주는 '거울'이 아니라, 어둠의 구석구석을 앞장서서 스스로 빛을 밝히는 '램프'가 되어야 한다.

다시 말하면 '예술가-성직자'는 "어린이 손아귀에 잡힌 곤충"처럼 날갯짓이 자유롭지 못하거나 "조롱박에 갇혀 주인이 가르친 노래를 반복하는 나약한 새"가 되기를 거부해야 한다. 하늘 끝까지 비약하여 "예언가의 목소리"로 자유롭게 노래해야만 한다. "순결하고, 평화로우며, 신성한 불"을 인류에게 전달한 프로메테우스의 용기와 희생정신으로 무장한 "예술가만이 인간성을 지도할 자격이 있다."[45] 바로의 표현을 빌면, "엘리아보다도 더 위대한 예언자적 외투를 입고" 인류문명의 완성을 유도하는 예술가는 "최후의 척후병post-garde"인 것이다.[46]

바로는 예술과 사회의 밀접한 연관과 예술가의 사회적 책무에 주목을 요청함으로써, 그 동안 과소평가받던 미학 이론을 생시몽주의의 주요 이슈와 유기적으로 접속시켰다. 생시몽주의의 공식 대변지인 일간신문 『르 글로브』에 생뵈브, 드 비니Alfred Victor de Vigny, 하이네 등 유명문인이 사회미학에 대한 글을 활발히 투고한 것은 이들의 사회미학에 동참한다는 동지의식이었을 것이다.[47] 바로에 의해 불이 지펴진 사회미학 논쟁은 19세기

44) Barrault, "Aux Artistes," p.54.

45) Barrault, "Aux Artristes," pp.56~57.

46) Barrault, "L'art," pp.491~492.

47) 문학평론가 생-뵈브는 "Espoir et Voue"(1830년 10월 11일자), 시인인 드 비니는

중반 무렵에는 들불처럼 번져 프루동주의자, 사회가톨릭주의자, 푸리에주의자에게도 파급되었다. 그리고 작곡가 베를리오즈Hector Berlioz와 화가 보뇌르Raymond Bonheur와 같은 예술가들의 작품세계에도 영향을 끼쳤다.[48)]

유명한 여성작가인 조르주 상드George Sand(1804~1876)는 인간성의 절박한 사회적 요구를 반영하지 않고서 이 시기에 예술가 행세를 한다는 것은 거의 불가능했다고 고백했다. 예술적 앙가주망은 시대적 소명이었던 것이다.[49)] 예술의 순수미학적 차원 너머에 존재하는 사회적 차원의 중요성을 선구적으로 역설한 바로의 「예술가에게 고함」은 "확실히 우리의 독트린이 출판한 소책자 가운데 가장 뛰어난 것"이라고 '아버지' 앙팡탱이 극찬한 것[50)]은 결코 입에 침을 바른 과장이 아니었다.

"Beaux-arts"(1830년 11월 25일자), "Les Arts: Spectacles Populaires"(1831년 4월 9일), 독일 출신 망명시인 하이네는 "Etat déplorable de l'Art et des Artistes"(1831년 6월 25일자), "Politique et Beaux-Arts"(1831년 9월 29일), "Salon de 1831"(1832년 4월 18일) 등의 글을 『르 글로브』에 발표했다.

48) 관련 작가들의 상세한 명단은 Hunt, *Le Socialisme et le Romantisme en France*, 부록 pp.349~354 참조.

49) George Sand, *Questiions d'art et de littérature* (Paris: Calmann-Léky, 1878), p.9.

50) Thibert, *Le Rôle Social de l'Art*, p.28. 재인용.

III. 앙가주망 예술가를 기다리며

위에서 우리는 생시몽주의 미학이론의 변천과정을 검토했다. 생시몽→로드리그→바로 등을 거치면서 그 성격과 지향점 및 주요내용이 변화한 것이다.

생시몽은 인간의 감성에 호소하는 예술의 기능적 효용성은 인정했지만 예술가를 성직자와 산업주의자에 종속된 집단으로 과소평가했다. 로드리그는 합리적 경험주의 세계에만 거주하는 과학기술자와 물질생산에 함몰된 산업주의자와는 달리 인간의 가슴에 호소하는 예술가는 여론을 이끌고 지평선 너머 신세계로 인도하는 아방가르드가 되어야 한다고 역설했다. 바로는 도피적 낭만주의자와 무책임한 예술지상주의자가 1830년대 예술계를 퇴폐적으로 오염시킨 책임이 있다고 진단하고, 감성 교육자로서의 예술가는 시대의 어둠을 헤치는 횃불을 높이 든 최후의 예언자가 되어야 한다고 호소했다.

생시몽, 로드리그, 바로가 예술(가)에 갖는 기대감은 각각 다르지만, 이들은 공통적으로 예술이 짊어져야 할 사회적 의무와 책임감에 주목했다. '사회미학'이라는 이름의 큰 나무 아래 모인 세 사람은 현실 세계와 심각하게 유리되어 별개로 진행되는 예술 활동이 가지는 허구성을 고발하고 예술 그 자체를 오도된 현실을 고발하고 개선하는 중요한 수단으로 승격시켰다.

생시몽주의자들이 포용한 사회미학의 기원은 19세기 전반기 유럽을 지배한 낭만주의에 대한 반발에서 시작되었다. 격정적이고 질풍노도와 같은 혁명적 낭만주의가 복고왕정과 함께 퇴조하고, 감상적感傷的인 낭만주의가 명맥을 유지하던 19세기 전반기에 두 부류의 새로운 문예운동이 고개를 내밀었다. 예술지상주의와 사회예술주의가 그것이었다.

예술지상주의는 소위 '신흥 부자들'nouveau riches이 추구하는 통속적인 예술 소비에 대한 반발로부터 생겨났다. 프랑스혁명의 승리자로 등장한 부르주아가 자신의 부와 업적을 과시하는 데 대항하여 태동한 '예술적 귀족주의' 성격을 띤 문예운동이었다. 반면, 사회예술주의는 부르주아 예술에 대한 대항적인 해결책을 '예술 내부'에서 구하지 않고 '예술 바깥'에서 모색한 민중주의 문예운동이었다. 예술지상주의가 상업주의와 속물주의를 비판하고 예술 고유의 범접할 수 없는 독자성과 순결함을 수호한다면, 사회예술주의는 노동자들의 건강한 노동의 기쁨과 고통을 찬양함으로써 부르주아 문학의 퇴폐성을 고발했다.

생시몽주의자들이 주창한 사회미학은 귀족적 예술지상주의와 부르주아적 낭만주의를 함께 거부하는 일종의 '예술(가)의 제3의 길'이었다. 예술을 허무주의적 도피처나 쾌락 수단으로 삼는 것에 반발하고 현실 세계의 민낯에 접근하는 실증적이고 현실적인 길잡이로 삼았던 것이다. [톺아 읽기 1]에서 살펴본 것처럼, 민중시인 알레비와 민중가요 작곡가 뱅샤르의 사례가 이를 증명한다. 생시몽주의자들에 의한 사회미학 이론이라는 밑거름이 없었다면, 1830년대 후반에 '노동자 시인'poète ouvrier이라는 새로운 부류의 작가들이 등장하여 '프롤레타리아 문학'이라는 새로운 장르를 개척하기 어려웠을 것이다.

한 걸음 더 나아가, 삶과 문학, 물질과 정신, 현실과 가상세계 사이에 존재하는 간격을 좁히려는 생시몽주의자들의 사회미학 이론은 에밀 졸라

Émile Zola(1840~1902)로 대변되는 19세기 후반에 꽃피는 리얼리즘 문예운동과 앙가주망 지식인의 밑거름이 되었다.

제7장

생시몽주의 페미니즘과 '육체의 복권'

'페미니즘'féminisme이란 용어는 프랑스의 초기 사회주의자 푸리에Charles Fourier(1772~1837)가 최초로 만들어낸 조어造語라고 흔히 알려져 있다.[1] 그러나 이러한 주장을 한 렌달Jane Rendall은 푸리에가 정확히 언제 어떤 저서에서 '페미니즘'이란 용어를 사용했는지에 관해서는 정확히 밝히지 않았다. 오히려 최근의 한 조사는 다른 주장을 한다. "현재까지 공개된 자료를 통해서는 푸리에가 '페미니즘' 용어의 창시자라는 주장은 그 근거와 타당성을 갖지 못한다는 점은 확실하다고 하겠다."[2] 참고로 영어 '페미니즘'feminism은 1894년 영국에서 처음 사용되었다.

푸리에가 생시몽과 동시대 인물이었고 푸리에 추종자들과 생시몽 추종자들이 때로는 경쟁하고 때로는 협력했다는 것을 기억한다면, '여성문제'는 초기 사회주의자들에 의해 1830년대를 전후로 제기되었다고 짐작할 수 있다. 사실 생시몽주의에서 가장 오해의 대상이 된 이슈가 페미니즘 이론이었다.

전통적인 연구자들은 여성문제가 생시몽주의에서 차지하는 비중을 평

1) Jane Rendall, *The Origins of Modern Feminism : Women in Britain, France and the United States, 1789~1860* (London: Macmillan, 1985), p.1 참조.

2) 변기찬, 「"페미니즘" 및 "페미니스트" 용어의 기원」, 『중앙사론』 18(2003. 12) 참조.

가절하하거나 생시몽주의 본질과는 무관한 주변적인 주제로 취급했다.[3] 일단의 학자들은 생시몽주의자들의 여성이론을 "반도덕적 음모"나 "희극적 오페라"opéra bouffé로 매도하거나, 생시몽의 훌륭한 사회이론을 에로티시즘으로 변질시킨 "색정적 자유론자"erotic libertarians라고 비난했다.[4] 생시몽주의자들의 행적에 나타나는 몇 가지 에피소드(예를 들면 '자유연애'의 실험과 '여성메시아' 탐험 등)가 이런 부정적인 이미지를 부채질했을 것이다. 과연 페미니즘은 생시몽주의를 오염시키고 타락시킨 '나쁜 사상'인가?

이 글의 문제의식은 생시몽주의자들에게 여성문제는 주변적인 이슈나 부패의 씨앗이 아니라 치명적으로 중요한 당면 과제이며 노선의 재편을 촉구한 시한폭탄이었다는 문제의식에서 출발한다. 무엇보다도 '아버지' 앙팡탱이 갈파한 '자유연애', '육체의 복권', 이혼의 (재)합법화 주장 등이 논쟁에 직접적인 불을 지폈다. 그의 '느슨한 사생활'—법적으로 총각 신분이던 앙팡탱은 아델 모를란Adèle Morlane이라는 애인과 아들을 낳았고 동료 생시몽주의자들의 아내들과 바람을 피웠다—을 불안한 심정으로 지켜보던 동료들은 그가 주창하는 '육체의 복권'과 같은 새로운 도덕률을 난잡한

3) Charléty가 생시몽주의 페미니즘을 가볍게 취급한 대표적인 인물이다. 그는 *Histoire du Saint-Simonisme*에서 여성의 참여를 언급하지도, 여성문제와 관련된 생시몽주의자들의 논쟁을 소개하지도 않았다. 콜라코프스키(Leszek Kolakowski)도 생시몽주의자들의 여성관을 사회주의와 동떨어진 무절제한 논리에 불과하다고 무시했다. *Main Current of Marxism: The Founders* (Oxford: Oxford Univ. Press, 1987), p.192.

4) 이와 같은 부정적인 견해에 대해서는 Arthur Booth, *Saint-Simon and Saint-Simonism: A Chapter in the History of Socialism in France*, p.158; Frank E. & Fritzie P. Manuel, *Utopian Thought in the Western World* (Oxford: Basil Blackwell, 1979), p.616; Barbara Taylor, *Eve and the New Jerusalem: Socialism and Feminism in the Nineteenth Century* (New York: Pantheon Books, 1983), p.45 등 참조.

'혼음'promiscuité을 변명하려는 궤변이라고 비난했다.[5]

그 연장선상에서 1831년 앙팡탱과 뷔셰 사이에 전개된 여성의 본질과 여성평등을 둘러싼 날카로운 논쟁은 일부 생시몽주의자들의 탈퇴로 귀결되었다. 바자르를 포함해 뷔셰, 르루Pierre Leroux, 카르노Hippolyte Carnot, 르슈발리에Jules Lechevalier 등은 1831년 11월에 집단적으로 생시몽주의(혹은 앙팡탱주의)와 결별했다. 스승이 물려준 사상적 유산을 사회적 콘텍스트에서 분리시켜 반사회적인 신비주의로 도피하려 한다는 불만 때문이었다. 덧붙이자면, "공공질서와 도덕의 이단자"라는 죄명으로 생시몽주의가 루이 필립 정권에 의해 "법정살해"를 당하게 되는 원인도 생시몽주의자들의 비전통적인 결혼관과 성도덕 개념이었다.

생시몽주의자들의 여성관을 선정주의煽情主義적인 편견에서 구출하여, 그들이 19세기 유럽의 근대여성운동의 형성과 전개과정에 끼친 영향력을 재검토하려는 것이 이 장의 목표이다. 이들은 생시몽의 유언인 '사회적 개인의 합체로서의 여성과 남성'이라는 명제를 어떻게 발전시켰는가? 생시몽주의자들이 주창한 '보편적 연합'의 양축을 담당할 남성과 여성은 본질적으로 어떤 '차이'가 있으며, 그럼에도 불구하고 왜 '다르니까 평등'해야 한다고 요구했을까? 남녀평등을 위한 전제조건인 '육체의 복권'은 생시몽주의자들의 다른 핵심적인 사상인 진보사관과 산업주의와 무슨 연관성이 있는가? 이런 일련의 의문을 염두에 두고 '여성 논쟁'에 참여한 생시몽주의자들의 이론을 좀 더 가까이에서 관찰해 보자.

---

5) Saint-Amand Bazard, *Religion Saint-Simonienne: Discussions morales, politiques et religieuses qui ont amené la séparation qui s'est effectuée au mois de novembre, 1831, dans le sein de la société Saint-Simonienne* (Paris: Paulin, Delaunay, et Heideloff, 1831) 참조.

여성들과 파티를 즐기는 생시몽주의자들

일단의 학자들은 생시몽주의자들의 여성이론을 도덕적 음모나 희극적 오페라로 매도하거나, 생시몽의 훌륭한 사회이론을 에로티시즘으로 변질시킨 색정적 자유론자라고 비난했다.

(출처: 프랑스국립도서관 갈리카 디지털도서관)

I. 앙팡탱-뷔셰 논쟁: '차별적 페미니즘' vs. '동질적 페미니즘'

여성이 기본적으로 종교적이라면, 남성은 기본적으로 정치적이다.

앙팡탱은 생시몽주의 페미니즘의 근간을 구성하는 철학적 뼈대를 구성한 인물이었다. 우선적으로 그는 '성적 차별'sexual différence에 기초한 남녀의 근본적인 구분을 여성문제 해결의 첫 번째 황금률로 제시했다. 앙팡탱은 남녀의 생래적 차이를 다음과 같이 설명했다.

> 여성은 선험적으로 동정적 존재être sympathique이며, 남성은 후천적으로 동정적 존재이다. 능동적이거나 도모하는 남성과 수동적이거나 보완적인 여성 양자가 합쳐야만 비로소 완전한 개인이 형성된다. 이런 이중적 존재의 한쪽 능력에 의해 목표가 발견된다면, 다른 한쪽의 능력에 의해 수단이 발견된다; 한쪽이 사상을 잉태한다면, 다른 한쪽은 그 사상에 형태를 부여한다; 한쪽이 신에서 인간성으로 내려온다면, 다른 한쪽은 인간성을 거쳐 신에게 복귀한다; 한쪽이 기본적으로 종교적이라면, 다른 한쪽은 기본적으로 정치적이다; 한쪽이 더 넓은 세상에 거주한다면, 다른 한쪽은 가정의 울타리에 거주한다.[6](강조는 저자)

남성과 여성은 애초부터 각기 다른 역할과 의무에 충실하도록 신에 의해 다르게 창조되었다고 앙팡탱은 확신했다. 이원적 창조론 원칙에 의하면, 여성이 사려 깊게 포괄적이며 장기적인 목표를 수행하는 데 특출한 재

6) "Enfantin à Charles Duveyrier," Maria T. Bulciolu ed. *L'École Saint-Simonienne et la Femme*, p.48.

능을 보유하는 반면, 남성은 주어진 목표를 구체적으로 달성할 수 있는 단기적 수단을 강구하고 실현하는 데 독보적인 능력을 가졌다. 종교와 가정이 여성이 거주해야 할 공간이라면, 남성은 정치와 현실세상에서 활동해야 마땅하다.

남녀의 다른 점은 사회질서를 혼란시키는 요소라기보다는 "정신과 물질이 삶의 두 얼굴인 것과 마찬가지로" 사회의 유기적 결합을 위한 선행 조건이었다.[7] 그에게는 어느 한 성을 다른 성과 비교해서 우수하거나 열등한지를 따지는 것은 무의미하다. 왜냐하면 남성과 여성은 단순히 각기 다른 인간성의 영역에 대한 능력과 책임을 부여받았기 때문이다. 다시 말하면, 여성은 사제司祭와 같이 인간 개개인의 도덕적 감정, 동정심, 영감靈感에 호소함으로써 공동의 목표를 향해 매진하도록 개개인을 격려하고 설득하는 데 특출하다. 이에 비해 남성은 사회구성원들을 이끌고 구체적 결과물을 생산하는 추진력을 가지고 있기 때문에 모든 사회운동의 구심점이 된다. 신은 자기가 창조한 남녀의 각기 다른 속성을 아우르는 양성androgynéité의 존재라고 앙팡탱은 강조했다.[8]

앙팡탱이 설파한 남녀의 본질적인 차별론은 도전받았다. 이 이슈를 둘러싸고 1829년 하순에 전개된 앙팡탱과 뷔셰 사이의 논쟁은 여성문제가 생시몽주의자들에게 일반적인 관심사에서 특별한 정통-이단 싸움으로 번지는 전환점이 되었다. 뷔셰는 차이의 잣대로 인간성을 남성적인 것과 여성적인 것으로 인위적으로 구분한 앙팡탱의 도그마는 자의적인 가설에 불과하다고 반박했다.[9]

---

7) "Enfantin à Charles Duveyrier," p.76.

8) "Organisation religieuse: Le Prêtre-L'homme et la femme," *Le Globe*, 1831년 6월 18일.

9) "Buchez au Père," *L'École Saint-Simonienne et la Femme*, p.67.

남성과 여성은 신처럼 하나이며 동시에 삼위일체이다.

흰색 옷을 입었거나 검은 색 옷을 입었거나 그 외양이 당사자의 퍼스낼리티를 판별하는 데 중요한 단서가 되지 않는 것처럼, 개인의 생물학적 생김새만으로 사람을 판단한다는 것은 위험한 일이라는 것이 뷔쉐의 신념이었다. 그는 "여성보다도 더 민감한 감성을 가진 남성이 한 명도 존재하지 않는다고 어떻게 감히 단언할 수 있는가?"라고 반문하면서 앙팡탱의 이원주의를 비판했다. 중요한 것은 외관이 아니라 '개개인의 재능'aptitude이라고 뷔셰는 선언했다.[10] 그는 남녀가 홀로 서지 못하고 상호간에 의존함으로써 비로소 완전해진다는 앙팡탱의 주장과는 달리 각 개인은 그 자체로 완전한 하나의 인격체라고 반박했다.

뷔셰는 남녀를 각각 독립적인 개별자로 파악하려는 자신의 견해가 스승인 생시몽의 사상에 더 잘 부합한다며 다음과 같은 논리를 펼쳤다.

> 나는 생시몽의 말로써 이 논쟁을 종식하려고 한다. 생시몽은 수차례에 걸쳐 '나는 곧 교황이다'라고 얘기했지만 단 한번도 '우리가 교황이다'라고 말하지는 않았다. 나는 지금 신학적 논법을 통합성의 원칙에서 접근하고 있다. 교황은 지상의 신의 대리인이다. 우리 각자는 신의 형상에 따라 창조되었으므로 각 인간은 교황의 근본적 자질을 소유하고 있다. … 우리는 신처럼 하나이며 동시에 삼위일체이다. 이것이 바로 생시몽이 항상 다른 표현으로 인간을 작은 우주라고 말한 이유이다.[11]

---

10) "Buchez au Père," pp.68~69.
11) "Buchez au Père," pp.71~72.

뷔셰는 생시몽이 조물주인 신의 형상에 따라 창조된 인간의 완전성을 믿었다는 점을 상기시켰다. 그러므로 인간이 두 가지의 다른 능력으로 구별되고, 신이 남녀의 모습을 동시에 가지는 야누스적 존재라고 믿는 것은 스승인 생시몽에 대항하는 불경스러운 태도라고 그는 지적했다. 여성이 남성과 평등한 능력과 잠재력을 소유하고 있다고 믿은 뷔셰는 여성해방이라는 구호조차도 불필요하다고 생각했다. 왜냐하면 여성이 일단 사회의 높은 지위에 능력껏 도달하면 세상 사람은 자동적으로 그 여성을 존경할 것이기 때문이다.[12)]

여성의 본질을 둘러싼 앙팡탱과 뷔셰 사이의 상반된 견해에도 불구하고, 두 사람 모두 여성의 평등을 지지했다. 뷔셰는 여성과 남성은 능력이 "같기 때문에" 당연히 법적, 사회적으로 평등한 대접을 받아야 한다고 주장했다. 이에 비해 앙팡탱은 여성은 본질적으로 남성과 "다르기 때문에" 그들이 사회의 균형 있는 발전에 이바지하도록 평등하게 존경받아야 한다고 주장했다.

뷔셰는 동등한 이성을 가진 남녀의 평등한 시민적 권리를 지지하는 계몽주의적 페미니즘을 주창했다. 반면, 앙팡탱은 동질성보다는 차별과 개성을 중시하는 낭만주의 전통의 영향을 받은 페미니즘을 주창했다고 볼 수 있다.[13)] 양자의 논쟁 결과는 앙팡탱의 '차별적 페미니즘'이 뷔셰의 '동질적 페미니즘'에 대해 우월적인 위상을 가지는 것으로 마무리되었다.

---

12) "Buchez au Père," p.71; Susan Grogan, *French Socialism and Sexual Difference: Women and the New Society, 1803~44* (London: MacMilllan, 1992), pp.79~80.

13) Claire Moses, "'Equality' and 'Difference' in Historical Perspective: A Comparative Examination of the Feminism of French Revolutionaries and Utopian Socialists," Sara Melzer & Leslie Rabine ed. *Rebel Daughters: Women and the French Revolution* (Oxford: Oxford Univ. Press, 1992), pp.238~241.

여성의 본질에 대한 앙팡탱과의 논쟁에서 패배한 뷔셰와 그를 지지하는 일부 생시몽주의자들은 학파와 결별했다. 여성문제를 주도하는 독보적인 권력자가 된 앙팡탱은 생시몽주의 페미니즘을 좀 더 과격하고 (당시의 통념으로는) 반사회적인 '육체의 복권'이라는 절벽 끝으로 몰고 갔다.

앙팡탱은 1831년 11월 생시몽주의 전체회합에서 '육체의 복권'réhabilitation de la chair이라는 개념을 여성해방을 위한 명분과 중요한 전략으로 도입했다. 이 단어는 천국에서의 구원만을 갈구하는 종교적 도피주의와 공허한 이데올로기 싸움에 급급한 정치상황에 대한 비판으로 생시몽주의자들이 사용했던 '물질의 복권'réhabilitation de la matière이라는 개념에서 파생했다. '물질의 복권'이 이론보다는 행동, 논쟁보다는 결과, 저 세상의 구원보다는 이 세상의 행복이 더 중요하다는 것을 강조했다면, '육체의 복권'은 영혼과 윤리라는 이름의 두꺼운 외투 속에 감춰져 있던 육체(의 쾌락)를 재발견하여 여성해방의 실마리로 삼자는 사상이었다.[14)]

여성에 대한 엄격한 도덕률 적용을 가장 보편적이고 가장 사악한 여성에 대한 억압수단으로 파악한 앙팡탱은, 성적 굴레의 의도적 파기야말로 여성해방에 이르는 첫 걸음이라고 보았다. 지금의 시각으로 되짚어 보면, 그는 '섹슈얼리티'sexualité를 임신(종족보존)과 분리할 것을 주장함으로써, 유럽의 다른 나라보다 먼저 프랑스가 섹스를 그 자체로서 향유하는 "인간 경험 혁명"의 진원지로 만드는 데 앞장섰던 셈이다.[15)]

앙팡탱은 논란의 여지가 많은 육체의 복권이라는 신개념을 여성해방을

14) "육체의 복권"이란 단어가 갖는 다의성(多義性)에 대한 앙팡탱의 해설은 "Deuxième Enseignement," *OSSE* Vol. 7, p.45 참조.

15) Claire Moses, "'Equality' and 'Difference' in Historical Perspective," *Rebel Daughters*, p.244.

위한 필요불가결한 조건으로 설득하기 위해 인간을 세 가지 유형으로 구분했다.

첫 번째 유형인 '고정적인 인간형'은 지속적이며 변함없는 애정형태를 선호한다. 두 번째 유형인 '유동적인 인간형'은 정열적이며 변화 가능한 사랑의 형태를 갈구하는 사람이다. 전자가 안정성, 고정성, 온건함을 사랑의 이상적 모습으로 추구한다면, 후자는 변화, 다양함, 파격 등으로 가득 찬 연애를 경험하기를 동경한다. 세 번째 유형은 고정적인 인간형의 "무감각한 감정"과 유동적인 인간형의 "제어하기 힘든 욕망"을 통제·절충하는 드문 능력의 소유자로서 남녀가 한 쌍이 된 '양성적인 성직자'를 지칭한다.[16]

육체적 사랑에 대한 다른 성향을 기준으로 인간을 3가지 유형으로 나눈 앙팡탱의 견해는 독창적이라기보다는 당대의 라이벌 관계였던 푸리에의 영향을 받았을 것으로 짐작된다. 푸리에가 이 꽃 저 꽃을 넘나드는 '나비(파피옹) 본성'을 가진 유형의 사람에게는 일부일처제를 강요할 수 없고 '자유연애'를 허락해야 한다고 주장했음을 상기해 보자. "앙팡탱의 페미니즘은 생시몽과 푸리에 사상의 합성물"이라고도 할 수 있을 것이다.[17]

---

16) Enfantin, "Enseignements faits par le Père Surprême," *Réunion générale de la famille* (Paris: Bureau du Globe, 1832), p.14.

17) 푸리에가 주창한 성적 해방에 대해서는 샤를 푸리에, 변기찬 옮김, 『사랑이 넘치는 신세계 외』(책세상, 2007) 참조. 『사랑이 넘치는 신세계(*Le Nouveau Monde Amoureux*)』는 1829년 출간되었다. 앙팡탱의 서고에 꽂혀 있는 푸리에의 저서들을 보았다는 동료들의 기록이 있다. 푸리에 페미니즘 사상이 앙팡탱에 끼친 영향에 대해서는 Thibert, *Le Féminisme dans le Socialisme Français*, pp.31~39 참조.

남성과 여성은 단지 격리된 두 명의 개인이 아니라 두 개의 사회적 존재이기도하다.

위와 같은 세 가지 유형으로 인간형을 분류한 앙팡탱의 숨은 의도는 무엇이었을까? 그의 노림수는 개인이 자신의 취향에 맞지 않는 기존의 도덕적 관습을 저항하거나 거부하는 것이 비정상적이거나 잘못된 것이 아니라는 당대로서는 파격적인 메시지를 전달하려는 것이었다. 자신의 성정性情적 특질의 자연스런 충족을 인위적으로 방해하려는 사회제도를 무시해도 정당하다는 논리적 무기를 앙팡탱은 제공했다.

예를 들면 고정적인 유형과 유동적인 유형의 결혼이나 양쪽이 모두 유동적인 유형의 신랑신부는 필연적으로 "일시적 동반관계"로 귀착될 수밖에 없다. 따라서 육체적 궁합이 충돌하는 잘못된 만남을 해체시켜주고 서로에게 이로운 새로운 출발을 가능케 해주는 이혼은 당연히 허용되어야 한다. 총각 아들의 "비전통적인" 결혼관에 놀란 어머니에게 보낸 편지에서 앙팡탱은 다음과 같이 자신의 입장을 변호했다.

여성과 남성—이것이 사랑의 첫 번째 종교이다. 동일한 남성과 동일한 여성이 인생을 끝까지 함께 사는 것—이것은 이 종교의 다양한 형식들 가운데 하나이다. 이혼과 다른 배우자와의 새로운 결합—이것이 이 종교의 두 번째 형식이다. 왜냐하면 남성과 여성은 단지 격리된 두 명의 개인이 아니라 두 개의 사회적 존재이기도 하기 때문이다. … 새로운 결합이 당사자들과 사회의 발전을 가져다주고 새로운 파트너를 찾아 헤어진 이들이 새로운 결합 안에서 영감靈感, 착상, 능력 등의 원천을 찾을 수

있다는 조건하에서 두 번째의 결합은 조금이라도 비난이나 수치감을 동반할 필요가 없다.[18]

이혼이 개인과 사회의 발전을 위한 선택 가운데 하나라면 이혼한 남녀가 질책의 대상이 되거나 자신의 깨어진 결혼에 대해 스스로 부끄럽게 생각할 이유가 전혀 없다는 것이다. 한 걸음 더 나아가서, 앙팡탱은 "인간적 완전성의 달성을 위한" 이혼은 "권장할 만한 일"이라고 단언했다. 그는 다음과 같은 세 가지 조건에 해당하는 경우의 이혼은 허용·권유되어야 한다고 주장했다.

첫째, 부부 가운데 어느 한쪽이 육체적으로 병들거나, 도덕적 죄악을 범한 경우다. 둘째, 새로운 결합 형태로 달성 가능한 더 좋은 미래의 목표를 발견했다고 두 사람이 동의한 경우다. 셋째, 부부관계의 불화합성incompatibilité(흔히 말하는 '성격상의 차이' 등) 때문에 남녀 어느 한쪽의 인생성취가 방해받거나 고통을 받을 경우 등이 이에 해당한다.[19]

주지하듯이, 프랑스혁명 후인 1792년 유럽에서 최초로 허용된 '자유로운' 이혼법은 루이 18세의 복귀와 함께 "종교, 도덕, 가족의 이익을 위해서"라는 이유로 1816년 폐지되었다. 나폴레옹 1세의 통치기간에는 이혼법이 남성(남편)에게 더 유리하도록 개정 또는 개악되었다. 남편은 아내의 불륜현장을 발견하면 그녀를 즉각 처벌할 수 있었지만, 아내는 남편이 애인을 가정의 울타리 안으로 데려왔을 때에만 법에 호소할 수 있었다. 무엇

---

18) "Enfantin à sa mère"(Sep, 1831), *D'Allemagne, Les Saint-Simoniens, 1827~1837*, p.217에서 재인용.

19) *Religion saint-simonienne: Discussions morale, politiques et religieuses* (Paris: Paulin, Delaunay et Heifeloff, 1832), p.15.

보다도 이혼의 가장 많은 이유로 제시된 '부부관계의 불화합성'이라는 1792년 조항이 삭제됨으로써 이혼을 어렵게 만들었다.[20]

나폴레옹 1세가 부활시킨 가부장권은 민법 213조 "남편은 그의 아내를 보호해야 하며, 아내는 남편에게 복종해야 한다"라는 조항에서 잘 드러난다.[21] 이혼 허용법을 폐지한 루이 18세가 물러나고 '시민 왕'이라는 가면을 쓰고 등장한 루이 필립의 7월 왕정에서도 사정은 나아지지 않았다. 하원Chambre des députés이 4년 연속(1831~1834년)으로 상정한 이혼허용법안은 상원Chambre des pairs의 거부로 정식 법안이 되지 못했을 정도로 7월 왕정은 도덕적 보수주의 정책을 계승했다. 이혼이 다시 합법화된 것은 놀랍게도 제3공화국이 통치하던 1884년이었다.[22]

위에서 간략히 스케치한 프랑스혁명 이후 이혼법의 흥망성쇠가 잘 말해 주듯이, 앙팡탱이 주창한 '육체의 복권'과 이혼허용 요구는 과격한 주장이었다. 이는 공권력을 초대하는 빌미가 되었다. 앞 장에서 설명했듯이, '교회'로 변장한 생시몽주의자들이 여성·노동자 계층 속으로 깊숙이 파고드는 것을 감시하던 루이 필립 정권은 반사회적인 남녀관계를 전파하는 강연장을 수차례 폐쇄했다.

생시몽주의 내부의 도전도 심각했다. 앙팡탱이 전하려는 '육체의 복권'

---

20) 육영수, 「여성을 위한 프랑스혁명은 없다」, 『혁명의 배반, 저항의 기억: 프랑스혁명의 문화사』, p. 45 참조.

21) "The French Civil Code(1803~1804)," Laura Mason & Tracey Rizzo, *The French Revolution: A Document Collection* (Boston: Houghton miffin Company, 1999), p.341.

22) 서양 각국의 정치상황 변화에 따른 이혼법의 부침에 관해서는 Roderick Phillips, *Untying the Knot: A Short History of Divorce* (Cambridge: Cambridge Univ. Press, 1991) 참조. 프랑스 사례는 특히 pp.47~62, pp.72~80 & pp.120~131 참조.

이라는 복음이 자신의 자유분방한 연애 스캔들을 덮으려는 얕은 속임수라고 판단한 일단의 생시몽주의자들은 그와 결별했다. 예상보다 강한 안팎의 반발에 놀란 앙팡탱은 일단 한 걸음 후퇴했다.

그는 1831년 하반기에 "여성에게 호소함"appel à la femme이라는 새로운 지침을 급히 발표했다. 인류의 반쪽인 남성을 대표하는 앙팡탱 혼자만으로는 여성문제에 관한 최종적 판단을 내릴 수 없기 때문에, 자기를 보완하고 인류의 나머지 반쪽을 대표하는 '여성교황'이 등장할 때까지 결정을 유보하자는 것이 그 골자였다. 그는 자신이 선언한 "여성을 기다림"l'attente de la femme의 진지함을 과시하기 위해 자기 옆 자리에 빈 의자를 마련해 두었다. 미지의 여성교황에게 책임의 반쪽을 미루어 자신의 발등에 떨어진 불덩어리를 모면해 보려는 것이었다. 앙팡탱의 '여성호출'은 "솜씨 좋은 우회 전술", "말 얼버무려 속이기"라는 비난을 받았다.[23]

---

23) Thibert, *Le Féminisme dans le Socialisme Français*, p.46.

여성메시아 탐험대

외로운 '아버지' 앙팡탱과 짝을 이룰 '여성교황'을 오리엔트에서 찾기 위해 에밀 바로가 이끌었던 '여성메시아 탐험대'의 복장을 그린 수채화.

(출처: 아스날도서관)

II. 에밀 바로의 '역사-사회적인' 페미니즘

생시몽주의 전도사로서 바로의 기본역할은 앙팡탱이 내린 가르침을 일반인에게 쉽게 해설하는 것이었다. 그는 여성문제를 둘러싼 거센 회오리 속에서도 앙팡탱의 곁을 떠나지 않은 충직한 지지자였지만, 단순히 '아버지'의 나팔수 노릇에만 만족하지는 않았다. 대부분의 동시대인과는 달리 여성문제에 남다른 관심을 가졌던 바로는 "고귀한 약속(여성의 평등)"을 여성에게 누구보다도 먼저 전해주는 "첫 번째 사람"이 되겠다고 다부지게 마음먹었다.[24] 그는 앙팡탱이 거칠게 초안 잡은 페미니즘의 약점을 수정·보완했다. 생시몽주의 페미니즘이 역사적 진보의 리듬에 발맞춰 사회적인 프로그램으로 진화하는 데 앞장선 것이다.

바로는 앙팡탱의 철학적 여성이론에 역사적 차원을 대입하여 남녀 불평등의 기원을 따졌다. 바로의 분석에 따르면, 여성에 대한 불평등은 고대시대부터 전해오는 잘못된 결혼제도에서 비롯된 뿌리 깊은 것이다. 고대의 결혼은 사업적 계약이나 거래의 일부처럼 거행되었는데, 부부관계는 주인-노예의 예속관계와 유사하게 남편이 아내를 사유물처럼 마음대로 취급했다.[25] 한쪽의 일방적 소유권 행사에 지나지 않던 부부관계는 '자기 물건'을 타인이 사용할 가능성에 대한 소유주의 두려움과 질투를 자연히 동반하게 된다고 바로는 설명했다.[26]

중세 기독교시대 여성 또한 남성의 '자기 물건에 대한' 보호와 감시망에

24) Barrault, "Les Femmes," *OSSE* Vol. 43, p.190.

25) Barrault, "Les Femmes," p.196.

26) Barrault, "Les Femmes," pp.198~199.

갇힌 신세였다. "태풍을 만나 상처받은 비둘기" 같은 여성에게 "신성한 피난처"를 제공해주는 남성 구원자가 중세 기사도 이야기의 전범이었다.[27] "부서지기 쉬운" 여성은 남성 기사들의 용맹성과 희생정신을 기리기 위해 헌정된 "명예의 전당"에 전시된 전리품이었다. 중세의 기사들이 여성을 소중하게 존경하는 유일한 이유는 그녀가 "남편의 이름을 물려줄 자녀들의 어머니"이기 때문이었다.[28]

이브는 노동의 가치를 일깨워 준 산업주의의 첫 번째 부흥사이며 인간진보의 메신저이다.

바로는 특히 기독교적 여성관의 지속적이며 부정적인 영향력에 대해 깊이 우려했다. 무엇보다도 여성을 인류 타락의 원흉으로 기록한 성경은 생시몽주의가 추구하는 산업주의를 훼방하는 허구적 담론이라고 비판했다. 이브가 아담을 유혹해 선악과를 따먹게 함으로써 에덴동산에서 쫓겨났고, 이후 인류가 "땀을 흘려" 삶을 영위하도록 만들었다는 성경 이야기는 남성 중심적인 편견의 산물이라고 바로는 해석했다. 이브의 후예인 여성들이 죄책감과 자괴감으로 괴로워할 때, 남성은 아무런 도덕적 거리낌 없이 자아실현과 사회발전에 몰두할 수 있다는 논리는 바로에게는 궤변에 불과했다.[29]

남녀불평등에 가득찬 성경을 거꾸로 읽은 바로는 역설적으로 그 속에서 여성해방을 정당화시켜 줄 실마리를 찾았다. 인류가 풍요롭지만 따분

27) Barrault, "Les Femmes," p.182.
28) Barrault, "Les Femmes," p.206 & p.219.
29) Barrault, "Les Femmes," p.211.

한 에덴동산을 떠나 일하고 생산하면서 살아가도록 도와준 이가 이브였다는 것이다. 이브가 노동의 가치를 일깨워 준 "산업주의의 첫 번째 부흥사"이며 "인간진보의 메신저"라고 바로는 칭송했다.[30] 또한 '선악의 과학'을 간직한 금단의 과일을 따먹은 이브는 무엇이 사회에 유익하고 해로운지를 인류에게 가르쳐 줌으로써 올바른 분별력을 심어준 추가적인 공로가 있다.

그러므로 이브는 도덕적 타락자가 아니라 "유한자가 무한자의 완벽성을 향해 매순간마다 매진하도록 도와준" 윤리교사였다.[31] 이런 관점에서 다시 보면, 남녀(부부)관계를 바로 세워야 할 현장인 가정은 사회변혁의 중요한 네트워크였다. 여성(아내)은 산업주의를 구현하는 사회발전의 선봉에 선 일꾼이었다.

여성과 노동자는 공통의 조건과 동일한 대의명분을 가진 공동 운명체이다.

한 걸음 더 나아가 바로는 여성에게 부여된 지금 여기에서의 역사적 소명은 노동자들과의 연대임을 일깨웠다. '노동의 복음'을 인류에게 전달해 준 이브의 후예인 여성은 노동자의 고통에 공감하며 이들과 함께 본격적인 산업시대를 열어야 한다. 이 연대는 자기구원에 이르는 길이기도 하다. 가정에서의 불평등한 아내의 위상이 남편과 같은 눈높이로 조정될 때에만이 비로소 산업발전의 중요성과 능력에 기초한 사회구성이라는 원칙이 새로운 시대정신으로 정착되기 때문이다.[32]

---

30) Barrault, "Les Femmes," p.212.

31) Barrault, "Les Femmes," pp.227~228.

32) Barrault, "Le Mariage," *OSSE* Vol. 44, p.78.

여성이 노동문제에 관심을 가져야 할 당위성은 단순히 도덕적 의무감에서 연유하는 것이 아니다. 여성과 노동자는 성적인 경계를 넘어서 "공통의 조건"과 "동일한 대의명분"을 가진 공동 운명체이다.[33] 그러므로 노동자와 여성은 자신의 사회적 불행의 잿더미 속에서 양자의 문제를 해결할 불씨를 찾을 수 있다고 바로는 역설했다.

여성과 노동자를 함께 묶어주는 '공통의 조건'과 '동일한 대의명분'은 구체적으로 무엇일까? 첫째, 이들은 부르주아-남성에 의해 철저하게 소외되고 착취당하는 공동의 희생자라는 불리한 사회적 조건을 공유했다.

> 당신(여성 여러분)이 오늘날 목도하고 있는 사건(7월 혁명과 리옹의 노동쟁의)의 의미를 반드시 깨달아야 한다고 요구하는 제 말을 경청해 주십시오. … 대를 이은 빈곤을 해결하려는 불타는 욕구에 고무된 하층계급은 압제자의 기념물을 격렬히 파괴합니다. 노동의 대가가 여전히 가난뿐이며, 노동이 사회적 배격排擊의 표시에 지나지 않기에, 그들은 심지어 자신의 작업장마저도 파괴합니다.[34]

여성이 가족부양과 자선봉사 이외의 사회적 역할에서 제외된다면, 이는 노동자가 자신의 노동조건과 환경을 개선하기 위한 의사결정 과정에서 배제되는 것과 같다. 따라서 여성과 노동자의 "동일한 대의명분"은 사회적 불평등의 철폐이다. 생시몽주의가 외치는 "능력에 따른 사회조직과 작업에 따른 분배" 시스템을 실현하는 것이다.[35] 하나의 운명선으로 연결

---

33) Barrault, "Les Femmes," pp.185~187 & 223~224.

34) Barrault, "Le Mariage," pp.90~91.

35) Barrault, "Affranchissement des femmes," *OSSE* Vol. 45, pp.368~369.

된 여성과 노동자는 어느 한쪽이 불행하거나 아파할 때 어느 한쪽만이 행복하거나 자유로울 수 없다는 것이다. 1789년 프랑스혁명 당시 여성이 자신의 아들에게 노동자의 권익을 쟁취하기 위해 "필요하면 나가서 죽어야 한다"고 격려한 것이 바로에게는 조금도 이상한 일이 아니었던 것이다.[36)]

다른 한편, 바로는 여성과 노동자의 연대를 넘어 사회적 신분이 다른 여성 사이의 동질성 회복도 촉구했다. 여성 스스로 자신의 교육, 직업, 경제적 차이에 따른 이질감과 갈등을 우선적으로 극복하지 않으면 사회적 해방은 저 멀리 있다는 것이다. 이런 이유로 바로는 "자신의 성에 대한 동정심"이 부족하고 "민중 여성filles du peuple에 대해 깔보는 듯한 우월감을 과시하는" 부르주아 여성의 천박성과 우둔함을 힐책했다.[37)]

바로의 신념에 따르면, 부르주아 여성과 노동계급 여성의 차이는 본질적인 것이 아니다. 그것은 단지 그들 남편의 신분 차이의 그림자에 불과하다. 따라서 여성의 강한 집단적 응집력을 위해서는 부르주아 여성이 창녀마저도 운명적 동지로서 보듬어야 한다고 바로는 역설했다. 창녀가 삶을 영위하는 방식이 아무리 천하고 타락한 것이라도, 그들도 궁극적으로는 (부르주아 여성과 마찬가지로) 불공평한 남녀관계의 희생자이기 때문이다.[38)]

---

36) Barrault, "Le Prolétaire et la Femme," *OSSE* Vol. 45, pp.353~354.

37) Barrault, "Les Femmes," pp.208~209.

38) Barrault, "Affranchissement des Femmes," p.374.

여성은 남성별에 종속된 위성이 아니라, 자신의 고유한 운동궤도를 갖는 항성이다.

여성문제를 바라보는 앙팡탱과 바로의 시각에는 보다 더 근본적인 상이점이 존재했다. 여성의 독자성에 관한 두 사람의 견해 차이가 그것이다. 인류 문명이 상이한 능력을 가진 남성과 여성의 상호의존에 의해 발전하고 완전해진다고 믿는 앙팡탱에게 여성은 항상 인간성의 반쪽에 지나지 않았다. 여성 자체는 불완전한 존재로 남성에 의해 항상 보완되어야 할 존재였던 것이다.

이와는 대조적으로 바로는 여성 자신의 홀로서기를 지지했다. 그의 표현을 빌면 이렇다. 여성은 "남성별이 발하는 빛을 창백히 반사하거나, 그 궤도 안에서만 반복적으로 맴도는" 운명을 가진 별이 아니다. 그와는 반대로 여성은 "자기 내부로부터 발광發光하는 밝음을 가지며 자신의 고유한 운동궤도를 갖는" 별이다.[39]

다시 말하면, 여성은 남성의 자장磁場에서 탈주하지 못하는 위성衛星이 아니라 자율적인 동력과 운동방향 및 운동리듬을 가진 빛나는 항성恒星이라고 바로는 강조했다. 다음에 덧붙이는 [톺아 읽기 2]에서 좀 더 상세히 살펴보겠지만, 남성 생시몽주의자들 가운데 그는 매우 예외적으로 '여성의 여성에 의한 여성을 위한' 페미니즘 운동의 가능성을 후원했다.

바로의 여성문제에 대한 관심은 1833년 생시몽주의의 공식적 해체 이후에도 지속되었다. 그는 1848년 혁명 발발 후에는 『노동자의 경종』이라는 일간지를 창간하여 노동과 여성문제의 동시해결을 위해 노력했다.

39) Barrault, "Les Femmes," p.191.

이 신문에서 그는 1848년 이혼허용법 통과를 거부한 임시정부의 결정은 종교나 도덕적 이유가 아니라 부르주아 "정치-경제의 오래된 고집" 때문이라고 날카롭게 분석했다. 이혼의 합법화는 자연히 가부장적인 가족 재산권을 동요시킬 것이므로, 위자료와 양육권 등으로 인한 경제적 불이익을 두려워한 부르주아들이 이혼허용법안을 결사적으로 저지시킨다는 설명이었다.[40] 바로는 유산과 사유재산 분할 등의 경제적 요인이 여성의 억압과 불공평한 부부관계와 밀접한 관계가 있다고 예리하게 파악했다. 이러한 시각은 이혼문제를 윤리적인 이슈가 아니라 부르주아가 주도하는 자본주의 발전과 연관시켜 비판했다는 점에서 매우 선구적인 발상이었다.

---

40) Barrault, "Le Divorce," in *Le Tocsin des Travailleurs*, 1848년 6월 9일.

III. 생시몽주의 페미니즘이 19세기 후반 여성운동에 끼친 영향과 유산

요약하자면, 바로가 제시한 페미니즘은 앙팡탱의 그것과 몇 가지 점에서 구별된다. 앙팡탱은 여성의 본질에 대한 철학적 논의에 천착하고 '육체의 재발견'이란 개념으로 도덕적 스캔들을 야기했다. 반면, 바로는 여성문제를 역사적 현상과 사회적 상황의 테두리 내에서 진단하고 해결하려고 노력했다. 다시 말하면, 앙팡탱이 여성문제를 "위로부터"(철학적이며 관념적인 문제로) 접근했다면, 바로는 여성문제를 "아래로부터"(일상생활의 위계적인 부부관계와 생존이 걸린 경제문제로) 진단했다.

여성을 추상적 존재로 인식한 앙팡탱이 사변적인 차원에서 페미니즘 이론을 수립했다면, 여성을 고대부터 전래된 사회관습과 이기적인 부르주아 계층의 피해자이며 노동자의 운명적인 동료로 파악한 바로는 역사-사회적인 페미니즘 운동의 모델을 제시했다.

> 남성과 여성의 절대적 평등과 남녀관계의 완전히 새로운 질서를 선언한 생시몽주의자들은 미래 세대가 고맙게 기억해야 할 인물들이다.

생시몽주의 페미니즘의 가장 두드러진 특징은 그것이 어느 특정인의 독점물이 아니라 여러 멤버와 다른 계층 사람 사이의 건설적 갈등의 결정체라는 점이다. 각기 다른 가정적·사회적·경제적·교육적 배경을 가진 생시몽주의 남녀들이 토론하고 논쟁하여 이합집산을 한 이야기 그 자체가 생시몽주의 페미니즘의 생명력이다. 이들이 때로는 합창으로 때로는 혼자 부른 "여성해방", "성의 자유", "이혼의 보장" 등의 구호는 복고왕정기의 보수적 분위기의 수면 밑에 잠겨 있던 '여성문제'를 해결해야 할 현안으로 당대 시민들에게 각성시키는 데 기여했다.

"자유롭고 용맹한" (남녀) 생시몽주의자들에 의해 19세기 전반기에 간헐적으로 이어지던 서양 여성운동은 19세기 후반에 "활발한 약동"rigoureux élan을 시작했다. 생시몽주의자들이 그 마중물 역할을 했던 것이다.41) 19세기 중반 여성해방을 위해 투쟁한 많은 여성이 생시몽주의의 옛 멤버였을 정도로 생시몽주의는 근대 여성운동의 산실產室이었다.

아래 [톺아 읽기 2]에서 구체적으로 살펴보겠지만, 이들은 여성에 의한 여성을 위한 최초의 페미니즘 저널인 『여성논단』을 창간하여 '여성문제'라는 횃불이 꺼지지 않고 1848년 혁명까지 살아서 이어지도록 노력했다.

대표적인 사례를 들자면, "가장 낭만적이며 재능 있는 프랑스 사회주의자이자 페미니즘의 선구자이며 창시자의 한명"으로 꼽히는 트리스탕Flora Tristan(1803~1844)은 생시몽주의·푸리에주의·오웬주의를 독창적으로 합성한 인물이었다.42) 트리스탕은 생시몽주의 교회에 참가했다가 1835년 말년의 푸리에를 만나 대화를 나눈 뒤 푸리에주의자로 '전향'했다. 그녀는 1837년 파리를 방문한 로버트 오웬을 만났고, 런던에서 1839년 다시 만났다.

생시몽주의 페미니즘이 남긴 역사적 유산과 과제와 관련해서 19세기 후반에 출현하는 자유주의(공리주의) 페미니즘과 마르크스주의 페미니즘

41) Thibert, *Le Féminisme dans le Socialisme Français.* pp.82~82.

42) Dominique Desanti, "Flora Tristan: Revel Daughter of the Revolution," Melzer & Rabin eds., *Rebel Daughters*, p.273. 트리스탕이 작성한 일기, 여행기, 소설, 정치 팜프렛 등 1차 사료모음집은 Doris & Paul Beik eds. & trans., *Flora Tristan. Utopian Feminist: Her Travel Diaries and Personal Crusade* (Bloomington: Indiana University Press, 1993) 참조.

과의 관계를 따져보지 않을 수 없다. 존 스튜어트 밀은 생시몽주의 페미니즘의 긍정적 유산에 대해 『자서전』Autobiography(1873)에서 다음과 같이 기록했다.

> 나는 무엇보다도 생시몽주의자들이 가장 신랄히 비난받았던 이유, 즉 가정문제를 취급하는 그들의 편견 없는 자유로움과 용맹성 때문에 그들을 존경한다. 가정문제는 다른 어떤 문제들보다도 더 중요하고 여하한 다른 위대한 제도들보다도 더 근본적인 변화가 요구되는 과제이다. 동시에 그것은 어떤 개혁가도 감히 손을 댈 용기를 가지지 못하는 문제였다. 남성과 여성의 절대적 평등과 이들 관계의 완전히 새로운 질서를 선언한 생시몽주의자들은 … 미래 세대들이 고맙게 기억해야 할 합당한 자격을 갖춘 인물들이다.[43)]

주제의 급진성 때문에 당대 어떤 개혁가도 감히 언급하지 못한 '가정문제'에 '근본적인 변화'를 요청한 생시몽주의자들의 용기와 진보성에 밀은 박수를 쳤다. 자유주의 페미니즘의 고전으로 꼽히는 밀의 『여성의 종속』The Subjection of Women(1869)을 생시몽주의자들에게 바치는 헌사로 읽을 수도 있을 것이다.[44)]

바로가 중추적으로 대변한 '사회(주의)적 페미니즘'의 선구성과 중요함은 19세기말 유럽 사회주의의 주류였던 마르크스주의 여성관과 비교하면 더 잘 드러난다. 마르크스의 사상은 근본적으로 '남성적인'Masculin 성격이

43) Richard Pankhurst, *The Saint-Simonians, Mill, and Caryle*, p.150 재인용.
44) 존 스튜어트 밀, 서병훈 옮김, 『여성의 종속』(책세상, 2006) 참조.

강하기 때문에, "마르크스-페미니즘이라는 용어는, 불가능하거나 자기 반발적self-refuting은 아니라고 하더라도, 잘못된misguided 합성어"라는 비판은 여전히 유효하다.[45)]

마르크스의 완강한 정치경제론은 노동의 성적 분화를 '자연스러운 것'으로 간주했다. 여성의 재생산·육아·가사노동을 교환가치가 없기 때문에 '정당한 인간노동'의 범주에서 제외시킴으로써 '모성/어머니의 부재'를 전제로 한 반쪽짜리 역사를 서술했던 것이다. 이런 치명적인 약점을 뒤늦게나마 보완하고자 엥겔스Friedrich Engels(1820~1895)가 1884년 발표한 작품이 『가족, 사유재산, 국가의 기원』The Origins of the Family, Private Property, and the State(1884) 이었다. 여성과 노동자를 공동운명체로 인식하고 여성을 가정과 남편의 폭정에서 해방시킬 것을 촉구한 생시몽주자들의 "여성에게 고함"보다도 반세기가 늦은 성찰이었다.

45) Christine Di Stefano, "Masculine Marx," Mary L. Shanley & Carole Pateman eds., *Feminist Interpretations and Political Theory* (University Park: The Pennsylvania State University Press, 1991), p.147.

톺아 읽기 2

여성 생시몽주의자들의 홀로서기

'여성' 생시몽주의자들은 누구인가?

1830년 7월 혁명을 전후로 해서 많은 (노동자) 여성이 생시몽주의가 주창하는 사회개혁 프로그램에 매력을 느껴 생시몽주의자로 '개종'했다. 여성의 생시몽주의에 대한 호응도가 급증하여 전체 청중의 3분의 1내지 과반수에 해당하는 약 200명의 여성이 생시몽주의 공개강좌에 참석했다.

혁명 이후 생시몽주의가 실시한 어린아이에 대한 무료 예방접종을 포함한 의료선교, 문맹 여성노동자를 위한 야학과 기술교육 등이 더 많은 여성의 참여를 유도했다.[1] 많은 여성의 적극적인 참여에 부응하는 조직 및 운영의 변화가 생시몽주의 '교회'에 도입되었다. 이전까지는 남성이 독차지하던 고위직에 여성을 포함시켰다. 아래 단계인 '등급'을 뛰어넘어 '콜레주' 멤버로 고속 승진한 이는 클레르 바자르였다. 그녀는 생시몽주의 '어머니' 자격으로 여성으로서는 최초로 1830년 10월에 종교적 예배를 독자적으로 주관했다. 세실 푸르넬과 생틸레르도 1831년 3월 9일에 콜레주에 합류했고, 세실 프루넬은 여성회원 관리책임자로 임명되었다. 또한 같은 날에 4명의 여성이 제2등급으로, 5명의 여성이 제3등급으로 각각 입회

1) Moses, *French Feminism in the Nineteenth Century*, pp.52~53. 여성노동자들과 생시몽주의의 관계에 대해서는 Joan S. Moon, "The Saint-Simonian Association of Working-class Women, 1830~50," *Proceedings of the Fifth Annual Meetings of the Western Society for French History* (Las Cruces, 1978), pp.274~281 참조.

했다.

총 79명의 생시몽주의 임원 가운데 12명을 차지한 여성이 수적으로는 여전히 열세임이 틀림없었지만, 이들이 정식 멤버로 수용되기 시작했다는 점에서 중요한 의의를 갖는다. 1831년 말에 개편된 노동자 등급에는 110명의 여성노동자가 "신앙심 깊은 동조자"로 등록되었다.[2] 여성멤버와 여성문제가 생시몽주의에서 점점 더 높은 비중을 차지했다는 사실을 반영하여 1832년 1월 1일자부터 『르 글로브』지가 "여성에게 호소함"Appel aux Femmes이라는 새로운 부제를 달고 간행되기 시작했다.

많은 여성이 생시몽주의에 동조하거나 합류하기로 결심한 구체적인 동기는 무엇일까? 여성 멤버들의 다양한 가정적 배경, 교육수준, 경제형편만큼이나 이들이 생시몽주의에 이끌린 이유도 천차만별일 것이다. 일반적으로 생시몽주의가 제시하는 종합적인 미래 청사진 즉 역사의 진보, 물질적 향상, 평화주의, 사회(세속)종교 등에 여성이 매혹을 느꼈다고 볼 수 있을 것이다. "무한한 사회발전 가능성", "종교적 미래에 대한 긍정적 전망", "여성자유에 대한 기본적 지지" 이러한 3가지 약속 때문에 생시몽주의자가 되기로 결심했다는 부알캥의 진술[3]은 여성이 생시몽주의에 기대한 공통분모를 어느 정도 대변해 준다. 다시 말하면, 여성문제에 대한 생시몽주의의 각별한 지지가 여성의 동참을 유도한 일차적이며 유일한 이유는 아니었음에 유의할 필요가 있다.

부알캥의 사례가 결코 예외적이지 않다는 것은 여성독자가 『르 글로브』에 보낸 112편의 편지내용을 분석해 보면 더욱 명확해진다. 이들 편지

---

2) Moses, *French Feminism in the Nineteenth Century*, p.55.

3) Suzanne Voilquin, *Souvenirs d'une fille du peuple, ou la Saint-Simonienne en Égypte*, p.109.

여성 생시몽주의자

영국 목사 J. E. 스미스가 생시몽의 『새로운 기독교』를 1834년에 영어로 번역한 책 첫 페이지에 실린 그림이다. 그녀가 『생시몽 독트린』이라는 팸플릿에 손을 얹고 있다.

(출처: 프랑스국립도서관)

에서 '여성해방'이라는 특정구호에 반해서 생시몽주의로 변신했다고 고백한 사람은 매우 드물었다. 대다수의 여성구독자는 여성으로서 자신의 사회적 어려움보다는 빈곤문제와 노동자 해방 같은 생시몽주의가 주장하는 일반적인 사회사상에 더 높은 관심과 지지를 표명했다.[4)]

복고왕정기에는 사회빈곤층에 대한 최소한의 교육과 사회복지 및 의료지원이 절대적으로 부족했다. 당시의 여성은 생시몽주의 '교회'가 보장하는 각종 사회개혁정책을 우선적으로 환영했다. 생시몽주의 페미니즘이 여성을 생시몽주의로 유인한 일차적이며 결정적인 "원인"이 아니라, 더 많은 여성이 생시몽주의에 합류함으로써 여성문제가 생시몽주의에서 주요 의제로 등장하는 '결과'였다고 보는 것이 더 합리적이고 설득력 있는 분석일 것이다.

그러나 이들은 곧 남성 생시몽주의자들에게 팽배한 엘리트주의 장벽에 부딪혔다. 여성이 원하는 것은 "칸트, 헤겔, 혹은 플라톤이 아니라, 새로운 종교"라고 단정한 앙팡탱의 발언에 잘 드러나듯이,[5)] 남성 생시몽주의자들은 여성을 "무지하고 맹목적인 아낙네"로 낮추어서 취급했다. 여성의 자주성을 지지한 바로마저도 무의식의 밑바닥에 흐르는 가부장적 우월감을 감출 수가 없었다. 여성의 권리를 옹호해 주는 자신은 딸의 장래를 위해 꾸중과 고언을 아끼지 않는 "부드럽지만 엄격한 아버지"의 입장과 비슷하다고 비유했다.[6)]

여성 노동자 출신 부알캥이 생시몽주의자들을 '남성 엘리트 집단'이라

---

4) Moses, *French Feminism in the Nineteenth Century*, pp.53~54.

5) "Lettre du Père Enfantin à François et Peiffer," *L'École Saint-Simonienne et la Femme*, pp.76~77.

6) Barrault, "Les Femmes," p.191.

고 지칭한 것은 개인적인 소외감의 표현만은 아니었다.[7] 생시몽주의 교리를 설명하는 6명으로 구성된 전도사에 여성이 한 명도 선출되지 못했다는 사실로 미루어보면, 여성 생시몽주의자들은 계몽의 '대상'으로 인식되었지 개혁의 '주체'로 인정받지는 못했다.

여성 멤버들은 남성중심주의에 뿌리를 둔 생시몽주의 페미니즘의 한계를 근본적으로 간파했다. 남녀의 동질성보다는 차이점을 부각시킨 앙팡탱의 철학적 페미니즘은 여성의 사회적·정치적 참여를 권장하기보다는 전통적 가사노동의 울타리 안에 가두어 둘 보수주의적 명분으로 악용될 위험성이 있었다.[8] 또한 육체의 복권을 여성해방의 일차적인 목표로 설정한 앙팡탱의 새로운 도덕률은 여성을 이성적 사고의 인간이 아니라 '육체적 욕망 덩어리'로 간주하는 반여성주의 사상의 유사품처럼 보였다.

생시몽주의가 내포하는 이율배반적인 이중성(여성해방에 대한 보편적 지지와 앙팡탱주의에 내포된 남성중심주의)의 틈바구니에서 낀 여성은 곤란한 입장에 처했다. 앙팡탱의 가르침을 실천하여 도덕적 파탄자라는 지탄을 감수할 것인가? 아니면 그와의 차별화를 선언함으로써 아버지의 가르침에 반기를 든 못된 딸들이 될 것인가?

이 두 갈래의 기로에서 여성 생시몽주의자들은 혼란스럽게 분열했다. 예를 들면 폴린 롤랑Pauline Roland은 수 명의 남성 생시몽주의자들과 '자유연애'를 실험했고, 클레르 데마르Claire Démar는 사랑의 동반자살을 감행했으며, 쉬잔 부알캥은 남편을 다른 여성에게 '양보'했다. 앙팡탱이 설파한 '육체의 복권'을 나름대로 번역하여 실험한 이들과 달리, 세실 푸르넬과 클레

7) Voilquin, *Souvenirs d'une fille du peuple*, p.112 & p.120.

8) Grogan, *French Socialism and Sexual Difference*, pp.67~69.

르 바자르는 '자유연애'에 대한 거부감으로 생시몽주의 학파를 떠났다.

『여성논단』과 여성 생시몽주의자들의 '홀로서기'

생시몽주의 페미니즘에 배태된 남성 중심적인 배타성을 극복하려는 움직임이 일부 여성의 주도로 전개되었다. 20대 초반 여성노동자 마리-렌 갱도르프Marie-Reine Guindorf와 데지레 게Jeanne-Désirée Véret Gay가 1832년 8월에 창간한 여성전문지 『여성논단』Tribune des femmes이 그 중심무대가 되었다. 신문 이름이 짧은 기간 수차례 바뀌었다는 사실에 독자적인 여성포럼을 만드는 작업의 어려움이 묻어 있다.

창간호의 제호 『자유여성』La Femme libre은 앙팡탱이 주장한 '자유로운' 성윤리를 신봉하는 신여성의 신문이라는 오해를 살 염려가 있다는 이유로 제2호에서는 『여성사제직』Apostolat des femmes으로 변경되었고 '자유여성'은 부제로 밀려났다. 제3호에서는 '자유여성'이란 부제가 삭제되고 '미래의 여성'La Femme de l'avenir이 그 자리를 차지했다. 제4호에서는 '신여성'La Femme nouvelle이란 작은 활자체의 단어가 신문 제목 위에 표기되었다. 그 후 『여성해방』Affranchissement des femmes이라는 제목으로 또 바뀌었지만 신문 표제에 드러나는 과격함을 피하려는 의도로 좀 더 중립적인 『여성논단』이란 이름으로 정착되었다.[9)]

---

9) 신문 제호의 변화과정에 대해서는 Claire Moses, *French Feminism in the Nineteenth Century*, p.63; Thibert, *Le Féminisme dans le Socialisme Français*, p.240. 혼란을 피하기 위해 『여성논단』으로 통일해 표기한다.

TRIBUNE DES FEMMES

NOS DROITS

여성 생시몽주의자들의 홀로서기 『여성논단』

남성 생시몽주의자들 휘하의 페미니즘에서 독립을 선언한 『여성논단』은 자율적인 편집권을 확보하기 위해 이들로부터 한 푼의 경제적 보조도 받지 않았다.

(출처: 프랑스국립도서관)

여성과 관련된 모든 것과 여성의 행복에 영향을 끼치는 모든 것에 대한 제안을 검열 없이 수용하겠다.

공동 창간편집자의 한 명인 베레는 『여성논단』이 남성 생시몽주의자들의 페미니즘과 차별되는 노선을 추구할 것임을 다음과 같이 분명히 선언했다.

> 내가 '여성 생시몽주의자'라는 이름을 원하지 않는 것은 생시몽주의가 이룩한 성과를 부정하기 때문은 아니다. … 그러나 나는 (그들과) 다른 임무를 수행하려고 한다. 모든 사회 문제는 여성의 자유와 연관되어 있고 여성의 대의명분은 생시몽주의의 배타적 권리가 아니라 보편적인 것이다.[10]

남성 생시몽주의자들 휘하의 페미니즘에서 독립을 선언한 『여성논단』은 자율적인 편집권을 확보하기 위해 이들로부터 한 푼의 경제적 보조도 받지 않았다. '여성의 여성에 의한 여성을 위한 신문'을 표방하면서 1천부가 인쇄된 이 신문은 폐간되는 1834년 2월까지 총 31회 발행되었다. 창립 편집인이던 게와 갱도르프가 푸리에주의자로 변신해 『여성논단』을 떠난 후에는, '민중의 여성'임을 자랑스러워하는 노동자 출신 쉬잔 부알캥이 실

---

10) 『여성논단』은 280페이지와 184페이지 분량의 두 권으로 나뉘어 프랑스 국립도서관(Bibliothèque Nationale)에 보관되어 있다. 이 신문의 주요 기사는 Claire Moses & Leslie Rabine, *Feminism, Socialism, and French Romanticism* (Bloomington: Indiana University Press, 1993), pp.282~330에 다시 수록되었다. 본문의 인용문은 *Tribune des femmes*, Vol. 1, p.69; Moses & Rabine, *Feminism, Socialism, and French Romanticism*, p.296에도 실렸다.

질적인 편집책임자가 되었다.[11]

독자적 여성주의 깃발을 휘날리며 『여성논단』의 편집인과 기고가는 모두 여성으로 제한되었다. 이들은 정신적 독립의 표시로 아버지·남편에서 따온 성을 빼고 처녀시절 이름만 사용할 것을 결의했다. 사회가 강요한 관습적 사슬로부터 탈피하여 "도덕, 정치, 산업, 문학, 그리고 패션" 등에 관한 모든 의견을 "여성의 가슴"이 원하는 대로 토론하고, "여성과 관련된 모든 것"과 "여성의 행복에 영향을 끼치는 모든 것"에 대한 제안을 "검열 없이" 수용하겠다고 『여성논단』 창간호는 다짐했다.[12] 그리고 "여성의 슬픔"을 공유하는 사람이라면 사회적 지위와 종교 등에 관계없이 누구나 참여할 수 있다고 문호개방도 약속했다.[13] 여성해방이라는 공동의 목표를 달성하기 위해 '민중의 여성'과 '특권층의 여성'이 더 이상 싸우지 말고 함께 동참할 것을 요청한 것이다.

『여성논단』에서 집중적으로 논의되던 여성문제는 "교육의 중요성", "경제적 자립", "부부관계의 개선" 세 가지로 요약될 수 있다. 편집인들은 남성과 같은 "발전을 위한 균등한 기회"égale chance de développement 보장을 여성의 자유와 평등을 실현하는 우선적인 전제조건으로 강조했다. 만약 여성이 자신의 잠재적 능력을 계발할 수 있는 공정한 교육을 받을 수만 있다면 과학 분야에도 진출할 수 있다고 확신했다.[14]

---

11) 갱도르프와 게의 간단한 약력에 관해서는 Thibert, *Le Féminisme dans le Socialisme Français*, p.228 각주 1과 pp.238~239, 각주 2를 각각 참조. 부알캥이 신문 운영의 책임을 인수인계하는 과정은 그녀의 자서전, *Souvenirs d'une fille du peuple*, pp.124~125 참조.

12) *Tribune des femmes* Vol. 1, p.8 ; Moses & Rabine, *Feminism, Socialism, and French Romanticism* , p.287.

13) *Tribune des femmes* Vol. 1, pp.169~170 & pp.169~179; *Feminism, Socialism, and French Romanticism* , p.287 & p.310.

당시 프랑스는 남녀차별적인 교육정책을 실시했다. 각 지방에 초등학교 설치를 의무화한 1833년 교육법령은 여자아이를 위한 별도의 조처를 명시하지 않음으로써 남자아이에 비해 불리한 교육적 대우를 받는 것을 묵인했다. 이처럼 여성의 사회적 지위향상에서 차지하는 교육의 중요성을 절감한 여성 생시몽주의자들은 가난한 여성의 교육을 위한 비정규 야간학교를 1832년에 설립했다. 갱도르프는 야간학교 수업에 충실하기 위해 『여성논단』 편집책임을 포기할 정도로 열성이었다. 더 앞으로 거슬러 올라가자면, 1789년 프랑스대혁명 당시 '공교육위원회'가 추진했지만 성과를 보지 못한 남녀평등 및 보통교육의 실시를 『여성논단』은 다시 요청한 것이다.

> 독립적으로 살아갈 수단을 갖지 못한 사람(여성)은 자기 생각을 자유롭게 말할 수 없다.

다음 단계로 『여성논단』은 여성의 사회적 지위향상에 경제력이 차지하는 중요성을 강조했다. "물질적 부족을 공급해 주는 남성은 그 대가로 우리들(여성)이 그의 뜻에 복종할 것을 항상 요구할 것"이기 때문에, 여성의 경제적 자립은 지적인 교육에 못지않게 의의를 갖는 것이었다. "독립적으로 살아갈 수단을 갖지 못한 사람은 자기 생각을 자유롭게 말할 수 없을 것"이라는 당연한 사실을 여성이 외면하지 않아야 한다고 『여성논단』은 계몽했다.[15)]

---

14) *Tribune des femmes* Vol. 1, p.110; Thibert, *Le Féminisme dans le Socialisme Français*, p.245; Moses, *French Feminism in the Nineteenth Century*, p.83에서 재인용.

15) *Tribune des femmes*, Vol. 1, p.204; Moses & Rabine, *Feminism, Socialism, and French*

이런 조건이 충족되어야만 부부관계의 개혁도 한 발짝 더 가까이 다가갈 수 있기 때문이었다. 여성을 마음대로 처분할 수 있는 자신의 소유물로 간주하는 남편이 아직도 있다면, "노예보다는 독신주의"를 선택하는 것이 차라리 더 현명하다고 권고했다.16) 생시몽주의 여성이 독신주의를 권유 또는 선동하는 의도는 파격적인 자유연애를 만끽하면서 전통적인 일부일처제를 붕괴시키려는 것이 아니었다. 이혼의 허용과 아내의 양육권과 재산권이 보장되는 "진보적 결혼"le mariage progressif 제도를 앞당기려는 전략이었다.17)

생시몽주의 남성이 여성을 가정과 같은 사적 영역에 얽매기 위해 여성을 다른 존재로 취급했다면, 『여성논단』은 남성이 독점하는 공적 영역의 불완전성을 보완하기 위해 여성이 가진 다른 능력의 향상을 장려했다.18)

모든 여성은 자신의 자유의지에 의한 감정과 행위로 스스로를 구현해야 한다.

여성 전문지의 발행으로 지적 자생력의 터전을 확보한 여성들은 남성 생시몽주의자들의 행위를 정면으로 공박하기를 주저하지 않았다. 『여성논단』 편집인들은 일단의 남성 생시몽주의자들이 '자유여성'의 모델을 찾아 중동으로 떠난 것은 각종 악조건 속에서 신음하는 자기 나라의 여성을

Romanticism, p.315.

16) *Tribune des femmes*, Vol. 1, pp.1~2; *Feminism, Socialism, and French Romanticism*, p.281.

17) Thibert, *Le Féminisme dans le Socialisme Français*, p.247.

18) Leslie Rabine, "Essentialism and its Contexts: Saint-Simonian and Poststructualist Feminists," *The Essential Difference*, eds., by Naomi Schor & Elizabeth Weed (Bloomington: Indiana Univ. Press, 1994), p.134.

방치하는 무책임한 도피와 다름없다고 강도 높게 비난했다. 여성메시아의 본질(사랑, 희생, 헌신)을 평범한 주변 여성에게서 발견하지 못하고 사막의 흙바람 속을 헤맨다면 결국 "동방은 남성 생시몽주의자들의 무덤"이 될 것이라고 경고했다.[19)]

평소 생시몽주의자들과 호의적인 관계를 유지해 오던 영국의 젊은 지식인 존 스튜어트 밀도 "하렘harem에 갇힌 여성에게서 남녀관계를 규정하는 새로운 도덕률을 제정하는 능력을 가진 여성을 찾기를 기대하는 생시몽주의자들의 행각은 내가 생각했던 것보다 더 미친 짓이다"라고 맞장구쳤다.[20)]

『여성논단』 편집인 부알캥도 동방탐험의 실효성을 의심했다. 마치 "정부가 백성을 대하듯" 여성이 진정으로 원하는 것을 무시하고 "현란한 이론"만 앞세우는 남성 생시몽주의자들에게 그녀는 다음과 같이 항변했다.

> 나는 (남성 생시몽주의자들의) 여성의 "부름"을 단지 상징으로만 봤다. 남성의 영향력과 기독교적인 교육의 편견이 미치지 못하는 저 너머에서, 모든 여성은 자신의 자유의지에 의한 감정과 행위로 스스로를 구현해야 한다. 이들은 환경의 힘에 이끌려 서로서로를 찾게 될 것이다. 미래의 도덕적 건축물 건설을 위해 저마다 맡은 분량의 벽돌을 각각 가져오는 그런 모임을 여성은 만들 것이다. 이런 완전히 여성주의적인 의식이야말로 바로 남성 생시몽주의들이 말하는 "어머니"인 것이다![21)](강조

19) *Tribune des femmes* Vol. 2, pp.153~154; Moses & Rabine, *Feminism, Socialism, and French Romanticism*, pp.320~321.

20) Richard Pankhurst, *The Saint-Simonians, Mill, and Carlyle*, p.97에서 재인용.

21) *Tribune des femmes* Vol. 1, pp.105~107; Moses & Rabine, *Feminism, Socialism, and*

는 저자)

'완전한 여성주의'는 남성 생시몽주의자들이 희롱하는 상징적인 여성 찾기라는 숨바꼭질이 아니라 단합한 여성의 일상적인 자유의지의 산물이라고 부알캥은 설명했다. 사회적으로 유용한 여성은 "찾아지는 것"이 아니라 환경에 의해 "만들어지기" 때문에 이들이 자립하고 성장할 수 있는 여건과 분위기를 만들어 주는 것이 진정으로 여성을 위하는 남성이 할 일이다. 이런 평범한 진리를 깨닫지 못한 남성 생시몽주의자들의 동방탐험은 "과도한 센티멘털리즘"이 만들어낸 몽상이었다.22)

여성의 독자적인 페미니즘을 실천하던『여성논단』은 "최초의 본격적인 여성 전문지"였다.23) 프랑스혁명 이후 여성에 의한 몇 개의 선구적 여성 잡지와 신문이 존재했던 것은 사실이지만, 잡지(신문)의 지속기간, 목표의 명확성 등의 관점에서『여성논단』을 최초의 여성전문지로 꼽는 학자들의 의견에 저자도 찬성한다. 이 신문은 여성의 '젠더의식'(남성과 구별되는 여성으로서의 자의식) 만들기에 중요한 전환을 촉구하여 19세기 서양 여성운동사에 중요한 유산을 물려주었다. 19세기 후반에는 '육체의 복권'이 연상시키는 급진적인 성적 해방 운동이 부차적인 문제로 후퇴하고, 여성의 지적·경제적·법률적 지위향상이 절실한 사회문제로 대두되었다.24)

French Romanticism, p.303. 직접 인용문은 Voilquin, *Souvenirs d'une fille du peuple*, p.190.

22) Thibert, *Le Féminisme dans le Socialisme Français*, p.67 & p.78.

23) Moses, "'Difference' Historial Perspective: Saint-Simonian Feminism," p.63; Sarane Alexandrian, *Le Socialisme romantique* (Paris: Seuil, 1979), p.368.

24) '성적 자유분방함'이 당시 여성의 이차적 관심사로 물러나게 되는 사회, 경제, 도덕적 배경에 대해서는 Moses, "Equality and Difference in Historial Perspective: A Comparative

『여성논단』은 남성이 투사하는 낭만적인 연애대상으로 남기를 거부하고, 여성 스스로 연대하여 전래의 관습과 제도를 거스르며 '자기만의 또 다른 문화'를 만드는 데 기여했다.

생시몽주의 여성이 시작한 독립적이며 자주적인 여성운동의 깃발은 7월 왕정의 붕괴 후 1848년 혁명의 바람을 타고 제2공화국 너머까지 휘날렸다. 2월 혁명 직후 여성 생시몽주의자 출신 니부아예Eugénie Niboyet(1796~1883)가 옛 동료 롤랑, 부알캥과 함께 "모든 여성의 이익을 대변하는 사회주의 정치신문"을 표방하는 『여성의 목소리』La Voix des Femmes를 창간하여 『여성논단』의 기본정신을 이어갔다.

또 다른 여성 생시몽주의자 잔 드루엥Jeanne Deroin(1805~1894)과 재봉노동자 출신인 데지레 게Désireé Gay(1810~1891)가 손을 잡고 『여성정치』La Politique des Femmes라는 이름의 정치매체를 6월에 창간했고, 이듬해 1849년에는 『여성의 의견』L'Opinion des Femmes이라는 조금 완곡한 이름으로 변경하여 여름까지 간행했다.[25] 생시몽이 『문학·철학·산업에 관한 의견』Opinions lttéraires, philosophiques et industrielles이라는 제목으로 자신의 사상체계를 펼쳤듯이, 이제 여성 생시몽주의자들도 남성의 앵무새가 되기를 거부하여 자신만의 목소리를 담은 '의견'을 공개적으로 표현하기 시작한 것이다.

Examination of the Feminism of French Revolutionaries and Utopian Socialists," *Rebel Daughters*, pp.54~59 참조.

25) 양희영, 「차이와 평등의 공화국—프랑스의 1848년 혁명과 여성의 정치적, 경제적 권리」, 『서양사론』 133(2017. 6), pp.166~167; 양희영, 「폴린 롤랑, 19세기 사회주의자 페미니스트의 삶」, 『여성과 사회』 27(2017. 12), p.235.

제8장

생시몽주의자들의 '이집트 원정'과 오리엔탈리즘

I. 역사적 배경: 19세기 초 프랑스의 '오리엔탈 르네상스'

19세기 전반 유럽에서는 동방과 동양에 대한 관심과 호기심이 유별났다. 에드가 퀴네Edgar Quinet가 1832년에 그의 저서 『종교의 정수精髓』Le Génie de Réligion에서 "오리엔탈 르네상스"라는 용어를 창출하여 이런 학문적·대중적인 열풍을 반영했다.[1] 예를 들면 낭만주의 작가이며 정치인인 샤토브리앙과 라마르틴이 저술한 예루살렘 기행문과 동방견문록이 인기를 끌었다.

이런 분위기에서 동양학을 연구하는 연구기관들이 경쟁적으로 유럽에서 창설되었다. 프랑스에서는 1832년 파리아시아협회Société Asiatique de Paris, 영국에서는 1833년 런던왕립아시아학회Royal Asiatic Society of London가 각각 선보였다. 15세기의 '고전적 르네상스'가 그리스-로마적 전통의 테두리에 유럽인을 묶어둔 "일부분의 휴머니즘"이었다면, 19세기의 '오리엔탈 르네상

1) Raymond Schwab, *The Oriental Renaissance: Europe's Rediscovery of India and the East*(New York: Columbia University Press, 1984), trans. by Gene Patterson-King &. Victor Reinking. 프랑스어 원본은 1950년 간행.

스'는 동서양의 문명을 아우르는 "완전한 휴머니즘"을 약속하는 것처럼 보였다.[2)]

오늘날까지도 파리의 심장부인 콩코르드 광장에 우뚝 서서 전 세계에서 온 관광객을 맞이하는 오벨리스크는 1805년 이집트의 새 통치자가 된 무함마드 알리가 1829년 프랑스에 보낸 우호의 선물이었다. 19세기 전반기에 프랑스인을 사로잡았던 '오리엔트 열정'을 증언하는 역사적 기념물인 셈이다.

동양에 대한 유럽의 각별한 관심은 몇 가지 요인에서 유래했다. 무엇보다도 항로와 항해술의 발달에 힘입어 18세기말에 이르러 유럽인과 동양인의 물리적인 접촉과 문화적인 교류가 더욱 원활해졌다. 인도에서 유입된 산스크리트 텍스트는 동양의 언어, 관습, 철학에 대한 유럽 지식인의 학문적인 탐구심을 자극했다. 아울러 동양을 '문명에 오염되지 않은 원초적인 인류의 고향'이나 '이국적인 경험을 맛 볼 수 있는 모험의 장소' 등으로 선전·동경하는 낭만주의 운동도 동양에 대한 서양 보통사람의 흥미를 부채질했다.

1820년부터 1830년에 걸쳐 동방에 대한 토론과 정보교환이 "이웃집들의 관심거리"가 될 정도로 뜨거웠다는 평가는 다소 과장적인 것이라고 하더라도, 이 시기에 유럽인에게 동양은 더 이상 낯설거나 갈 수 없는 먼 나라가 아니었다. 프랑스의 동양에 대한 관심도 위와 같은 범유럽적인 현상의 반영이었다.

프랑스에서 불었던 '오리엔탈 르네상스'는 다른 유럽국가와는 다른 특징이 있었다. 독일은 19세기 전반기까지는 식민지를 보유하지 못했기 때

---

2) Schwab, *The Oriental Renaissance*, vii.

문에 동양을 '상상 속의 미지의 대륙'이나 '학문적이고 추상적인 개념'으로 접근했다. 이와 달리 1798년에서 1801년 사이에 행해진 나폴레옹 1세의 이집트 원정을 기억하는 프랑스인은 오리엔트를 '행정과 직업을 제공해주는 현실적인 기회의 땅'으로 인식했다.[3)]

나폴레옹의 이집트 원정은 영국 해군의 지중해 진출을 견제하기 위한 군사적인 목적이었지만, 야심가 나폴레옹은 이집트 원정에 유명한 과학자, 엔지니어, 예술인 등 167명의 지식인을 동반하여 '오리엔탈 르네상스'의 기틀을 쌓았다.[4)] 프랑스의 동방진출을 준비하기 위해 동원된 이들은 현지의 자연환경, 경제제도, 종교와 문화 등을 면밀히 관찰·기록한 23권의 『이집트 견문록』Description de l'Égypte을 출간했다.[5)]

나폴레옹의 이집트 원정은 유럽에서 19세기에 형성되는 오리엔탈리즘 담론에 몇 가지 영향을 끼쳤다. 첫째, 그의 탐험은 규모와 준비과정에서 이전의 다른 동방원정과는 비견될 수 없는 웅장함과 꼼꼼함을 자랑했다. 스쳐 지나가는 여행객 입장의 일시적인 흥미가 아니라, 국가의 정책적인 기획으로 동방에 대한 지대한 관심이 반영된 결과였다.

둘째, 나폴레옹의 후원 아래 편찬된 『이집트 견문록』은 "텍스트화된 동

3) Schwab, *The Oriental Renaissance*, p.354; Said, *Orientalism*, p.19.

4) 응용통계학 창시자 푸리에(Jean-Baptiste Fourier)와 당대의 대표적인 자유주의적 경제학자인 세(Jean-Baptiste Say) 등이 공식수행단의 일원이었다. 이들의 활약상에 대한 상세한 설명은 Christopher Herold, *Bonaparte in Egypt* (New York: Harper & Row Publishers, 1962), pp.27~33; 로베르 솔레, 이상빈 옮김, 『나폴레옹 이집트 원정기: 백과전서의 여행 : 파라오의 나라에서 나폴레옹과 167명의 학자들, 1798~1801』(아테네, 2013). 원래 제목은 *Les Savants de Bonaparte.*

5) 『이집트견문록』에 투영된 생시몽주의자의 영향에 대해선 Denise Brahimi, "L'Inspiration Saint-Simonienne dans la Description de l'Égypte," *Les Saint-Simoniens et L'Orient,* pp.19~28 참조.

방학의 결정판"으로서 유럽 오리엔탈리스트들에게 표준 담론을 제공했다. 서양(인)의 기호와 의도에 맞게 가공, 재구성, 축소된 '전형적인 동양'을 묘사한 모범적인 교과서로 『이집트 견문록』이 활용되었다. 위와 같은 두 가지 이유 때문에 나폴레옹의 이집트원정은 "기능적이고 식민주의적인 이용을 위한 유럽인과 동방의 길고 긴 일련의 만남 가운데 그 첫 번째 원정"[6]으로 평가된다.

셋째, 나폴레옹의 이집트원정은 이전처럼 중상주의에 입각한 순전히 경제적인 이해관계가 아니라, 군사적인 우위 확보라는 지정학地政學적인 이유로 다른 문명권을 침략하는 선례가 되었다. 7월 왕정이 1830년 아프리카 북단에 위치한 알제리를 침입한 것은 나폴레옹의 이집트 원정의 완결판이며 동시에 식민주의로 향하는 일종의 '리허설'이었다.[7]

제3장에서 살펴보았듯이, 생시몽주의 학파는 7월 왕정의 탄압으로 1832년에 공식적으로 해산되었지만 헤쳐모이기를 통해 그 사상적 실험을 멈추지는 않았다. 1833~1839년에는 중동지역이 생시몽주의자의 제2의 활동무대가 되었다. 앙팡탱의 지시를 받든 바로는 '여성메시아 탐험대'를 조직하여 1833년 봄 파리를 떠나 10월에 알렉산드리아에 도착했다. 감옥에서 조기 석방된 앙팡탱도 앙리·세실 푸르넬 부부와 잔류파 생시몽주의자를 동반하여 1833년 9월에 프랑스를 떠나 선발대와 합류했다. 그는 마치 나

6) Edward Said, *Orientalism* (New York: Vintage Books, 1979), pp.76~87 참조.

7) Marwan R. Buheiry, "Changes in French Colonial Perceptions, 1780~1830," Lawrence I. Conrad(ed.), *The Formation and Perception of the Modern Arab World* (Princeton: The Darwin Press, 1989), p.22; Patrice Bret, "Les contingences orientalistes de l'expédition de Bonaparte. Pour une typologie des orientalismes," in Michel Levallois & Sarga Moussa eds., *L'Orientalisme des Saint-Simoniens* (Paris: Maisonneuve & Larose, 2006), p.49.

폴레옹의 이집트 원정을 흉내라도 내듯이, 의사, 예술가, 엔지니어 등 일단의 지식인을 여행단에 포함시켰다. 나중에는 쉬잔 부알캥을 포함한 여성멤버도 이집트로 '아버지'를 모시러 달려왔다.

생시몽주의자들의 '동방 경험'을 그들의 역사와 사상체계 속에서 어떻게 위치시키고 평가할 것인가? 그들의 '동양관'은 19세기 전반기에 형성되는 다른 인물과 다른 나라의 그것과 어떤 공통점과 차이점이 있는가? 이런 의문에 대답하면서 생시몽주의의 또 다른 중요한 갈래를 형성하는 '오리엔탈리즘'의 성격과 특징 및 그 역사적 유산을 되짚어보려는 것이 이 장의 목표이다. 생시몽과 생시몽주의자들은 '동양'을 중동, 아시아, 아프리카 등을 통칭하는 포괄적인 공간개념으로, '동방(오리엔트)'은 이슬람 중동中東 지역을 제한적으로 지칭하는 문화지리적 범주로 사용했음에 유의할 필요가 있다.

II. 생시몽·생시몽주의자에게 동방·동양이란 무엇인가

1. 생시몽: 동양, 게으름과 폭력의 땅

생시몽의 사상체계에서 유색인이 거주하는 동방과 동양은 주변적인 관심거리였다. 1789년 혁명 직후의 혼란스런 유럽을 재조직하려는 거대한 계획에 심취했던 그의 저서에서 드물게 발견되는 동양과 관련한 언급은 대체적으로 부정적인 이미지이다.

유럽인은 아벨의 자손이고 아시아와 아프리카는 카인의 후예가 거주하는 곳이다

과학적인 사고방식의 수준에 따라 세계사를 진단한 생시몽은 "일반과학의 창시자" 소크라테스Socrates(c.380~c.450) 이전을 고대시대로, 그 이후를 현대시대로 구분했다. 그리고 현대시대에서 가장 주목할 인물은 베이컨인데 그가 "물리학과 수학에서 아랍인에게 우월함을 과시한 첫 번째 유럽인"이었기 때문이다. 베이컨의 이성적인 사고방식에 힘입어 "13세기 이래로 유럽인은 아시아인과 아프리카인보다 더 정성스럽게 물리학을 연구했고, (그 덕분에) 유럽의 비유럽에 대한 지배력이 지속적으로 증가했다"고 생시몽은 단정했다.[8] 그는 이슬람이 7세기에서 12세기까지 세계사를 주도했음을 마지못해 인정했지만, 이 기간은 로마제국이 멸망하고 그 뒤를

---

8) Saint-Simon, "Introduction to the Scientific Studies of the 19th Century," *Henri Saint-Simon: Selected Writings*, pp.95~96.

이을 새로운 유럽세력이 등장하기 이전의 '일시적인 공백기'로 취급했다.

생시몽은 과학지식뿐만 아니라 도덕적으로도 유럽인이 비유럽인보다 더 우월하다고 주장했다. 기독교 신앙의 세례를 받은 유럽인이 정직하고 근면한 삶을 영위하는 반면에, 동양인은 죄악, 게으름, 종교적인 이단異端으로 오염되었다는 것이다. 그는 기독교의 발생지인 중동지역을 이슬람의 점령에서 구출하기 위해서 유럽인이 일치단결해서 '제2의 십자군 원정'을 조직해야 한다고 역설했다.

> 들어 보라: 유럽인은 아벨의 자손이고 아시아와 아프리카는 카인의 후예가 거주하는 곳이다. 아프리카인이 얼마나 피에 굶주린 자들인지 살펴보면 알 수 있지 않은가. 아시아인의 게으름을 보라. 이 잡종들은 나의 신의 섭리 수준까지 자신들을 향상시키려는 첫 번째 노력을 포기했다. 유럽인은 힘을 합쳐 터키인의 지배로부터 그리스 형제를 구출할 것이다.[9]

생시몽은 성경에 카인이 "황색의 피부를 가진 남자"로 묘사된 것을 근거로 그를 아시아인과 아프리카인의 조상으로 간주한 것으로 보인다. 그가 '일하지 않는 게으름뱅이'와 '생산하는 사람'으로 사회계층을 구분했다는 것을 기억하자. 유색인은 전자에 속한다고 그는 얕봤던 것이다. 그리고 질투심에 눈이 어두워 자신의 형을 살해한 카인의 후예인 아시아·아프리카인은 혈통적으로 순수하지 못한 '잡종'이며 잔인한 인종이라며 싸잡아

9) Saint-Simon, "Letters from an Inhabitant of Geneva to His Contemporaries," *Henri Saint-Simon: Selected Writings,* p.80.

멸시했다.

생시몽은 미국독립전쟁에 참여하기 위해 들렀던 프랑스 식민지 생도맹그(아이티)에서 직접 만난 흑인을 "동물과 다름없는 인류의 마지막 변종dernière variété de l'espèce humaine, avec l'animal"으로 분류했다.10) 오늘날의 기준으로 보면 '인종주의자'인 생시몽은 기본적으로 유럽중심주의자였다. 그는 인종적 타자와 그 거주공간을 문명화된 유럽이 산업주의를 확산시켜야 할 대상으로만 인식했다. 후기 생시몽의 주요 저서인 『유럽사회의 재조직에 관하여』에 이런 편견이 잘 드러난다.

나폴레옹 1세의 패배 이후 유럽대륙의 재편성을 논의하기 위해 1814년 '비엔나회의'에 통치자들이 모였다. 그들에게 보내는 메시지 형식의 글에서 생시몽은 '유럽의회'le Parlement européen의 창설을 제안했다. 같은 핏줄과 같은 종교로 엮인 '형제'끼리의 전쟁을 멈추고, 파괴보다는 평화를 지향하는 산업주의라는 새로운 시대정신을 확산시키기 위해서는 독립적인 '유럽연방'la confédération européenne이 결성되어야 한다고 그는 주장했다.11)

> 유럽인종이 세계만방으로 퍼져서 그곳을 유럽처럼 여행 가능하고 살 수 있는 곳으로 만들어야 한다.

주목해야 할 지점은 생시몽이 '유럽의회'에 비유럽 국가를 식민지로 정복·통합하여 유럽의 일부로 만들 권리를 부여했다는 점이다.

---

10) George Iggers, "The Social Philosophy of Saint-Simonians," Ph. D. Dissertation (University of Chicago, 1951), p.60. 재인용.

11) 생시몽은 유럽연방을 "유럽의 모든 주권자들의 일반적인 동맹(confédération générale de tous les souverains de l'Europe)"이라고 정의한다. Saint-Simon, *De la réorganisation de la société européenne* (Paris: Adrien Égron, imprimeur, 1814), p, 27.

> 다른 어떠한 인종보다 우수한 유럽인종race européenne이 세계만방으로 퍼져서 그곳을 유럽처럼 여행 가능하고 살 수 있는 곳으로 만드는 것―이 것이야말로 유럽의회가 지속적으로 유럽의 활동을 단련시키고 항상 행복하도록 반드시 추진해야 할 기획entreprise이다.[12] (강조는 저자)

전 지구의 다른 인종과 문명권의 '보편적인 연대'를 지지한 제자들과는 다른 점이다. 20세기 후반에야 현실화되는 유럽연합EU과 유럽의회를 한 세기 전에 예언해 '유럽통합의 창시자'라고 불리는 생시몽은 동시에 유럽 우월주의의 사도였던 것이다.[13]

2. 생시몽주의자들의 동양 : 물질문명의 재발견

스승 생시몽이 가졌던 동양에 대한 부정적인 시각과 비교하면, 생시몽주의자들은 세계문명사에서 차지하는 동양문명의 존재이유를 좀 더 긍정적으로 평가했다. 생시몽주의자들의 역사관에 따르면, 역사의 신神은 "좋아하는 기후와 환경을 먼 나라에서 찾는 철새처럼" 자신이 성장할 수 있는 가장 좋은 조건들을 찾아 거주지를 끊임없이 바꾼다. 어느 한 장소나

12) Saint-Simon, *De la réorganisation de la société européenne*, p.60.

13) 이런 시각은 Richard Swedberg, "Saint-Simon's vision of a united Europe," *European Journal of Sociology* Volume 35-1(May 1994); Anca Simitopol, "The European Union Project of Claude-Henri de Saint-Simon: between Utopian Imagination and Technocratic Reality," *Sfera Politicii* Vol 22-3 (2014); Bruno Arcidiacono, "Un précurseur de l'Union européenne? Le comte de Saint-Simon et la réorganisation de l'Europe en 1814," in Andre Liebich and Basil Germond ed., *Construire l'Europe* (Genève: Graduate Institute Publications, 2008) 등 참조.

나라가 더 이상으로 발전할 수 없는 막다른 골목에 이르면, "진보의 씨앗"은 더 잘 자랄 수 있는 새로운 땅을 찾아 미련 없이 떠나는 것이다.[14)]

이러한 역사발전의 패턴에 따르면 문명의 부흥과 쇠퇴는 동양과 서양이라는 다른 공간을 교체하면서 진행된다. 한때는 지배했던 제국이 다음에는 지배당하는 식민지로 전락하는 것은 필연적이며 순리적인 역사법칙이다. 따라서 동방과 동양이 한때나마 세계사의 주역이었다는 사실을 인색하게 부정할 수 없다는 것이다.

생시몽주의자들이 오리엔탈 문명의 우수성을 세계사의 연속적인 스펙트럼의 일부로 수용한 것은 그들의 역사철학을 뒷받침하기 위해서였다. 진보라는 종착역 없는 행선지를 향해 '역사라는 이름의 열차'가 탈선하지 않고 중단 없이 달리기 위해서는 환승의 '약한 고리'와 궤도의 공백은 없어야 하기 때문이다. 생시몽주의자들이 신봉하는 이와 같은 역사철학에 따르면, 동방과 동양의 완전한 역사와 문화를 굳이 애써 고생해서 복원할 필요가 없다. 왜냐하면 "(공백으로 남아 있는) 일련의 동양문명의 개찬改竄이 완성되더라도 그 전체 모습은 우리에게 이미 잘 알려진 단계의 한 부분"에 불과하기 때문이다.[15)]

다시 말하면, 동양문명사의 행적은 결국은 유럽이 주도하는 진보로서의 세계사의 일부로 수렴되기 때문에 그 자체의 고유한 개성과 독창성이 결여되어 있다는 설명이다. 이성과 진보라는 두 궤도에 실린 세계사 열차는 "서양이 먼저 도착하고 동양은 나중에 따라잡아야 한다"는 시대정신의 반영이었다.[16)] 그러므로 세계사의 과거·현재·미래 행로에 정통한 서양

14) "The Law of the Development of Mankind: Verification of This Law by History (December 31, 1828)," *The Doctrine of Saint-Simon*, pp.32~33.

15) "The Law of the Development of Mankind," *The Doctrine of Saint-Simon*, p.37.

인이 동양인이 어김없이 모방해야 할 근대 유럽문명에 이르는 정확한 경로와 도착지점을 교육시켜 줄 의무가 있다.

> 유럽인만이 인디언에게 그들 자신의 역사를 가르쳐 줄 수 있고 그들의 전통과 유적에서 인디언 자신은 스스로 발견할 수 없는 사상과 사실을 우리는 볼 수 있다고 감히 단언할 수 있다.[17]

그렇게 생시몽주의자들은 자신만만했다. 동방과 동양이라는 타자를 연극의 줄거리도 모른 채 연출자와 연사演士의 손아귀에 철없이 놀아나는 꼭두각시로 취급했던 것이다.

생시몽주의 역사철학에서 일종의 알리바이 역할을 했던 '동양문제'가 다시 논쟁거리로 등장한 것은 1830년 7월 혁명 전후 시기였다. 제3장에서 살펴보았듯이 생시몽주의 학파(교회)는 1829년 '여성문제'를 둘러싼 다툼으로 해체 위기에 처했다. 이런 예민한 시기에 '동양문제'가 '여성문제'와 엉키면서 궁극적으로는 '정통 생시몽주의는 무엇인가?'라는 근본적인 질문을 제기했다. 반쯤 부활한 가부장제도의 희생자인 여성을 어떻게 구제할 것이며, 왕정복고와 함께 다시 형이상학적인 세계로 퇴행하는 전환의 시기에 '올바른' 생시몽주의 노선은 무엇인가? 이런 갑론을박 과정에서 '오리엔트'가 첨예한 현안으로 떠오른 것이다.

앙팡탱으로 대표되는 주류 집단은 배고픈 대중이 갈급渴急하는 것은 영혼의 구원이 아니라 빈곤에서의 구출이며, 그 해결책을 '물질주의 동

16) 디페시 차크라바르티, 김택현과 안준범 옮김, 『유럽을 지방화하기: 포스트식민 사상과 역사적 차이』(그린비, 2014), p.52.

17) "The Law of the Development of Mankind," *The Doctrine of Saint-Simon*, p.37.

방'Orient matérialiste에서 찾을 수 있다고 주장했다. 반면에 바자르로 대표되는 비주류 생시몽주의자들은 사회경제적인 어려움에 처한 대중의 영혼을 위로해주는 비결을 '정신주의 동방'Orient spiritualiste에서 찾기를 기대했다.18)

오리엔트 문명의 본질에 대해 이와 같은 동상이몽同床異夢에 빠져 있던 생시몽주의자들은 지리적으로 먼 동양을 이상형으로 섬겼다. '정신적인 오리엔탈리스트들'이 정신철학의 본산인 인도, 중국, 일본 같은 나라를 구도求道의 모델로 숭상한 반면, '물질적인 오리엔탈리스트들'은 수학과 기하학의 탄생지인 중동中東지역을 배움의 원천지로 주목했다.

바자르 일당이 1831년 생시몽주의 교회와 결별은 선언함으로써 '2개의 오리엔트'를 둘러싼 다툼은 앙팡탱의 승리로 일단락되었다. 앙팡탱은 '오리엔트 문제'에 관한 더 이상의 논란과 혼동을 종식시키려고 작정한 듯했다. 1831년 11월 "교육"Enseignements이라는 명목으로 일련의 지침을 연속으로 발표했다. 그는 위에서 요약한 역사철학에 근거하여, "모든 인류humanité tout entière는 (동방이 우세하거나 서양이 우세한) 각각의 시대와 육체에 따라selon la chair 그리고 정신에 따라selon l'esprit 동시에simultanément 발전한다"고 선언했다.19)

'정신주의 오리엔탈리즘'을 패배시키기 위해 앙팡탱이 총지휘하는 물질적인 오리엔탈주의자들은 다음과 같은 기획을 했다. 피라미드와 같은 놀라운 과학기술적인 기념비를 세운 고대 산업유적의 발생지인 오리엔트 문명에서 수학과 기하학 및 오리엔트 역사문화를 배워서 '형이상학적인 잠'에 빠진 유럽문명을 구출할 교훈을 얻자는 것이다. 이들은 미래의 진보

---

18) Philippe Régnier, "Le Mythe Oriental des Saint-Simoniens," *Les Saint-Simoniens et l'Orient*, p.35.

19) "2e Enseignement d'Enfantin," 1831년 11월 30일, *OSSE*, vol. XIV, p.64.

로 향하는 한 축에는 오리엔트-여성-산업-물질을 위치시키고, 다른 한 축에는 옥시덴트-남성-과학-정신을 배치하여 이 두 축이 대립하면서 상호 상승하여 '연합-평등-하모니'라는 이름의 삼각꼭지의 정점에서 '완전체 휴머니티'를 성취할 수 있다고 주장했다.[20]

3. 미셸 슈발리에의 지중해 시스템: 동서양 평화공존의 네트워크

지중해는 오리엔트와 옥시덴트의 결혼침대가 될 것이다.

앙팡탱이 밑줄을 친 세계 모든 인류의 진보를 위해 필요불가결한 존재인 '오리엔트와 동양문제'가 갖는 정치경제적인 중요성에 각별히 주목한 인물이 미셸 슈발리에였다. 그는 생시몽주의 기관지 『르 글로브』에 1832년 1월 20일~2월 20일에 걸쳐 「지중해 시스템」Système de la Méditerranée이라는 제목의 연재물을 발표했다. 고대시대부터 오리엔트와 옥시덴트의 갈등과 충돌의 심장부였던 지중해를 인류가 평화롭게 공존하고 교류하는 네트워크로 변화시켜야 한다고 주장했다.

> 지중해는 지난 3천년 동안 오리엔트와 옥시덴트가 서로 투쟁하는 데 몰두한 아레나arène 또는 투기장champ clos이었다. 앞으로는 지중해가 지금까지도 분열된 사람들이 모든 지점에서 소통하는 거대한 포럼이 되어야 한다. 지중해는 오리엔트와 옥시덴트의 결혼침대lit nuptial가 될 것이다.[21]

---

20) Pascal Kaegi, "'L'Orient' dans les Enseignements d'Enfantin et Le Globe," Michel Levallois & Sarga Moussa eds., *L'Orientalisme des Saint-Simoniens,* p.119.

21) Michel Chevalier, "La Paix Définitive doit être fondée par l'Association de L'Orient et

슈발리에의 기획은 이랬다. 유사 이래 동서양이 전쟁으로 가장 많은 피를 적신 지중해에서 옥시덴트 신랑과 오리엔트 신부가 사랑과 평화를 위한 허니문의 첫발을 내딛기 위해서는 양자의 화해가 선행되어야 한다. 그리고 화해를 위한 달콤한 대화는, 앙팡탱이 강조한 것처럼, '물질'matière과 '정신'esprit 사이의 '협약'accord으로 이어져야 한다.[22)]

오리엔트와 옥시덴트 사이의 '물질적인' 화해와 협약은 철도와 증기선 같은 교통수단과 전신으로 대변되는 커뮤니케이션 망으로 가능한 단계에 이르렀다고 슈발리에는 낙관했다. "물질적인 질서와 연관해서 철도는 보편적인 연합의 가장 완전한 상징"으로서 "철도는 인간의 조건을 변화시킬 것"이라고 그는 내다봤다.

> (프랑스) 르아브르Le Havre를 이른 아침에 떠난 여행자는 파리에서 점심을 먹고, 저녁은 리옹에서 먹고, 알제나 알렉산드리아로 가는 증기선을 타기 위해 같은 날 밤 툴롱Toulon에 도착할 수 있다.[23)]

19세기 전반기 버전이라고 할 수 있는 "1일 생활권에 든 프랑스 전국여행"을 가능케 하는 교통수단의 근대화는 단순히 기술적인 변화만이 아니

---

de L'Occident," *Le Globe*, 1832년 2월 5일; *Religion Saint-Simonienne. Politique Industrielle et Système de la Méditerranée* (Paris: Imprimerie d'Éverat, 1832), p.126.

22) Michel Chevalier, "Exposition du Système de la Méditerranée," *Le Globe*, 1832년 2월 12일; *Religion Saint-Simonienne. Politique Industrielle et Système de la Méditerranée*, p.129.

23) Michel Chevalier, "Exposition du Système de la Méditerranée," *Religion Saint-Simonienne. Politique Industrielle et Système de la Méditerranée*, pp.132~133.

미셸 슈발리에

그가 1832년 발표한 「지중해 시스템」은 생시몽주의자들이 꿈꾸던 보편적 연합을 위한 지리-공간적인 청사진이었다. 유럽문명의 요람인 지중해를 중심으로 중동의 이슬람 문명권과 아프리카 북단을 거쳐 저 멀리 인도와 중국까지 철도와 증기선과 같은 당대 첨단의 근대기술로 연결시키자는 것이었다.

(출처: 생시몽주의자연구협회)

라 '세계구성'constitution du monde의 근원적인 변화를 동반할 것이라고 슈발리에는 전망했다.

은행원이야말로 최상의 지구 착취에 가장 적합한 인물이다.

슈발리에는 오리엔트와 옥시덴트 사이의 화해와 협약을 '정신적인 측면'에서 담당할 직업군으로 '은행'banque을 지목했다. 50년 전만 하더라도 은행원은 사회에서 '그렇게 중요하지 않은 사람'gens de médiocre importance로 취급받았다. 하지만 산업주의가 새 시대의 핵심적인 국가대사로 등장함에 따라, 재정의 '신용'crédit 판정과 대출을 전문적인 업무로 담당하는 은행원은 "사회적으로 대단한 중요성"을 획득했다.[24]

재정의 국제적인 창출과 금융 배급을 통해서 은행원은 국가경계와 지정학적인 방해물을 뛰어넘는 '상대적으로 정신적인 끈'lien relativement spirituel이 되기를 슈발리에는 기대했다. 자본이야말로 "모든 활동의 신경"le nerf de toute œuvre이라는 앙팡탱의 가르침에 맞장구치면서, 슈발리에는 은행원이야말로 "최상의 지구 착취(개발과 발전)에 가장 적합한 인물"la figure la plus convenable à la meilleure exploitation du golbe이라고 칭송했다.[25] "은행의 방대한 시스템은 육체의 모든 혈관과 수많은 관절에 건강한 영양분을 보급해 지칠 줄 모르는 행동"의 원천이 될 것이기 때문이다.[26] 인류의 '연합', 오리엔트와

---

24) Michel Chevalier, "La Paix Considérée sous Le Rapport des Intérêts," *Le Globe*, 1832년 1월 20일. *Religion Saint-Simonienne. Politique Industrielle et Système de la Méditerranée*, p.107.

25) "10e Enseignement d'Enfantin(1831~12~6)," *OSSE*, Vol. XVI, p.99; Michel Chevalier, "Exposition du Système de la Méditerranée," *Religion Saint-Simonienne. Politique Industrielle et Système de la Méditerranée*, p.131.

옥시덴트의 '평등', 종교와 인종의 '하모니'—이 세 가지 목표를 동시에 구현할 힘을 가진 '산업 자본주의'의 리더십으로 전 세계가 재편성되어야 한다고 슈발리에는 요청했다.

슈발리에가 주창한 '지중해 시스템'은 150년 후에 월러스틴이 제기한 '근대세계체제론'의 예고편 또는 축소판 모형처럼 보인다. 월러스틴이 그의 저서에서 생시몽을 유럽(인종)중심적인 팽창주의 식민주의자로 호명한 것은 다소 과장되었다. 하지만, 서구문명(중심부)-비서구문명(주변부)으로 세계질서를 양분하여 후자를 전자에 종속시킨다는 점에서 닮은꼴이라고 할 수 있다.[27]

슈발리에가 기획한 '지중해 시스템'은 생시몽주의자들의 수에즈운하 계획으로 추진되었다. 1833년 알렉산드리아에 새로운 둥지를 튼 일단의 생시몽주의자들은 프랑스 영사 르셉스Ferdinand de Lesseps를 통해 이집트 총독 무함마드 알리Méhémet-Ali(1770~1849)를 설득하여 수에즈 프로젝트를 성사시키려고 노력했다. 무하마드 알리는 댐 건설은 유럽인이 이슬람 지역을 침략하는 통로가 될 것을 우려하며 반대했다. 생시몽주의 대표 엔지니어 앙리 푸르넬은 외무장관을 설득했지만 성과를 얻지 못했다. 엎친 데 덮친 격으로 1835년 이집트 지역에서 발생한 전염병으로 12명의 생시몽주의자들이 사망하자, 대부분 멤버들은 프랑스로 되돌아갔다.

수에즈운하 건설은 미완에 그쳤지만 생시몽주의자들은 이집트의 근대

---

26) Michel Chevalier, "Exposition du Système de la Méditerranée," in *Religion Saint-Simonienne. Politique Industrielle et Système de la Méditerranée*, p.146.

27) 이매뉴얼 월러스틴, 박구병 옮김, 『근대세계체제 IV: 중도적 자유주의의 승리, 1789~1914년』(까치, 2017), pp.316~317. 이 책에서 월러스틴은 자신보다 먼저 일종의 세계체제론의 초안을 닦은 슈발리에의 '지중해 시스템'에 관해서는 언급하지 않았다.

화에 제도적으로 기여했다. 랑베르Charles Lambert는 1838년 프랑스 모델을 본뜬 에콜 폴리테크니크와 광산학교 등을 세워, 이집트인에게 존경이 담긴 호칭인 "랑베르 나으리"Lambert Bey로 불렸다. 또 다른 생시몽주의자 페롱Nicholas Perron은 카이로 의과대학을 창설해서 병원장으로 취임했다.[28]

생시몽주의자들의 철수 이후에 르셉스는 나폴레옹 3세 부인의 사촌이라는 인맥을 활용하여 수에즈 운하 개통이라는 결실을 1869년 맺었다. 앙팡탱은 그가 생시몽주의자들의 지식재산권을 훔쳤다고 항의했지만, 운하 개막식에 초대받은 생시몽주의자는 한 명도 없었다.[29]

---

28) 생시몽주의자들이 이집트에서 한 상세한 활동에 대해서는 Régnier P., *Les Saint-Simoniens en Égypte, 1833~1851* (Cairo: Banque de l'Union Européenne, 1989) 참조.

29) 생시몽주의자들과 수에즈 운하 건설의 연관성에 관해서는 Georges Taboulet, "Le Rôle des Saint-Simoniens dans le Percement de l'Isthme de Suez," *Économies et Sociétés*, Tome V, #7(Jullet, 1971), pp.1295~1320; Pamela Pilbeam, *Saint-Simonians in Nineteenth-Century France*, p.113 & p.129 등 참조.

III. 에밀 바로: 물질적·육체적 오리엔탈리스트

바로는 생시몽주의자 가운데 가장 대표적인 오리엔탈리스트였다. 생시몽주의 전성기인 1830~1832년 전도사prédicateur로서 이름을 날리던 그는 기관지 『르 글로브』에 오리엔트의 역사, 관습, 도덕 등에 대한 다양한 기사를 투고한 전문가였다.[30] 앙팡탱이 '여성메시아 탐험대'의 책임자로 바로를 지목한 것은 동방에 대한 깊고 넓은 지식 때문이었다.

바로는 24명으로 구성된 탐험대와 함께 1833년 3월 22일에 '라클로랭드'La Clorinde호에 승선하여 마르세유 항구를 출발하여 콘스탄티노플에 도착했다. 그냥 스쳐 지나가는 여행객의 호기심이 아니라, 유럽이 직면한 여러 심각한 문제의 해결책을 구하는 구도자적 입장으로 중동의 역사와 풍습 등을 꼼꼼히 관찰했다. 그 결과물이 『오리엔트에서의 전쟁과 평화』Guerre ou Paix en Orient(1836)와 『오리엔트 2년의 역사』Deux Années de l'Histoire d'Orient(1839~1840) 등과 같은 저작이었다.

중동으로 떠나기 전부터 바로를 사로잡은 오리엔트는 도덕적·육체적으로 자유분방한 이상향이었다. 엄격한 기독교와 달리 융통성 있는 동방의 윤리관과 융합하여 서양의 새로운 도덕적 모델을 수립하는 데 도움을 받을 수 있다고 기대했다. 이런 의도로 바로는 '오셀로'와 '돈 주앙'이라는 문학작품 주인공들의 이름을 빌어 동서양의 도덕관을 비교평가했다.

오셀로가 엄정한 도덕적 의무감에 불타는 유럽의 기독교적 도덕관을

30) Émile Barrault, "La Consécration de la Matière," *Le Globe* (1831년 6월 20일자); "L'Orient et l'Occident," *Le Globe* (1832년 1월 15일자); "Othello-Don Juan," *Le Globe* (1832년 2월 1일, 2월 20일자) 등 참조.

대표한다면, 돈 주앙은 쾌락의 원칙에 따라 멋대로 행동하는 동방적인 도덕관을 대변한다.[31] 변치 않은 충성심을 최상의 도덕률로 생각하는 오셀로가 지속적이며 정신적인 사랑인 플라토닉 러브를 추구한다면, '사랑은 움직이는 거야'라는 연애관을 소유한 돈 주앙은 즉흥적이고, 불규칙적이며, 육체적인 사랑을 갈구한다.

바로는 동서양의 도덕률은 상충되는 것만이 아니라 상호 보완적인 관계로 전환될 수 있다고 진단했다. 오셀로의 정절관념이 돈 주앙의 유연성과 조화를 이룰 수 있다면 개인은 더 이상 성윤리의 포로가 되지 않고 좀 더 풍부하고 흥미로운 삶을 살 수 있을 것이기 때문이다. 종교의식을 신성하게 거행하면서도 동시에 '돈 주앙적인 삶'을 향유하는 이슬람처럼 유럽인도 죄의식 없이 육감적인 사랑을 즐길 수 있다고 그는 기대했다.[32] 바로가 바라보는 오리엔트는 자유연애의 이상향으로서의 핑크 빛 연정戀情의 대상이었던 것이다.

바로에게 주어진 과제이며 중동지역으로 탐험을 떠난 직접적인 목적이었던 '여성 메시아' 찾기는 실패로 귀결되었다. 바로는 1833년 시리아에서 '여성 메시아'의 조건에 맞는 강력한 후보인 에스터 스탠호프Esther Stanhope라는 여성을 만났다. 영국의 유명한 정치인 피트William Pitt의 질녀인 그녀는 50대의 중년 여성으로 동서양의 정치 현안에 깊은 지식을 갖추었다. 또한 그녀는 개방적인 도덕심과 동서양을 횡단하는 깊은 종교적 지식도 겸비했다. 때문에 바로의 눈에는 '여성메시아'의 자격조건에 손색이 없어 보였다. 그러나 실망스럽게도 스탠호프는 생시몽주의자들의 어머니가 될 생

31) Barrault, "Othello-Don Juan," *Le Globe*, 1832년 2월 1일자.

32) Barrault, *Occident et Orient: Études politiques, morales, religieuses pendant 1833~34 de l'ère Chrétienne, 1249~50 de l'Hégyre* (Paris: Desessart, 1835), pp.402~403 참조.

각이 전혀 없었다.[33)]

'아버지' 앙팡탱 옆자리에 '어머니' 자격으로 나란히 앉아 남녀양성을 완성하는 파트너(후보)가 이슬람 하렘에 거주하는 육감적인 여인이 아니라 방랑하는 유럽 출신의 상류층 여성이었다는 것은 아주 재밌는 일화라 하겠다. 즉 생시몽주의 페미니즘과 오리엔탈리즘의 편견이 투영되어 유럽 여성은 지적인 대화 인물로, 이슬람 여성은 육체적 대상으로 인식했던 것은 아닐까?

바로의 이슬람 여정은 여성 메시아 탐색의 실패 이후에도 멈추지 않았다. 여러 측면에서 중동지역의 중요성을 깊이 인식했던 그는 자신의 순례가 "현재 상황을 설명해 주고 미래의 경향에 주의를 요청하는 증언témoignage이 될 것으로 확신했다.[34)] 바로의 예리한 시각에 비친 중동은 '자유와 권위의 원칙'이 충돌하고, 영국-러시아의 군사적인 긴장관계가 상존常存하며, 기독교-이슬람 가치관이 갈등하는 등 모든 문제들이 한꺼번에 교차하는 지점이었다.

서양은 멈춰 버리고 세계사의 움직임은 동방으로 이전되었다.

바로가 '이집트 원정'으로 재발견한 오리엔트 지역은 전 세계의 평화와

---

33) Barrault, "Une Visite à Lady Stanhope," in *Occident et Orient*, pp.358~363 참조. 프랑스 시인이며 정치가인 라마르틴도 그의 중동 여행에서 스탠호프 여사와 면담을 허락받은 드문 행운을 누린 사람 가운데 한 명이었다. 스탠호프 여사에 대한 그의 첫 인상과 소감과 관련해서는 Alphonse de Lamartine, *A Pilgrimage to the Holy Land: Comprising Recollections, Sketches, and Reflections made during a Tour in the East in 1832~1833*(New York: Scholar's Facsimiles & Reprint, 1978), pp.103~116 참조. 원본은 1835년에 출간.

34) Barrault, *Occident et Orient*, 서문 i~ii.

공존이 달려 있는 "살아 있는 딜레마"였다. 전쟁과 평화, 공화정과 세습왕정, 낡은 도덕과 새로운 윤리 등 유럽이 직면하고 있는 각종 문제의 해결점을 제공할 수 있는 세계사의 급소이기 때문이다. 바로가 보기에 7월 혁명 이후의 유럽은 자신이 직면한 문제를 스스로 해결할 수 없을 정도로 국제적인 상호불신과 대결의 장소로 변질되었다. 벨기에와 폴란드에서는 혁명의 불길이 타오르고, 영국과 러시아는 오스만제국을 둘러싼 군사대결에 돌입했던 것이다. 이렇게 분열된 유럽은 더 이상 세계문명의 중심지가 될 수 없고, 그 대신 지정학적인 요충지要衝地로서 중동의 위상이 떠올랐다. 바로의 표현을 빌리면, "서양은 멈춰 버리고 (세계사의) 움직임은 동방으로 이전"되었다.[35]

바로는 "물질주의의 보존자"인 동방의 잠재력에 특별히 주목했다.[36] 세계 물질문명의 기초인 수학의 탄생지 중동 문명을 배움으로써, 형이상학에 여전히 심취하고 있는 병든 서양문명을 회생시킬 묘약을 얻을 수 있다고 그는 생각했다. 이런 희망에 들떠 있는 바로의 눈에는 "높은 산들과 광활한 평원들, 큰 꽃들, 거대한 동물들, 풍부한 햇빛을 가진 하늘" 등 중동의 자연풍경마저도 물질적인 생동감과 풍요로움이 넘쳐 흘렀다.[37] 넓게는 유럽 좁게는 프랑스의 재생再生을 위한 본보기로 삼을 만큼 동방은 "위대함, 고귀함, 그리고 우아함"을 간직한 영토이다. 유럽과 중동의 지도자들이 가슴을 맞대고 협력하여 동서양과는 다른 제3의 문명인 '인간적인 문명'이 주도하는 '신세계'Monde Nouveau를 창조하기를 바로는 고대했다.[38]

---

35) Barrault, *Occident et Orient*, p.2.

36) Barrault, "La Consécration de la Matière," in *Prédications*, p.536.

37) Barrault, "L'Orient et l'Occident," in *Le Globe* (1832년 1월 16일자).

38) Barrault, *Occident et Orient*, p.254 & p.341,

서양의 천재들이 관념의 세계를 관통한다면, 동방의 천재들은 감각적인 세상을 확장한다.

바로는 동방과 서양의 문명은 애초부터 완전히 다른 사고방식에 기원을 두고 발전했다고 파악했다. 서양의 천재들이 "관념의 세계를 관통하기를 욕구한다면" 동방의 천재들은 "감각적인 세상을 확장하는 것을 의도"하고, "서방의 천재들이 모든 것에 대한 원인을 알고자 할 때, 동방의 천재들은 그 결과를 증식시키는 데 관심"이 있다고 동서양 사고방식의 차이를 분별했다.[39]

유럽은 '관념의 세계'monde des idées에 거주하면서 고대그리스 시대에는 많은 철학학파를 낳았고 중세에는 스콜라철학으로 알려진 신학을 집대성함으로써 절정에 도달했다. 이와 달리 동방은 '사물의 세계'monde des choses에 살면서 피라미드와 같은 거대한 물질적 건축물을 건설하면서 물질적으로 풍부한 삶을 영위했다. 이슬람을 받아들인 후에는 일부다처제 등의 제도를 통해 성적으로 만족스러운 '감각적인 세계'monde sensible를 열었다. 그러므로 '사물의 세계'를 건설한 동방과의 교류를 통해 유럽은 '형이상학적인 잠'에서 깨어나 '물질의 복권'復權을 꾀해야 한다고 바로는 역설했다.

바로가 관측한 사상사적인 흐름에 따르면, 프랑스는 18세기 이래 '관념·이론·철학적인 힘'과 '행동·실천·정치적인 힘'이라는 두 개의 상반된 원칙이 교차로 지배해 왔다. 철학의 지배 시기는 볼테르에서 시작하여 미라보에게서 일단락이 되었고, 행동하는 현실정치의 지배 시기는 로베스피에르에서 시작하여 나폴레옹 1세의 몰락과 함께 마감되었다. 나폴레옹의 몰

---

39) Barrault, *Occident et Orient*, p.419.

락 이후 "검劍을 거둔 프랑스는 정치 클럽과 군사 캠프(병영)를 건설하기 위해 미루어 두었던 위대한 책에 대한 공부를 재개再開"했다.[40]

바로의 눈에 비친 부르봉 왕정복고는 행동과 실천을 포기하고 관념과 이론의 시대로 되돌아간 시대착오적인 시기였다. 정치인과 지식인은 이데올로기적인 논쟁과 비생산적인 편 가르기로 낮밤을 지새웠다. 현상유지에 만족하는 '절대(왕정)주의자 오셀로'와 변화하고 혁신하기를 선호하는 '공화주의-아나키스트 돈 주앙' 사이의 치열한 줄다리기가 벌어진 것이다. 바로는 후자가 이겨서 행동·실천·정치적인 힘이 창궐하는 시대로 재진입하는 계기를 1830년 7월 혁명이 마련해 줄 것으로 소망했다.

요약하자면, 1830년대 후반까지 바로의 동양관은 대체적으로 긍정적이며 우호적인 것이었다. 오셀로 인간형과 돈 주앙 인간형이 조합된 새로운 인간형의 모색, 중동의 적극적인 참여에 의한 세계평화의 구현, 서양의 형이상학과 동방의 물질주의가 조화된 새로운 인간문명의 창출이 바로가 희망하던 것이었다. 이와 같은 역사적 과업을 완수하기 위해서는 한쪽이 다른 한쪽을 일방적으로 지배하기보다는, 동서양이 서로에게 관용적이며 개방적인 파트너가 되어야 한다고 바로는 설파했다.

오리엔트는 오리엔트이며, 서양문명의 모방자가 아니다.

오리엔트에 대한 바로의 애정은 타자의 자존심에 대한 존경이 전제된 것이었다. "설사 런던, 파리, 비엔나와 상트페테르부르크의 정부들이 동방에 가장 자비로운 헌장憲章을 부여한다고 하더라도, 솔로몬 왕과 시바 여

40) Barrault, *Occident et Orient,* pp.245~252.

왕은 여전히 항의"할 것이라고 그는 장담했다. 외부로부터의 간섭은 물론 도움마저도 거부할 만큼, 동방은 그 자체로서 고유한 개성과 자립심을 가지고 있기 때문이라는 것이다.

> 동방은 동방이다.L'Orient est l'Orient 유연하지만 지워지지 않는 고유한 자신의 성격을 동방은 가진다. 그것에 서양의 옷을 입히는 것은 몸에 맞지 않는 옷을 입히는 것이다. … 만약 동방이 요즘 서양의 천재들로부터 영감靈感을 구한다면 그것은 모방자copiste, 흉내자imitateur, 풍자작가parodiste, 영원한 초등학생éternel écolier이 되기 위한 것이 아니다. 그것은 오히려 무엇인가를 자신에게 더하고 동방의 독창성을 더 잘 보여주기 위한 행위인 것이다.[41]

"오리엔트는 오리엔트이며 다른 어떤 문명의 복제품이 아니다"라는 바로의 발언은 당대인으로서는 매우 예외적인 다문화주의적인 시각이다. '계몽'과 '문명화 사명'이라는 명분으로 유럽이 강요하는 '맞지 않는 옷'을 단호히 거부할 만큼 동방은 '고유한 자신의 성격'을 가졌다. 유럽문명의 꽁무니를 좇기보다는 "유럽의 도움 없이도 자신만의 적절한 속도에 따라"selon son allure propre 전진해 나갈 수 있는 자부심과 독창력을 겸비했다고 바로는 인정했다.[42]

한 걸음 더 나아가서 그는 이슬람과 아랍인을 한통속으로 취급하지 않았다. 제각기 가진 다른 재능과 다른 문화적 전통을 예민하게 분별하여야

41) Barrault, *Occident et Orient,* pp.250~251.

42) Barrault, *Occident et Orient,* pp.193~194.

한다는 것이다. "아랍인은 그들의 상상력imagination, 터키인은 그들의 훌륭한 판단력bon sens, 페르시아인은 그들의 기지機智(esprit)" 등 다른 민족적인 장점을 가졌다고 관찰했다.[43] 당시 대부분의 서양인이 일본, 중국, 한국을 본질적으로 유사하거나 같은 부류의 동아시아로 오해했다는 점을 상기한다면, 터키와 아랍 그리고 페르시아의 다른 전통을 구별하는 바로의 동방관은 19세기 중반에 한 차원 높은 문화 상대주의적 시각을 보여주는 흥미로운 사례이다.

---

43) Barrault, *Occident et Orient,* p.144.

IV. 생시몽주의 오리엔탈리즘은 식민주의를 준비하는 사상인가?

1825년에서 1850년에 걸친 생시몽주의자들의 오리엔탈리즘의 역사적인 성격을 한 마디로 규정하기는 어렵다. 단순화 또는 전형화의 위험성을 감수한다면, 그들의 동양관은 시간 순서에 따라 아포리에aporie, 유토피아utopie, 식민지colonie라는 세 단어로 요약할 수 있다.[44)]

초반기인 1825년에서 1830년 무렵까지 생시몽주의자들에게 동양은 하나의 '철학적인 난제'難題로 다가왔다. 세계사의 연속적인 스펙트럼 속에서 동양 문명을 어디쯤 위치시킬 것인가? 오리엔트 문명에서 무엇을 배워서 유럽 재생의 발판으로 삼을 것인가? 이런 질문에 대답하기 위한 방편으로 생시몽주의자들은 동양에 대해 '이론적으로' 고민했다. 1833년 이후 일단의 생시몽주의자들이 여성 메시아를 찾아 중동의 사막바람 속을 헤맨 것은 유토피아 단계에 속한다고 판단할 수 있을 것이다.

위와 같은 맥락에서 이슬람 여성과 남녀관계를 바라보는 에밀 바로의 시각에도 유토피아 색채가 스며 있다. 이슬람동방을 기독교적인 관습의 굴레에 얽매이지 않는 자유연애의 이상향으로 부러워하고, 이슬람 일부다처제의 터전인 하렘을 개인생활의 성소聖所로 숭배하는 그의 태도에는 낭만주의 영향이 엿보인다. "바깥세상의 먼지를 문밖에서 털고" 들어와서 여성이 제공해 주는 애무로 사회생활이 안겨준 긴장을 풀고 사적 영역의 안락함과 안정감을 향유할 수 있는 "가정생활의 피난처"이며 "우아한

---

44) Philippe Régnier, "Le Mythe Oriental des Saint-Simoniens," in *Les Saint-Simoniens et l'Orient*, pp.43~44.

감옥"이라고 하렘을 비유했다.[45)]

바로의 이런 감상은 산업혁명으로 가정과 작업장(공장)이 분리되어 전통적인 가족제도가 붕괴할 위기에 직면한 영국의 젠트리 계층이 합창하던 '홈 스위트 홈'Home Sweet Home 정서[46)]를 오리엔트에 투사한 일종의 유토피아적인 오류로 보인다. 동방(이슬람)만이 가진 독특한 문화나 풍습에 기대어 전통적인 일상성을 깨부수려는 19세기 전반기 유럽의 낭만주의 파도가 바로가 통솔하는 '여성메시아 탐험대'에 실려 건조한 중동 사막에도 밀려온 것이다.

그러나 슈발리에가 1832년 초반기에 구상한 '지중해 시스템'은 유토피아적인 산물이 아니었다. 그 반대로, 과거의 세계사에서 습득한 역사적 교훈과 현재 진행형인 정치외교적 사건과 시행착오를 결합하여 제안한 실현가능한 세계질서의 재편성이었다. 철도와 증기선이라는 하드웨어와 자본과 금융 시스템이라는 소프트웨어를 결합하여 지중해를 거점으로 중동-러시아-인도-중국-아메리카를 아우르는 일종의 '지구촌'을 만들자는 슈발리에의 혜안은 20세기 후반 디지털 네트워크로 연결되는 '세계화'로 실현되었다.

또한 그가 '지중해 시스템'에서 제안한 '평화를 추구하는 세계정부'는 유럽연합과 국제연합United Nations으로 일정 부분 구현되었다. 또한 신세계와 구세계를 연결하는 교통망인 수에즈운하는 1869년, 파마나운하는 1914년 건설 완료되었다. 이런 관점에서 되짚어보면, 생시몽주의 담론은 오리엔트와 동양문명을 역사이론과 역사철학의 흐름에 대입하는 동시에 세계사

45) Barrault, *Occident et Orient,* pp.342~343.

46) 이 이슈와 관련해서는 캐서린 홀, 「홈 스위트 홈」, 마셸 페로, 전수연 옮김, 『사생활의 역사 4: 프랑스혁명에서 제1차 세계대전까지』(새물결, 2002) 참조.

적인 정치경제적 시스템 전략과 결합시킨 일종의 지식-권력이었다. 이 점이야말로 당대의 다른 동방·동양관과 구별되는 생시몽주의 오리엔탈리즘의 독창적인 특징이었다.[47)]

다른 한편, 1830년대 생시몽주의자들을 사로잡았던 오리엔트와 동양문명에 대한 사유체제에는 식민주의적 야심이 깃들어 있었을까? 제국주의(자)라는 용어가 근대적 의미로 사용된 것이 19세기 늦은 후반기였다는 점에서 보면,[48)] 생시몽주의자들을 '제국주의 사상가'로 부르는 것은 시대착오적일 수도 있다. 그럼에도 불구하고 많은 생시몽주의자들이 비서구 문명에 대한 우월감을 품고 유색인을 상대적으로 열등한 계몽의 대상으로 간주했다는 점을 지적하지 않을 수 없다. 슈발리에는 오스만제국이 지배하는 중동과 아시아 쪽 터키Turquie d'Asie 지역의 문명적 쇠퇴와 후진성을 다음과 같이 표현했다.

> 오늘 날 그곳에 도시는 흩어졌고 인구는 드물다. 유프라테스 강과 티그리스 강은 잔해décombres와 문화가 없는sans culture 들판 사이를 흐른다.[49)]

세계문명의 발상지 가운데 하나인 옛 바빌로니아 지역은 위대한 고대제국에 대한 슬픈 추억의 달빛만 텅 빈 공간을 비춘다. 이 지역에서 한때 찬란했던 옛 제국의 위엄은 간 곳 없고, 무너진 성곽과 파편만 남은 도시

---

47) Pascal Kaegi, "'L'Orient' dans les Enseignements d'Enfantin et Le Globe," *L'Orientalisme des Saint-Simoniens,* p.113.

48) Barrault, *Occident et Orient,* pp.169~170.

49) Michel Chevalier, "Exposition du Système de la Méditerranée," *Religion Saint-Simonienne. Politique Industrielle et Système de la Méditerranée,* p.144.

에 인적은 드물다. 이곳을 유랑하던 유럽의 시인처럼 슈발리에도 '문화가 없는 텅 빈' 이슬람 땅을 유럽 문명으로 가득 채울 감상에 빠졌을 것이다.

'동방에 우호적인 친구' 바로마저도 유럽인이 오리엔트에 품었던 식민주의적 욕망에서 자유롭지 못했다. "나폴레옹과 그가 이끈 영웅들과 지식인들에 의해 시작된 이집트 운명의 부흥은 … 프랑스에서 온 엘리트 집단의 노력에 의해 계속되고 있다"는 그의 발언에는 '문명의 전도사'로서 생시몽주의자들이 펼친 이집트 근대화 작업에 대한 자화자찬이 묻어 있다.[50] 그리고 나폴레옹을 이슬람의 국가영웅으로 섬겨야 한다는 다음 발언에는 바로의 민족주의적 우쭐함이 드러난다. "아랍인을 깨우고 이집트를 먼지에서 일으켜 세운 사람이 다름 아닌 나폴레옹이기 때문에 … 만약 이집트가 성인聖人을 가진다면 나폴레옹이 그 가운데 한 사람이 될 것이다."[51]

동방에 대한 바로의 호의는 애초부터 조건적인 것이었다. 프랑스의 절박한 이해관계와 예상치 못한 상황변화에 따라서 동방의 이미지는 변덕스럽게 바뀌었기 때문이다. '동방을 동방 그 자체로서 이해해야 한다'는 본인의 입에 발린 말과는 달리 바로는 동방을 유럽과 프랑스의 잃어버린 '분신'分身(alter ego)으로 취급했다. 유럽의 기독교적 도덕관의 경직성을 완화하기 위해 동방의 자유연애를 동원하고, 말잔치뿐인 7월 왕정에 실천적인 활력을 불어넣기 위해 '사물의 세계'에 거주하는 오리엔트의 장점을 끄집어냈던 것이다.

결론적으로, 1830년대에 파리-마르세유-콘스탄티노플-알렉산드리아-카

---

50) Barrault, *Occident et Orient*, pp.169~170.

51) Barrault, *Occident et Orient*, pp.449~450.

이로 등지를 왕래한 생시몽주의자들은 오리엔트 그 자체에 사로잡힌 것이 아니다. 그 얼굴에 투영되는 유럽·프랑스의 '또 다른 얼굴'을 발굴하고자 했던 것이다. 하지만 '평화적 공존'과 '산업적 협력'을 모색한 이 시기의 그들을 식민주의적 제국주의자로 간주하는 것은 조금은 이른 성급한 판단일 수도 있다.

생시몽주의자들의 '동방기획'의 특징을 요약하는 '식민지'라는 세 번째 키워드는 7월 왕정이 아프리카 북단의 알제리를 침입하여 정복한 1840년대 이후에 본격적으로 적용해야 할 개념이다. 생시몽주의자들은 아쉽게 마감된 '이집트 원정'의 기억과 상처를 매만지고 또 다른 미지의 땅인 알제리로 눈길을 돌렸다. 이들이 알제리를 1848년 혁명에서 패배한 노동자와 사회주의자를 위한 '약속의 땅'으로 만들려는 모험과 고난의 이야기가 다음 장의 주제이다.

제9장

알제리의 생시몽주의자들:

이주·식민정책의 3가지 모델

생시몽주의자들이 이집트에서 '수에즈운하' 프로젝트에 한 눈을 팔 때, 그 서쪽 사막 너머에 위치한 알제리는 신생정권인 7월 왕정이 직면한 뜨거운 감자로 부상했다. 일부 개혁주의자는 진보주의와 보수주의 사이에서 '중도'juste milieu를 유지하는 것을 국정지표로 내세운 '시민 왕' 루이 필립의 진정성을 테스트하기 위해 알제리를 호명했다.

일부 보수주의자들은 프랑스혁명의 부정적인 상징이며 가장 급진적인 '공포정치'를 상기시키는 죄인들의 기요틴 처형에 반대했다. 이들은 위험한 장기수 죄인을 알제리로 강제 이주시키는 묘수를 제안했다. 사회 불안과 아나키즘을 선동하던 반정부적인 말썽쟁이들을 멀리 아프리카 북단으로 분리시킴으로써, 국내정치의 안정과 질서를 회복할 것으로 기대했던 것이다.

일부 실용주의자들은 황량한 알제리에 '방목한' 죄인들이 그곳을 비옥한 프랑스 땅으로 개척하여 국가경제 부흥에 기여하기를 바랐다. 영국제국이 왕과 국가에 반역한 죄인과 사형수들을 일꾼으로 보내서 오스트레

일리아 식민지를 건설한 것과 같은 효과를 알제리 건설로 얻을 수 있다고 이들은 7월 왕정을 부추겼다.[1]

부르봉 복고왕정 끝머리에 인기 없는 샤를 10세는 무역 분쟁을 핑계로 1830년 6월 오스만제국의 영토였던 '알제리'를 침공함으로써 권력유지를 위한 최후의 승부수를 던졌다. 수도 '알제'에서 유래한 것으로 추정되는 '알제리'라는 지리적 명칭은 1839년 처음으로 7월 왕정 공문서에 등장하여 사용되기 시작했다.[2] 샤를 10세가 시위를 당긴 군사적인 모험으로 북아프리카에 발을 디딘 프랑스가 알제리가 독립하는 1962년까지 한 세기 넘게 이곳에서 손발이 묶일지는 미처 몰랐으리라.[3]

알제리 침략 불과 한 달 뒤에 발생한 '7월 혁명'으로 샤를 10세는 쫓겨나고 오를레앙 가문 루이 필립이 왕좌에 올랐다. 프랑스대혁명이 남긴 정치적 분열과 사회문제에 골치를 앓던 부르봉 루이 필립 정부가 알제리를 식민지로 삼고자 했던 배경에 대해서는 여러 견해가 있다.

성 아우구스티누스의 출생지인 북아프리카 연안 지역에 대해 프랑스인이 전통적으로 품고 있는 종교적인 향수에서 알제리 식민지화의 동기를 찾기도 한다. 아메리카 신대륙과 카리브 해 등지에 건설한 식민지를 영국제국에 빼앗긴 것을 벌충하기 위해서 프랑스가 해외무역의 중심지를 '신대륙'에서 아프리카를 비롯한 '구대륙'으로 전환했을 가능성도 있다. 그리

---

1) Pilbeam, *Saint-Simonians in Nineteenth-Century France*, p.140.

2) 박단, 「프랑스 내 무슬림 차별 기원으로서의 식민주의 유산−프랑스의 알제리 식민지 동화 정책과 시민권 문제를 중심으로」, 『통합유럽연구』 11~3(2020. 11), p.64 각주 20 참조.

3) 프랑스의 알제리 침략과 식민화 및 독립운동에 대한 개괄서로는 Jeannine Verdès-Leroux, *Les Français d'Algérie de 1830 à Aujourd'hui: Une page d'histoire déchirée*(Paris: Fayard, 2001); René Gallissot, *Algérie: Engagements sociaux et question nationale: de la colonisation à l'indépendance de 1830 à 1962* (Ivry-sur-Seine: Atelier, 2006) 등 참조.

고 "증기선으로 하루 항해로 도달할 수 있는" 알제리가 복고왕정 이후 외교와 군사적인 측면에서 프랑스의 양보할 수 없는 전략지로 떠올랐다는 제국주의적 동기도 과소평가할 수 없다.4)

위와 같은 복잡한 셈법에 따라 루이 필립은 샤를 10세가 물려준 '알제리 문제' 해결을 위해 1831년 '아랍사무국'Bureau arabe을 창설했다. 알제리 원주민에 대한 정보를 수집하여 이들을 효과적으로 통제하려는 목적으로 신설된 '아랍사무국'은 그 후 한 세대 동안 알제리의 군사·외교·식민정책을 실질적으로 통괄하는 권력기관이 되었다. 엘리트 양성소인 그랑제콜 졸업생이 그 주요 구성원이었다. 1844~1870년 사이에 근무한 632명 가운데 64%에 해당하는 403명이 그랑제콜 출신이었다.5)

특히 에콜 폴리테크니크 출신 생시몽주의 추종자들이 아랍사무국의 주류를 이뤘다. 그리고 1837년 출범해 1842년까지 활동한 '알제리 과학위원회'Commission scientifique d'Algérie는 알제리의 자연환경, 정치경제, 종교와 문화 등을 종합적·전문적으로 탐구하는 일종의 정책자문단이었다. 전체 멤버 25명 중 14명이 군 장교였고, 엔지니어, 예술가, 고고인류학자 등으로 구성되었는데 이들 중 6명이 생시몽주의자였다.6)

---

4) 복고왕정에서 19세기 중반에 이르는 기간의 프랑스 정부의 중동지역에 대한 경제적·외교사적 관점의 상세한 서술은 Vernon J. Puryear, *France and the Levant: From the Bourbon Restoration to the Peace of Kutiah* (Berkeley: University of California Press, 1941) 참조.

5) Osama W. Abi-Mershed, *Apostles of Modernity. Saint-Simonians and the Civilizing Mission in Algeria* (Standford: Stanford University Press, 2010), p.80.

6) 앙팡탱, 앙리 푸르넬, 드 느뵈(Edouard de Neveu) 장군, 의사인 바르니에(Auguste Warier), 알제리국립도서관 책임사서와 알제리 역사학회장을 역임한 베르브뤼게르(Louis-Adrien Berbrugger) 등이 생시몽주의자였다. Pamela Pilbeam, *Saint-Simonians in Nineteenth-Century France*, p.210.

생시몽주의자들이 축적한 오리엔탈리즘의 결정판은 식민주의였다. 수에즈운하 건설 실패와 전염병에 쫓겨 프랑스로 되돌아온 생시몽주의자들은 신발 끈을 다시 매고 이번에는 '알제리 프로젝트'에 돌입했다. 국내의 빈곤과 실업문제를 해외 식민지 정복과 건설로 해결하려는 의도였다. 그 밖에도 국내에서 미완성으로 중단된 '보편적 연합'의 해외확장 실험, 오리엔트와 옥시덴트가 합작하는 평화롭고 산업적인 신세계문명 창출, 프랑스혁명의 고귀한 과제인 '문명의 사명' 완수—생시몽주의자들은 아프리카 북단에 위치한 '문화가 없는 텅 빈 공간' 알제리에서 이런 복합적인 과제를 달성하고자 했다.

프랑스 정부가 7월 왕정에서 제2제정에 이르는 40년 동안 펼친 알제리 식민정책의 성격과 주요 프로그램에 관여한 생시몽주의자들의 자취를 따라가 보려는 것이 이 장의 목표이다.

I. 알제리 식민정책의 3가지 모델

1830~1870년 진행된 프랑스 정부의 알제리 정복과 통치정책은 그 변화에 따라 대략 세 단계로 나눌 수 있다. 첫 번째 시기는 대략 1840년까지의 첫 10년으로 군사적 정복기였다. 본국 전쟁성이 임명한 총독Gouverneur Général de l'Algérie이 통치하여 '칼의 레짐'régime de sabre 시대라 불렀다. 1837년의 타프나 협약Treaty of Tafna으로 프랑스는 알제리 전체 영토의 1/3을 확보하여 영토지배의 거점을 마련했다.

두 번째 시기는 1840년대 초에서 1847년까지로 알제리에 대한 과학기술적인 탐사와 인종지리학적인 지식을 축적해서 식민통치를 준비하는 모색기였다. '알제리 과학위원회'가 3년 동안의 현지조사 후에 엮어 출간한 『알제리 과학 탐구』[7]는 '계몽적 제국주의'를 위한 이론적인 토대를 제공했다. 나폴레옹의 이집트 정벌이 수확한 학술적인 전리품인 『이집트 견문록』에 버금가는 알제리에 대한 '지식-권력'의 저수지가 『알제리 과학 탐구』였다.

세 번째 단계는 1848년 혁명 이후에 진행된 프랑스인의 본격적인 알제리 이주와 정착기였다. 소위 '쟁기의 레짐'régime de charrue으로 불리는 이 시기는 1848년 혁명으로 탄생한 제2공화국이 본격적으로 착수한 '정착민 식민화' 단계와 제2제정기에 나폴레옹 3세가 총지휘한 '프랑스-아랍왕국 이중국가' 건설기로 세분할 수 있다.

---

7) 정식 명칭은 *Exploration scientifique de l'Algérie pendant les annés 1840, 1841 et 1842, publié par ordre du Gouvernement et avec le concours d'une commission académique.* 『알제리 과학 탐구』는 총 39권으로 첫 권은 1844년 마지막 권은 1867년 완간되었다.

프랑스 정부가 펼친 알제리 정책의 전체 단계에 적극적으로 개입하여 여론을 주도하고 식민지 개척의 유용성을 홍보한 대표적인 집단이 생시몽주의자들이었다. 알제리 전문 관료에 끼친 생시몽주의의 '이데올로기적인 영향'을 추적하는 것은 북아프리카 정치·사회·문화에 적용된 사상적인 지향성과 시대정신을 이해하는 결정적인 열쇠라는 평가는 과장이 아니다.[8] '자비로운 식민화'colonisation en douceur 또는 '통제된 연합'을 루이 필립에게 제안한 앙팡탱, 제2공화국이 국가 차원에서 착수한 '정착민 식민화'Settler Colonialism를 선도한 에밀 바로, 나폴레옹 3세가 제2제정기에 추진한 프랑스-아랍 연합국가의 철학적 기틀을 제시한 이스마일 위르뱅 등이 대표적인 인물이다.

이들 3명의 생시몽주의자가 각각 대변한 알제리에 대한 이주·식민정책에는, 1830~1870년 시기 프랑스 정부가 선택한 '계몽적 제국주의'의 얼굴이 투영된다. 앙팡탱, 바로, 위르뱅이 때로는 협력하고 때로는 갈등하면서 걸었던 식민주의 노선의 주요 성격과 한계 및 역사적 유산을 좀 더 구체적으로 관찰해 보자.

---

8) Abi-Mershed, *Apostles of Modernity. Saint-Simonians*, p.91.

II. 앙팡탱의 '통제된 연합'

앙팡탱은 이집트 체류 3년을 마감하고 빈털터리 신세로 1837년 귀국했다. 그는 7월 왕정의 가장 시급한 외교 현안으로 떠오른 '알제리 문제' 해결사로 새로운 경력의 돌파구를 삼고자 했다. 그는 7월 왕정과 권력의 끈이 닿는 친척 생시르 뉘그 장군General St-Cyr Nugues의 힘을 빌려 '알제리 과학위원회'의 한 자리를 차지했다. 알제리 원주민에 대한 인종지리학적인 조사를 맡은 앙팡탱은 1840년 현지로 떠나 2년 동안 체류했다. 낯선 그곳에서 이집트 체류의 나쁜 기억을 지우고, 루이 필립을 위해 쓸모 있는 전문가로 변신하고자 노력했다. 『알제리 식민화』Colonisation de l'Algérie가 그 성과물이었는데 5백 쪽 분량으로 1843년 출간되었다.

알제리 식민화는 프랑스인에 의한 원주민 통치와 행정을 의미한다.

『알제리 식민화』에 따르면, 프랑스 정부가 알제리를 마주하고 갖는 선택권은 전멸annihilation, 추방expulsion, 관리administration 3가지이다. 원주민들을 폭력적으로 모두 죽여 버리는 것은 상상할 수도 없다. 이들을 자기 땅에서 내쫓는 것도 인도적이지 않다. 따라서 3번째 옵션을 취해야 한다고 그는 확신했다. 앙팡탱은 자신의 책 제목인 '알제리 식민화'가 갖는 의미를 다음과 같이 설명한다.

나는 알제리 식민은 충분히 많은 유럽인의 이주라는 조건에서만 가능하다고 생각한다. 심지어 나는 전체적인 그리고 최종적인 평화는 이런 조건에서만 가능하다고 생각한다. 상당한 수의 민간인, 농업, 상업 그리고 산업 인구 그리고 예술과 과학 인구의 이주 그리고 그러한 인구가 유입되면 필연적으로 유입되는 예술과 과학의 이동, 이는 가족, 마을, 도시를 구성하는 남성과 여성 인구의 이식이며, 나는 이를 알제리 식민화라 명명한다. 그러나 이 단어는 또한 프랑스에 의한 조직, 다시 말해 도시와 시골에서 프랑스인에 의한 원주민 통치와 행정을 의미한다.[9](강조는 저자)

"알제리 식민화 = 프랑스인의 이주와 정착 = 프랑스인에 의한 원주민 관리와 행정"이라는 간단하고도 명확한 등식을 앙팡탱이 해법으로 제시한 것이다.

앙팡탱이 『알제리 식민화』에서 주창한 알제리 관리를 위한 기본설계와 실행계획을 요약하면 다음과 같다.[10] ① 각 이주 가정은 집과 농토 같은 사유재산을 갖지만, 개인주의가 아니라 협동적·연합적인 공동체 구성과

9) 양재혁, 「제3공화국 이전 프랑스의 알제리 '연합' 식민 정책에 대한 소고」, p.274 재인용; Pilbeam, *Saint-Simonians in Nineteenth-Century France*, p.145 재인용; Barthélemy-Prosper Enfantin, *Colonisation de l'Algérie* (Paris: P. Bertrand Libraire, 1843), pp.10~11.

10) 『알제리 식민화』의 주요 논점과 내용 요약은 Marcel Emerit, *Les Saint-Simoniens en Algérie* (Paris: Société d'édition "les Belles lettres," 1941); Philippe Régnier, "Le Colonialisme est-il un Orientalisme? À Propos d'Enfantin et de son Essai sur la Colonisation de l'Algérie (1843)," in Levallois & Moussa eds., *L'Orientalisme des Saint-Simoniens*; 양재혁, 「제3공화국 이전 프랑스의 알제리 '연합' 식민 정책에 대한 소고—바르텔르미 앙팡탱(Barthélemy Enfantin)의 알제리 식민 이론을 중심으로」 등을 참조했다.

운영을 지향한다. ② 민간인이 주도하는 식민지 개발을 원칙적으로 지지하지만, 질서가 정착될 때까지 군사적인 명령-복종체계에 입각해서 공동체를 관리한다. ③ 일종의 '계몽적 독재'를 동원하여 프랑스 이주민의 보호와 이익 및 토착민의 '문명화'를 동시에 달성하여 영구적 평화와 산업주의라는 생시몽주의를 구현한다.

이런 목표를 성공적으로 달성하기 위해서는 프랑스 문명의 단점과 원주민의 시대착오적인 전통에 대한 개혁이 쌍방향적으로 동시에 수행되어야 한다고 앙팡탱은 강조했다. 그에 관찰에 따르면, 프랑스 근대문명은 개인주의에 입각한 가족중심주의라는 일종의 "가장 편협한 사회 상태"le plus petit état social에 머물러 있다. 반면, 이슬람은 개인이 아니라 부족의 이익과 연대를 우선시하는 "미덕을 이미 소유한 작은 사회"이다. 이런 양자의 근원적인 차이와 한계를 인정하면서 더 높은 문명의 단계로 함께 전진하도록 알제리가 운영되어야 한다고 앙팡탱은 생각했다.[11)]

예를 들면, 알제리 원주민들이 오랫동안 간직해온 토지의 공유개념을 존중하면서도, 그 지역에 도로와 철도 같은 인프라를 건설하고, 농업 공동정착촌의 성과에 따라 토지를 개인적으로 재분해하여 소유하도록 조정할 수 있다. 원주민과 이주민이 평화롭게 공존하면서, 각 문명권의 장단점을 교환하여 동반 발전하는 것이야말로 7월 왕정의 모토인 '중도'의 실현이라고 앙팡탱은 믿었다.

11) Verdès-Leroux, *Les Français d'Algérie de 1830 à Aujourd'hui*, p.226.

위대한 국가 프랑스에게 알제리는 우리 시대의 가장 크고, 가장 국가적이며, 가장 인간적인 질문이다.

앙팡탱이 『알제리 식민화』에서 스케치한 청사진은 이주민과 원주민의 공동번영을 추구한다는 측면에서 보면 '자비로운 식민화'처럼 보인다. 그러나 그 속내를 들여다보면 생시몽주의자들이 약속한 '보편적 연합'의 반쪽짜리에 지나지 않는 '통제된 연합'에 더 가깝다. 앙팡탱이 알제리 문제의 중요성을 프랑스 국민들에게 홍보하고 정부의 정책입안에 영향력을 행사하려는 의도로 1843년 12월에 창간한 『알제리: 아프리카, 오리엔트, 지중해 통신』L'Algérie, Courrier d'Afrique, d'Orient et de la Méditerranée에 '계몽적 제국주의'의 모습이 스며 있다.

한 달에 다섯 차례 1846년 7월까지 간행된 이 매체는 당시 알제리 식민지 소식을 전적으로 다루는 파리의 유일한 매체였다. 앙팡탱은 "알제리에서의 프랑스 정치는 무엇보다 먼저 실증적이며 자비로워야positive et généreuse 한다"고 창간목적을 밝혔다. 그리고 '위대한 국가 프랑스'에 걸맞은 영토와 민족의 확장, 국력과 제도의 확장이라는 중차대하고 어려운 과제가 달려 있는 알제리는 "우리 시대의 가장 크고, 가장 국가적이며, 가장 인간적인 질문"이라고 강조했다.12)

앙팡탱은 『알제리 식민화』에서 초안을 제시한 몇 가지 기본방침을 『알제리: 아프리카, 오리엔트, 지중해 통신』에서 좀 더 명시적으로 서술했다. 프랑스 국가가 주도적으로 견인하는 식민화, 식민화 예비 작업인 대규모

---

12) Michel Levallois & Philippe Régnier ed., *Les Saint-Simoniens dans l'Algérie du XIXe Siècle: Le Combat du Français Musulman Ismaÿl Urbain* (Paris: Riveneuve édition, 2016), pp.427~428.

공공사업에 군대를 동원하는 관리감독, 원주민 자치 운영을 점진적으로 '프랑스 지도자'chefs français에게 종속시키는 것 등이었다. 이런 원칙에 입각하여 "알제리 토지를 개발"exploitation du sol algérien함으로써 식민화와 문명화를 동시에 실현할 수 있다고 앙팡탱은 결론지었다.13)

제1단계인 '칼의 통치' 기간에는 알제리에 거주하는 유럽인의 인구가 본국에서 건너온 프랑스 이민자보다 훨씬 많았다. 1831년 알제리 거주 유럽인이 1,998명인 반면 프랑스 민간인은 1,230명에 불과했다. 1836년에는 유럽이주민이 9,076명, 프랑스 민간인은 그 절반을 약간 넘는 5,485명이었다. 7월 왕정이 1842년부터 착수한 식민지 이주정책에 힘입어 1844년 처음으로 유럽이주민 37,221명을 초과하는 38,646명의 프랑스 이주민이 알제리에 거주했다.

그 후 흉년과 전염병, 원주민과의 갈등 같은 복합적인 요인으로 프랑스 초기 이주자들이 본국이나 북미 아메리카로 떠났기 때문에, 유럽이주민 숫자가 다시 더 많아졌다. 1848년 혁명을 고비로 프랑스 이주민은 63,549명으로 급증하여 유럽이주민 51,561명을 다시 넘어섰다.14) 이런 인구 추세는 제2공화국이 종결되는 1851년까지 지속되었다. 1848년 혁명 이후에 알제리에 어떤 새로운 바람과 정책적인 변화가 있어서 유럽인 대 프랑스인 인구 비율이 역전된 것일까?

1848년 혁명으로 탄생한 제2공화국은 알제리를 임시방편적인 군사적

---

13) *Les Saint-Simoniens dans l'Algérie du XIXe Siècle*, p.430.

14) 1830~1851년 사이 프랑스 이주민을 포함한 유럽이주민 통계는 Jennifer E. Sessions, *By Sword and Plow: France and the Conquest of Algeria* (Ithaca: Cornell University Press, 2011), p.217 도표 3 참조. 1836~1861년 기간에 알제리에 정착한 유럽이주민과 프랑스 민간인 이주민의 통계에 대한 상세한 정보는 도표 6.1 참조. Abi-Mershed, *Apostles of Modernity*, p.172.

점령지가 아니라 '프랑스의 일부'로 선포했다. "알제리와 여러 식민지 영토는 프랑스 영토"라고 헌법에 규정함으로써 '프랑스령 알제리'가 되어, 알제Alger, 오랑Oran, 콩스탕틴Constantine 3개의 도道(Département)로 분할되었다. 본토 행정단위의 일부로 편입된 알제리 이주민은 남자 보통선거에 의한 4명의 제헌의원을 선출할 수 있었다. 공화국 임시정부가 국민작업장을 해체한 조치에 반발해서 발생한 '6월 봉기'의 불똥이 마침내 멀리 아프리카 북단 알제리까지 번진 것이다.

임시정부는 갑작스럽게 실업자가 된 10만 명 이상의 노동자와 이에 폭력적으로 항의하다가 체포된 1만 4천명의 과격주의자들의 처리문제에 골머리를 앓았다. 이런 위기 순간에 알제리는 구원의 땅으로 다가왔다. 이들 불순분자들을 '희망의 땅'인 프랑스령 알제리로 이주하여 '인생 역전'의 기회를 마련해 주는 데 앞장섰던 인물이 '위대한 봉기의 3일'을 무참하게 진압한 카베냑Louis-Eugène Cavaignac(1802~1857)이었다. 1789년 프랑스혁명의 좌파 영웅의 아들이며 공화주의자였던 그는 자신의 과오를 속죄하도 하듯이, 파리 시내를 돌면서 알제리 이민을 권유·홍보하는 거리연설에 직접 나섰다.

카베냑은 6월 봉기를 진압하는 데 소요된 경비의 10분의 1만 알제리에 투자해도 1년 동안 프랑스 이민 가족에게 집과 식량, 토지와 가축을 제공할 수 있다고 의회를 설득했다.[15] 입헌의회는 식민지 부락villages de colonisation 건설을 위한 예산 5천만 프랑을 가결하여, 향후 3년간 10만 명의 실업자를 알제리로 '송출'하는 데 동의했다.

15) Pilbeam, *Saint-Simonians in Nineteenth-Century France*, p.158.

알제리에서 화약과 총검으로 해야 할 일은 완료되었고, 식민지 업무의 종결은 이제 괭이와 쟁기에 달려 있다.

•

마침내 1848년 10월 선발대가 파리를 출발했다. 선발된 사람의 대부분은 문자해독 능력이 있는 숙련된 기능공과 사회주의 동조자였고, 농업경작 경험자는 소수에 불과했다. 7월 왕정이 알제리 이민을 적극적으로 장려한 1840년대 초반의 이주민 인구구성 비율과 비슷했다. 구체적으로 따져보면, 1841~1845년 사이에 알제리로 떠난 총 9,702명 가운데 숙련 기술자가 3,619명이고 막노동자는 3,464명으로 이들을 합치면 전체 이주자의 73%였다. 농업종사자는 20% 수준인 1,939명이었고, 상인, 사무직과 서비스업 종사자가 나머지를 차지했다.[16]

직업의 차이에도 불구하고 이들 모두는, 소수의 투기꾼을 제외하면, 가난과 굶주림을 못 이겨 아프리카 북단으로 내몰린 프랑스로부터 '추방당한 자'라는 공통점을 갖는다. 센 강에서 배를 타고 미지의 아프리카로 떠나는 선발대를 환송하는 삼색기 물결과 라마르세예즈 연주·노래가 베르시Bercy 강둑을 수놓았다. 바스티유 감옥을 탈취하여 부르봉 왕가를 무너뜨리고 제1공화국의 새벽을 열었던 영웅의 후예들이 프랑스혁명의 기억과 영광을 계승하여 '프랑스령 알제리'에서 그 혁명의 불꽃을 다시 지피기를 기원한 것일까.

알제리 총독 출신이며 카베냐의 뒤를 이어 제2공화국 국방부 장관으로 임명된 라모리시에르Louis Juchault de Lamoricière(1806~1865)는 환송회에서 선발대에게 다음과 같이 당부했다.

16) Sessions, *By Sword and Plow*, p.299. 도표 7.

> 프랑스가 많은 경비와 피를 뿌려서 정복한 땅을 조국에게 돌려주는 것이 당신들에게 달려 있다. 힘으로 시작한 과업을 완성하는 것은 이제 당신들의 지적이며 문명적인 노동에 달렸다. 알제리에서 화약과 총검으로 해야 할 일은 완료되었고, 그 업무를 종결하는 것은 이제 괭이와 쟁기에 달려 있다.[17)]

자신이 알제리에서 지휘한 '아프리카 군대'Armée d'Afrique가 목숨을 걸고 지킨 땅을 비옥한 농토로 경작하는 것이 조국에 대한 신성한 빚을 갚는 것이라고 라모리시에르는 엄숙히 선언했다. 프랑스혁명의 구호인 '형제애'fraternité를 알제리 땅에서 이주자들이 사이좋게 노동함으로써 이어갈 의무가 있다고 그는 덤으로 부탁했다.

선발대는 뱃길로 아를Arles에 도착하여, 기차로 옮겨 타서 마르세유에 도달했고, 다시 항구에서 증기선으로 갈아타고 5일 걸려서 알제리 오랑Oran에 도착했다. 선발대를 통솔하여 이들의 긴 여정을 안내한 사람이 에밀 바로였다. '여성메시아 탐험대' 대장으로 이집트를 헤매던 그는 어떻게 하여 알제리 식민지 선발대의 향도가 되었을까? 이런 궁금증을 해소하기 위해 그의 행적을 시간을 거슬러 따라가 보자.

---

17) Sessions, *By Sword and Plow*, pp.322~323. 재인용.

III. 에밀 바로와 정착민 식민주의

제4장에서 보았듯이, 바로는 1848년 혁명의 본질을 '노동자 혁명'으로 인식하고 『노동자의 경종』을 창간하여 이들의 권리신장에 앞장섰다. 국민작업장의 해체와 6월 봉기의 실패는 그가 저널리스트가 아닌 현실참여 정치인으로 변신하는 결정적인 계기가 되었다. 새로운 일자리를 창출할 수 있는 "대규모 작업의 조직이 대중의 소란을 달래는 유일한 수단"이라고 확신한 바로는 노동자의 알제리 이주를 긴급한 현안으로 추진했다.

> 싸우기 좋아하는 프랑스 노동자들에게 알제리는 무료 작업장과 망명의 토지를 제공해 줄 것이다.

바로는 유명한 은행가이며 생시몽주의에 우호적이던 로스차일드Jacob Rothschild(1792~1868)에게 "프롤레타리아와 부르주아지의 연합을 위한" 알제리 식민화를 후원해 줄 것을 간청했다.[18] 바리케이드 반대편에 섰던 '어제의 적' 카베냑에게도 노동자의 알제리 이주가 프랑스에 가져다 줄 혜택과 유용성을 설명하는 편지를 보냈다. "싸우기 좋아하는 벌떼(프랑스 노동자)"에게 알제리는 "무료 작업장"과 "망명의 토지"를 제공해 줄 것이기 때문에 이주계획은 모두에게 혜택을 가져올 것이라고 그를 설득했다.[19]

18) Barrault, "Lettre à M. Rothschild," 1848년 8월. Microfiche #35938, Goldsmiths'-Kress Library of Economic Literature, Segment II: Printed Books, 1801 ~ 1850 참조

19) Barrault, "Algérie! Algérie! Lettre au Général Cavaignac," Microfiche #35938, Goldsmiths'-Kress Library.

프랑스 노동자의 반항적인 에너지와 전투적인 호전성은 알제리에서 새로운 보금자리와 일자리를 위한 생산적인 열정으로 바뀔 것이다. 북아메리카의 영국 청교도 사례에서 보듯이, 알제리라는 해외 식민지 개척은 모국을 경제적으로 더욱 부강한 나라로 만드는 데 기여할 것이다. 이렇게 바로는 카베냑에게 호소했다.

카베냑의 후원으로 임시정부가 노동자의 알제리 이주를 허락했을 때, 바로는 망설임 없이 그 행렬에 동참했다. 그는 약 1천명의 프랑스 노동자와 함께 11월 9일에 알제리에 도착했다. 생시몽주의자로서 동방순례 이후 약 10년 만에 다시 아프리카 북단에 발을 디딘 것이다. '여성메시아 탐험대'를 이끌고 중동지방을 낭만적으로 순례하던 과거와 달리, 이번에는 프랑스 노동자에게 생존의 터전을 마련해 주어야 할 절박한 과업을 두 어깨 위에 걸머졌다. 이스라엘 백성을 '꿀과 젖이 흐르는 땅'으로 인도하는 모세처럼, 자신도 알제리를 "선택된 사람 다시 말하면 사회주의자를 위한 약속의 땅"으로 만들겠다고 굳게 다짐했다.[20)]

그러나 6월 봉기에서 보인 바로의 선동적인 행동에 의혹을 가진 알제리 주재 프랑스 관료들은 그가 또다시 노동자 문제에 참견하는 것을 달가워하지 않았다. 본인이 몸소 농사를 짓는다는 조건으로 바로는 간신히 60헥타르의 토지를 양도받아 움막을 짓고 올리브 나무를 심었다. 농업 이주민으로의 변신은 '사회주의자의 선택받은 땅인 알제리'에서 펼치려는 그의 야심과는 거리가 멀었다. 알제리로 이주한 파리 노동자들이 일종의 '농업적인 국민작업장'을 개척하는 데 열중하는 것을 보고, 이는 프랑스 농민들

---

20) "Arlès에게 보낸 바로의 편지"(1848년 11월 14일). Emerit, *Les Saint-Simoniens en Algérie*, p.163 재인용.

에 대한 복수라고 바로는 생각했다. 고귀한 보통 투표권을 값싸게 행사하여 루이 나폴레옹을 제2공화국 대통령으로 뽑은 반동적인 프랑스 농민에 대한 "통쾌한 복수"라고 자조自嘲했던 것이다.[21]

'학문으로 늙은이'라고 자칭하기를 즐겼던 바로가 머리로만 쌓아올린 자신감은 알제리 체류 3개월이 채 지나가지도 않아 좌절감으로 변했다. 육체적·재정적 어려움에 봉착한 바로는 생시몽주의 친구들에게 도움의 손길을 청했다. 하지만 옛 동료들은 냉담하게 돌아섰다. '아버지' 앙팡탱이 바로가 알제리에서 벌이고 있는 사업을 비현실적인 프로젝트라고 비난했기 때문이었다. 자신의 "파문破門을 교환조건"으로 내건 마지막 요청마저도 앙팡탱이 거절하자, 바로는 참을성을 잃었다. 라마르틴이나 카베냑 같은 정치인에게는 아양과 교태를 보내면서, 제자이며 동료인 자신의 요청을 인색하게 거절하는 앙팡탱의 이중성에 그는 모멸적인 배반감을 느꼈다. '1848년 혁명에 의해서조차도 구제받지 못한' 앙팡탱이 이제는 제 발로 걸어가서 '부르주아의 포로'가 되기를 자청하고 있다고 바로는 인신공격을 서슴지 않았다.[22]

앙팡탱이 바로의 알제리 프로젝트를 달갑게 여기지 않은 데는 이유가 있었다. 그는 "모든 조직은 위로부터 형성되어야 한다"는 신념을 가지고 있었다. 정부와 권력층의 지지를 받지 못하는 공동체는 "(생시몽주의자들이 이전에 헛되이 시도했던) 메닐몽탕이 그랬듯이 임시적이고 고립된 조직, 즉 사회 바깥에 존재하는 사회"라고 부정적으로 봤다.[23] 더구나 바로

21) 바로 일행의 알제리 정착과정에 대한 상세하고 사실적인 서술은 Emerit, *Les Saint-Simoniens en Algérie*, p.160~163 참조.

22) "바로가 앙팡탱에게 보낸 편지(1848년 12월 30일)," 재인용. Emerit, *Les Saint-Simoniens en Algérie*, p.165.

가 건설하려는 협동촌은 산업 중심적인 생시몽주의 모델에 충실한 것이 아니라, 경쟁자인 푸리에Charles Fourier가 주창한 농업중심적인 팔랑스테르를 더 많이 모방한 것이 아닌가![24]

자신의 청사진을 '메닐몽탕 시절 괴팍성의 재판再版'으로 폄하하거나 '푸리에주의 앞잡이'로 매도하는 앙팡탱을 향한 바로의 분노는 1849년 봄에 절정에 달했다.

> 당신(의 사상)은 루이 필립 수준의 사회주의일 뿐이다. … 생시몽이 (살아난다면) 당신을 때려주고 싶을 정도로 당신은 도덕적인 자살을 감행했다.[25]

이처럼 바로는 앙팡탱에게 직격탄을 쏘았다. 옛 스승에게 도덕적인 사망을 선고한 바로의 선언은 한 세대 이상 지속되던 동료 생시몽주의자로서의 우정, 믿음, 존경심이 종결되었음을 의미했다. 바로는 이제 '서툰 농부로 굶어 죽느냐, 굴욕적인 패배자로 프랑스로 되돌아가느냐' 하는 막다른 골목에 몰렸다. 바로가 던진 마지막 승부수는 제헌의원 입후보였다.

불행 중 다행으로 타고난 웅변가인 바로는 또 다른 생시몽주의자인 라모리시에르와 함께 당선되었다. 알제리를 대변하는 4명의 제헌의원 가운데 절반이 생시몽주의자로 뽑힌 것이다. 본국의 제헌의원들은 바로를 환영하지 않고, "콘스탄티노플로 자유부인을 찾으러 꺼져라!", "생시몽주의

23) "앙팡탱이 바로에게 보낸 편지(1849년 1월 2일)," *OSSE* Vol. 12: pp.119~120.

24) Emerit, *Les Saint-Simoniens en Algérie*, p.164.

25) "바로가 앙팡탱에게 보낸 답장(1849년 4월 15일)," in Emerit, *Les Saint-Simoniens en Algérie*, pp.165~166 재인용.

는 하나의 웃음거리였을 뿐이다!"라고 야유했다. 자신이 그토록 경멸하던 정치세계에 입문한 바로는 주눅이 들지 않고 생시몽주의 시절이 "내 인생의 가장 아름다운 시간"이었으며 자신은 "사회사상의 첫 번째 사도 가운데 한 사람"이었다고 자랑스럽게 회고했다.[26] 동료의원들은 그를 생시몽주의 패잔병으로 야유했지만, 바로는 생시몽주의 전통을 끝까지 수호한 마지막 생존자로서의 자부심을 잃지 않았다.

입법의원으로 변신한 바로는 세 차례에 걸친 의회연설을 통해 알제리 식민지 건설에 필요한 재정확보와 정책적 지원의 필요성을 역설했다.[27] 1849년 12월 19일에 행한 의회 첫 연설에서 바로는 지난 수 십 년 동안 프랑스의 알제리 식민화 작업은 꾸준히 진전했다고 보고했다.[28] 1830년 이후 3천 9백 헥타르의 땅이 개간되었고, 76만 6천 그루의 나무가 식목되었다. 1만 1천 명의 프랑스 식민주의자를 포함해서 모두 10만 명의 주민이 알제리에 정착했다. 또한 프랑스의 알제리 수출규모가 1848년의 4천 5백만 프랑에서 1849년에는 5천 1백만 프랑으로 증가했다. 이런 통계숫자들은 두 지역의 뗄 수 없는 밀접한 관계를 입증해 주며, 알제리가 프랑스의 일급 식민지로 발전할 수 있는 잠재력을 보여준다고 바로는 강조했다.

그리고 그는 유목민인 아랍인과 달리 알제리인은 선천적으로 토지와 가깝게 지낸 정착민에 더 가깝기 때문에 농부로서 훈련시키기에 쉽다고 동료의원들을 설득했다. 그뿐만 아니라, "프랑스 노동자에게 일당日當

---

26) *Moniteur Universel* (Paris: Panckoucke, 1851), p.2783.

27) 1850년 12월 19일, 1851년 7월 10일, 1851년 11월 7일 등 세 차례에 걸친 바로의 연설 내용에 대해서는 *Moniteur Universel*, p.2783ff, p.3466ff 참조.

28) "Discours prononcé par Barrault dans la discussion du projet de loi tendant à régler le régime commercial en Algérie," *Moniteur Universel*, pp.3646~3647.

3~3.5프랑을 지급한다면, 토착민에게는 1~1.2프랑을 지급할 수 있다"는 장점도 있다고 했다.[29] 알제리 원주민이 보장해 주는 '양질良質의 저렴한 노동력'을 이용하여 목화농장이나 탄광개발 등을 장려해야 한다고 바로는 제안했다.

바로는 알제리에 대한 정치경제적인 식민정책은 '문화적·정신적 식민화'로 후원되어야 한다고 덧붙였다. 문화적 식민주의라는 '물'이 전제되지 않으면, 정치·경제적인 식민주의라는 이름의 '물고기'는 생존·성장할 수 없다는 견해였다. 바로의 진단에 따르면, 1848년 혁명 이후에 유럽을 휩쓸고 있는 민족주의 열기에 알제리 사람은 다행스럽게도(!) 전염되지 않았다. 때문에 이들을 우월한 프랑스 문명으로 순화·계몽시키기에 거리낄 것이 없다는 것이었다. "아랍 민족이란 존재하지 않고 상호 분열된 아랍 종족들만이 존재할 뿐"이며, "이슬람인은 국가를 조직할 능력을 가진 적이 한 번도 없고 종족을 조직할 만한 능력을 가졌을 뿐이다."[30]

바로는 동화정책이야말로 정착민 식민주의의 성공을 보장하는 관건이라고 확신했다. 만약 알제리 원주민을 '프랑스식의 사고방식과 생활관습'으로 동화시키는 데 실패한다면, 프랑스 정부의 권위와 정책에 순종시키는 것도 자동적으로 불가능하다고 바로는 생각했다.

> 항상 그래왔던 것처럼 우리가 정복한 사람을 우리의 관습, 습관, 법률, 문명과 통합시키려고 오늘날에도 우리는 노력한다. 여러 식민지 국가들 가운데 프랑스가 영광의 명성을 획득하는 길은 이런 방법을 통해서만이

---

29) *Moniteur Universel*, p.3646.

30) *Moniteur Universel*, p.3467.

가능하다.[31)]

오호라, 거친 알제리 땅에서 농업이주자로 살아가는 어려움은 1830년대 중후반 이집트에서 문화 상대주의를 표방하던 바로를 '문화 식민주의자'로 변신 또는 단련시켰구나. 원주민의 값싼 노동력을 이용한 경제적 수탈, 원주민의 자치능력의 부재, 원주민에 대한 문화적 동화정책의 정당성-이런 신념을 가진 입법의원 바로는 '정착민 식민주의'의 옹호자이며 실천자가 된 것이다.

콩스탕틴 제헌의원이며 정착 이민자로서의 바로의 경력은 갑자기 마감되었다. 국민투표로 제2공화국 대통령에 선출된 루이 나폴레옹이 1851년 12월에 쿠데타를 일으켜 제2제정을 출범시켰기 때문이다. 나폴레옹의 쿠데타를 '비극적인 익살극'이라고 야유하고, 그를 '자유를 훔친 도둑'으로 공개 고발했던 바로에게는 설 자리가 없는 정치적 겨울이 온 것이다.

제2공화국의 붕괴 이후에도 알제리의 목화산업 육성에 대한 미련을 버리지 못한 그가 엔지니어 출신인 동생(Alexis)과 함께 사업을 후원해 줄 것을 간청하는 청원서를 나폴레옹 3세에게 보냈지만,[32)] 철저히 외면당했다. 수면 밑으로 잠겨버린 에밀 바로를 대신해서 생시몽주의의 알제리 프로젝트를 이어 받은 인물이 이집트 시절 동료였던 위르뱅이었다.

---

31) *Moniteur Universel*, p.3467.

32) Émile & Alex Brrault, *Mémoire à sa Majesté Napoléon III, à l'appui de projet de colonisation de la compagnie des cotons d'Afrique* (Paris: Lanour, 1853) 참조.

IV. 이스마일 위르뱅과 프랑스-아랍 이중왕국

이스마일 위르뱅Thomas Ismaÿl Urbain(1812~1884)은 제2제정 정부의 알제리 정책에 가장 큰 영향을 끼친 인물 가운데 한 명이다. 그는 '아랍 전통과 공존하는 식민주의를 주창한 최초의 프랑스 사람'[33]으로서 '프랑스-아랍 이중왕국'을 꿈꾸던 나폴레옹 3세와 가까운 식민지 자문관이었다.

위르뱅은 마르세유 출신으로 1803년 프랑스령 기아나Guyane로 건너와 상인으로 일하던 아버지와 해방 흑인노예인 어머니 사이에서 사생아로 태어났다.[34] 8세 때 아버지와 함께 마르세유로 돌아와 프랑스 교육을 받은 그는 청년기인 1830년을 전후로 생시몽주의와 접촉했다. 백인과 '유색인'homme de couleur 사이의 결혼을 금지한 당시 민법에 따라 '아버지를 아버지라고 부를 수 없었던' 위르뱅은 생시몽주의 '교회'가 약속하는 인류교의 품안에서 새로운 정체성을 찾았다.

위르뱅은 생시몽주의자이며 인종학자인 귀스타브 데슈탈Gustave d'Eichthal을 멘토로 모시며 수년 동안 편지를 왕래하면서 가르침을 받았다.[35] 또한

---

33) Pilbeam, *Saint-Simonians in Nineteenth-Century France*, p.137; Philippe Régnier, "Urbain journaliste et publiciste engagé: l'œuvre d'un défenseur masqué," in Levallois & Régnier ed., *Les Saint-Simoniens dans l'Algérie du XIXᵉ Siècle,* p.401.

34) 위르뱅에 대한 전기물로 Michel Levallois의 2부작 *Ismaÿl Urbain, une autre conquête de l'Algérie* (Paris: Maisonneuve et Larose, 2001) & Ismaÿl Urbain, *Royaume arabe ou Algérie franco-musulmane?* (Paris: Riveneuve, 2012) 참조.

35) Katarzyna Papiez, "Penser la colonisation ou la refuser? La correspondance algérienne d'Ismaÿl Urbain avec Gustave d'Eichthal (1837~1839)," in *Les Saint-Simoniens dans l'Algérie du XIXᵉ Siècle*, pp.69~78; 양재혁, 「이스마일 위르뱅의 동양 관련 담론 연구」, 『서양사론』 144(2020. 3), pp.145~149 참조.

자신의 처지와 비슷하게 프랑스령 마르티니크Martinique에서 프랑스 상인 아버지와 크레올créole 어머니 사이에서 태어난 노예폐지론자 쥘 르슈발리에Jules Lechevalier와도 교류했다. 위르뱅은 1833년 "우리는 모두 보편적인 종교(생시몽주의)의 사제"라고 고백함으로써 생시몽주의를 공개적으로 '영접'했다.[36]

위르뱅은 자신의 오리엔트 뿌리를 찾아 생시몽주의자들의 이집트 원정에 합류했다. 1834~1836년 프랑스어 교사로 이집트에 체류하면서 아랍어를 배우고 이슬람 종교에 스며들었다. 그는 가톨릭과 생시몽주의를 버리지 않고 1835년 이슬람으로 '개종'하여 기독교와 이슬람의 조상이며 아브라함의 서자였던 '이스마일'이라는 새 이름으로 다시 태어났다. 1837년에는 생시몽주의자들의 추천으로 알제리로 건너가서 프랑스 식민정부의 공식 통역관으로 채용되어 고위층과 긴밀한 관계를 구축했다.

위르뱅은 1840년 알제리 여성과 결혼하고 이슬람 관습을 존중하고 이슬람 전통복장을 즐기는 '아랍애호주의자'Arabophile가 되었다. 그는 부르주아 남성 백인이 주류를 이루던 생시몽주의자들 가운데 매우 예외적으로 '이슬람-유색인종'이었다. 자신의 출생적인 약점을 오히려 장점으로 살려 프랑스인이 이슬람에 대해서 품고 있는 편견과 부정적인 시각을 바로잡고, 종교개혁을 일으킨 루터처럼, 나쁜 이슬람 풍속을 단속하는 개혁가가 되겠다고 위르뱅은 다짐했다.[37] 이를 위해 그는 『르탕』Le Temps(1836~1837), 『토론신문』Le Journal des Débats(1837~1884), 앙팡탱이 창간한 『알제리: 아프리카,

36) Michel Levallois, "L'islam d'Urbain: le croyant, l'apologiste et le conseiller," *Les Saint-Simoniens dans l'Algérie du XIXe Siècle*, p.147. 각주 1.

37) Roland Laffitte, "Le Regard d'Ismaÿl Urbain sur l'Islam," *Les Saint-Simoniens dans l'Algérie du XIXe Siècle*, pp.191~192.

이스마일 위르뱅

위르뱅은 마르세유 출신 프랑스인 아버지와 해방 흑인노예인 어머니 사이에서 사생아로 태어났다. 그는 자신의 출생의 장점을 살려 프랑스와 이슬람의 가교가 되고자 했다. 나폴레옹 3세는 자신이 추진한 알제리 통합정책의 성과를 확인하기 위해 프랑스 통치자로서는 처음 1860년 9월 17일에 알제리를 공식 방문했다. 그 역사적인 현지 시찰에 공식 통역관이며 자문으로 동반한 사람이 위르뱅이었다.

(출처: 생시몽주의연구협회)

오리엔트, 지중해 통신』,『파리 평론』Revue de Paris(1851~1857) 등 당대의 영향력 있는 매체에 아랍-이슬람 전문 저널리스트로서 많은 기사와 르포를 투고했다.[38)]

우리에게 진보사상은 인간문명의 통합뿐만 아니라 다양성을 의미한다.

위르뱅을 포함하여 생시몽주자들의 여론조성과 정치적 로비에 힘입어 나폴레옹 3세는 '지방-식민지' 알제리를 '중앙-본국' 프랑스와 연합시키는 일련의 법률을 제정했다. 1850년 공표된 '무슬림 공공교육조직법'은 무슬림 여성을 포함한 공공초등교육을 허락했는데, 같은 해에 프랑스 여성의 초등교육을 최초로 법제화한 일명 '교육 자유법'loi de la liberté d'enseignement을 알제리까지 확장·적용한 것이었다. 1851년 토지법은 원주민의 토지 소유·사용권의 신성불가침성을 인정하지만, 공동소유의 넓은 토지를 개인이 경작하기에 쉬운 작은 쪼가리로 분할하고, 그 땅을 근면하게 경작하여 생산적으로 추수한 이주민에게 불하해주는 권리를 식민정부에 부여했다.

1857년에는 황제 칙령으로 아랍-프랑스제국대학Collège Impérial Arabe-Français이 창설되었다. "유럽 인종이 아프리카에서 프랑스 문명을 발전시키고, 동시에 원주민의 도덕적·물질적·진보적 향상과 완벽성"을 도모하여 궁극적으로는 "가치관의 상호호혜성의 결과로 두 인종의 퓨전을 달성"하는 것이 이 고등교육기관의 목표였다.[39)] 1858년 1월 1일에 개교한 아랍-프랑

38) 알제리문제전문가-저널리스트로서의 위르뱅의 구체적인 활동에 대해서는 Philippe Régnier, "Urbain journaliste et publiciste engagé: l'oeuvre d'un défenseur masqué," *Les Saint-Simoniens dans l'Algérie d XIXe Siècle*, pp.399~424 참조.

39) Abi-Mershed, *Apostles of Modernity. Saint-Simonians,* p.189 재인용.

스제국대학에는 55명의 무슬림 '인턴' 대학생과 60명의 유럽·프랑스인 '정식' 대학생이 입학했다. 성적이 우수한 이슬람 졸업생은 식민지 정부와 '본국' 프랑스 공공기관에 취업했다.

제2제정이 보여준 원주민 우호적인 알제리 식민정책에 마침표를 찍듯이 위르뱅은 1861년 『알제리 사람을 위한 알제리』L'Algérie pour les Algériens를 발표했다. 그는 강제된 동화주의가 아니라 다문화주의가 알제리 식민정책의 기본골격이 되어야 한다고 강조했다.

> 우리에게 진보사상은 인간문명의 통합뿐만 아니라 다양성multiplicité을 의미한다. 그것은 같은 종교, 같은 법률, 같은 풍습과 같은 습관이라는 종합적인 획일성uniformité générale에 맞춰 모든 국가를 연속적으로 (고대 그리스 신화에 등장하는) 프로크루스테스 침대에 눕히려는 것은 아니다. 그렇지 않다. 보편적인 왕정과 종교의 꿈은 더 이상 우리 시대에 속하지 않는다. 그것(진보사상)은 자유와 권위, 개인과 집단 사이의 관계를 규정하는 새로운 공식이다.[40)]

획일성이 아니라 다양성의 원칙으로 알제리 식민지를 유연하게 다스려야 한다는 위의 진술은 앙팡탱이 『알제리 식민화』에서 제기한 '통제된 연합'을 재해석한 것처럼 들린다. 식민지 개발을 장려하기 위해서는 "개인재산이 가장 진보되고 가장 선호하는 보유권"으로 보호받아야 하지만, 유럽-프랑스에서 당연하게 여기는 사유재산권을 고정된 자산 없이 유목하

40) Ismaÿl Urbain, *L'Algérie pour les Algériens* in Osama W. Abi-Mershed, *Apostles of Modernity: Saint-Simonians and the Civilizing Mission in Algeria* (Stanford: Stanford University Press, 2010), p.175 재인용.

며 생활하는 알제리 원주민에게 엄격하게 적용하는 것은 부당하다고 위르뱅은 지적했다.

그 대신에 집단소유권은 "(원주민이 익숙한) 용익권에서 개인 재산권으로 전환하는 데 최고의 이행 단계"라고 그는 제안했다. 원주민 재산권의 점진적인 이행조치는 조상 때부터 사용해오던 토지를 빼기거나 수용당하는 원주민의 원한과 저항을 최소화하고, "우리가 행사하는 문명적인 영향을 위해서도 더 유리하다(plus propice à l'influence civilisatrice que nous avons à exercer)"고 위르뱅은 부연 설명했다.[41]

프랑스 정부의 알제리에 대한 식민정책을 조언하는 위르뱅의 마지막 '상소문'은 1862년 익명으로 출간한 『프랑스 알제리, 원주민과 이민자』 L'Algérie française: indigènes et immigrants였다. 책 제목에서 이미 잘 드러나듯이, 알제리는 프랑스인만의 배타적인 소유물이 아니라 원주민과 다른 나라의 이민자를 모두 포용하는 관용의 땅이 되어야 한다는 것이 주제였다. 이런 조건이 충족되어야만 무슬림의 농업 경작과 목가적인 삶의 방식을 유럽-프랑스 이민자의 상업-산업주의 생산력과 결합한 일종의 '문명적 퓨전'을 달성할 수 있다고 위르뱅은 기대했다.

주목할 점은 앙팡탱이 반복적으로 주장한 '계서적인 통제'와 '위로부터의 관리'라는 메시지를 위르뱅이 복창했다는 사실이다. 알제리 원주민이 그들의 공동이익을 스스로 경영하도록 제2제정이 너그러움을 베풀더라도, "우리는 (프랑스) 국가의 직접 보호감독 아래 그들을 보살펴야 한다(on les gardera sous la tutelle de l'État)"고 위르뱅은 못박았다.[42] 원주민을 문명이라는 멋

41) Ismaÿl Urbain, *L'Algérie pour les Algériens* in Abi-Mershed, *Apostles of Modernity*, pp.173~174 재인용.

42) Ismaÿl Urbain, *L'Algérie française: indigènes et immigrants*, p.174 재인용. 원문은

진 이름의 우산 또는 철조망에서 벗어나지 못하게 감시하여야만 그들이 부족주의라는 야만으로 도피하지 않고 계몽주의의 최대 미덕인 '완전가능성'perféctibilité에 도달할 것이라고 그는 판단했다.

"주어진 시대의 한계 속에서 개인은 세상을 바꿀 수밖에 없다"는 마르크스의 명제는 위르뱅에게도 적용된다. 위르뱅은 자신을 키운 '식민지 계몽주의'라는 역사적 환경의 제한을 받으며 알제리 식민정책을 꾀했던 것이다. 비유하자면, 생도맹그에서 자유흑인으로 태어난 투생 루베르튀르가 '주인' 나라에서 발생한 프랑스혁명을 모방하여 프랑스공화국의 '내부'에 머무는 흑인 독립국가를 세우는 데 만족했던 것처럼,[43] 위르뱅은 프랑스제국에서 이탈하지 않는 '계몽주의 이슬람'Islam des Lumières 건설을 궁극적인 목표로 지향했다.

> 우리는 원주민을 탄압·강탈하기 위해서가 아니라, 그들에게 문명의 혜택을 전해주기 위해서 알제리에 왔다.

나폴레옹 3세는 자신이 추진한 알제리 통합정책의 성과를 확인하기 위해 프랑스 통치자로서는 처음 1860년 9월 17일에 알제리를 공식 방문했다. 그의 역사적인 현지시찰에 공식 통역관이며 자문으로 동반한 사람이 위르뱅이었다. 나폴레옹은 출국하는 19일에 다음과 같은 중요한 메시지를 발표했다.

---

p.294 각주 38 참조.

43) 생도맹그 독립운동가 루베르튀르의 흥망성쇠에 대해서는 육영수, 「식민지 계몽주의: 제국주의 문명화 사명의 도구 」, 『지식의 세계사』, pp.76~77 참조.

아랍인을 위엄을 갖춘 자유인으로 끌어 올리고(élever les Arabes à la dignité d'homme libre), 그들의 종교를 존중하면서 교육을 전파하며, 무능한 정부가 불모의 땅으로 방치했지만 신이 이곳에 저장한 보물(지하자원)을 채취하여 그들의 삶을 향상시키는 것, 이것이 우리 미션이다.[44)]

위르뱅은 1년 뒤에 출간하는 『알제리 사람을 위한 알제리』에 황제의 이 메시지를 삽입하여 역사적인 기록으로 남겼다. 그에 화답이라도 하듯이 나폴레옹 3세는 1863년 2월에 알제리 총독에게 아래와 같은 유명한 칙령을 보냈다.

알제리는 정식 식민지가 아니라, 하나의 아랍 왕국이다. 원주민은 이주민과 마찬가지로 나의 보호 아래 동등한 권리를 갖는다. 나는 프랑스인의 황제이며 동시에 아랍인의 황제이다. 우리는 (원주민을) 탄압하고 강탈하기 위해서 알제리에 온 것이 아니라, 그들에게 문명의 혜택을 전해주기 위해서 방문했다.[45)]

나폴레옹 3세는 위르뱅의 『프랑스 알제리, 원주민과 이민자』의 핵심내용을 '표절'하여 알제리에 대한 자신의 정책을 입안·집행했다고 나중에 고백했다.[46)] 알제리 식민정책 수립을 둘러싼 프랑스 최고통치자와 생시몽주의자들의 밀접한 관계를 보여주는 매우 흥미로운 일화이다. 유감스럽게도 나폴레옹 3세가 약속한 '아랍 왕국' 건설은 실행되지 못했지만, 나폴

44) Abi-Mershed, *Apostles of Modernity*, p.159. 재인용.
45) Abi-Mershed, *Apostles of Modernity*, p.174 재인용.
46) Abi-Mershed, *Apostles of Modernity*, p.174.

레옹 1세가 이집트원정 당시에 현지인에게 약속한 프랑스공화국과 닮은 '자매 공화국'République-sœur[47])을 알제리에 이식移植하려는 노력처럼 보인다.

위르뱅의 '아랍 애호주의'에 맞장구쳐 '원주민 애호정치'politique indigénophile을 실현하려던 나폴레옹 3세는 "말을 탄 생시몽"이라는 별명에 모자람이 없었다. 알제리 식민지를 강력한 동화정책으로 다스려야 한다고 믿은 일부 생시몽주의자들이 위르뱅을 '이단'으로 몰아세우고, 나폴레옹 3세의 몰락을 "아랍왕국의 워털루"Waterloo du Royaume arabe로 비꼬며 박수친 배경이다.[48])

---

47) 이용재, 「나폴레옹의 이집트 원정: 신화와 현실」, 『통합유럽연구』 11~1(2020), pp.42~43.

48) *L'Orientalisme des Saint-Simoniens*, p.109. 잘 알다시피, 나폴레옹 1세는 지금의 벨기에 땅에서 벌어진 '워털루 전쟁'에서 패배하여 제1제정의 황제에서 물러났다.

V. '식민지 계몽주의'의 후예들

앙팡탱, 바로, 위르뱅 등이 대변하는 생시몽주의자들이 알제리에서 추구한 식민주의의 이데올로기적 특징과 그 역사적 유산을 어떻게 평가할 수 있을까? 19세기 프랑스 역사를 제국주의적 관점에서 재조명한다면, '앙시앵레짐 제국주의'에서 혁명 이후에 전개되는 '자유주의 제국주의'로 이행하는 교차로에 알제리 식민화 프로젝트가 자리잡고 있다.[49]

혁명 이전 중상주의적 제국주의는 북아메리카의 퀘벡과 루이지애나, 카리브 해의 마르티니크Martinique, 과들루프Guadeloupe, 생도맹그 등지에서 구축되었다. 7년 전쟁(1756~1763)으로 북미 식민지를 잃고, 노예해방의 광풍에 편승하여 생도맹그가 1802년 독립하자 혁명기 프랑스는 제국으로서의 영광과 위엄을 상실했다. 이를 만회라도 하듯이, '말 탄 프랑스혁명'의 사나이로 불렸던 나폴레옹 1세는 이집트 정벌을 했지만 유럽대륙 내부의 제국 건설에 머물렀다. 루이 필립은 못다 한 제국의 꿈을 알제리 침공을 통한 이슬람 지역의 식민지 개척으로 열었다. 제2공화국은 '위험한 잉여인간'인 가난하고 반란적인 노동자를 빵과 토지를 제공하여 알제리로 내모는 이주 식민주의를 실행했다. 그리고 제2제정기 나폴레옹 3세는 프랑스·알제리 겸임 황제임을 자임하며, '아랍 왕국'의 존재를 관용적으로 허용했다.

1830년에서 1870년 사이 '우연하게 착수하여 즉흥적으로 진행한' 프랑스 정부의 알제리 식민정책 설계와 실행의 단계마다 핵심적인 역할을 수

---

49) Sessions, *By Sword and Plow*, p.3 & p.7; Abi-Mershed, *Apostles of Modernity*, p.13.

행한 집단이 생시몽주의자들이었다. 이들은 '알제리 과학위원회'에 참여하여 식민 지배를 위한 '지식-권력'을 축적했고, '아랍사무국'의 주요 구성원으로 식민정책의 로비스트로 활약했으며, 19세기 중후반에 창간된 주요 통신매체의 기고자로 여론을 형성했고, 알제리 식민지를 대표하는 국회의원 자격으로 예산확보와 법안통과에 애썼다.

앙팡탱, 바로, 위르뱅 등은 때로는 오리엔트 문명에 대한 견해 차이로 싸우고 갈라서기도 했지만, 생시몽주의에 각인된 연합, 평화, 진보, 공동체, 산업주의라는 공동의 깃발을 휘날리며 알제리의 문명화사명을 함께 짊어졌다. 민중의 물질적·도덕적 향상, 노동과 산업생산의 조직, 자유방임적 경쟁보다는 능력에 따른 기회와 보상, 파괴와 무정부상태보다는 평화와 안정과 질서—이들이 젊은 시절에 성공적으로 갈무리 못한 과업과 실천을 다시 펼칠 기회였다는 점에서 보면, 알제리는 생시몽주의자들의 마지막 현실정치의 현장이며 실험실이었다.

알제리에서 활약한 생시몽주의자들에게 '제국의 사제'라는 이름표를 조건 없이 단정적으로 붙일 수 있을까? '제국'의 라틴어 원천인 '임페리움'Imperium을 '국제 질서의 중심과 주변의 관계에 대한 일정한 관념을 내포한 질서표상의 개념'이라고 단순하게 정의한다면,[50] 앙팡탱, 바로, 위르뱅의 식민주의 담론에는 어느 정도의 공간적 권력(문명) 나누기와 위계질서가 스며있기 때문에 이들을 일종의 제국주의자라고 볼 수도 있으리라.

다른 한편, 사상사적인 잣대로 재평가한다면, 앙팡탱, 바로, 위르뱅은 공통적으로 '식민지 계몽주의'의 후예들이었다. 계몽주의 철학자들 중에서도 진보적인 인물로 꼽히는 콩도르세Marquis de Condorcet는 "우수한 유럽인은

---

50) 이삼성, 『제국』(소화, 2015), pp.23~24.

아시아·아프리카 사람의 압제자가 아니라 고귀한 해방자"라고 선언했던 '식민지 계몽주의'Colonial Enlightenment의 전도사이기도 하다.[51] '문명화'라는 명분으로 인종적·종교적 타자를 다스리고 가르치는 것을 정당화했다는 측면에서 보면 앙팡탱, 바로, 위르뱅은 콩도르세와 도긴개긴이었다. '문명화 사명'mission civilisatrice 이라는 복합 명사가 알제리에서의 식민지사업을 묘사하는 용어로 1840년을 전후로 프랑스 용어사전에 처음 등재된 것은 우연이 아닌 것이다.[52]

그렇다면, 생시몽주의자들이 '연합·관용·다양성'이라는 키워드로 프랑스 정부의 알제리 이주·식민정책을 조율하려던 노력은 실질적인 효과를 거두었을까? 통계숫자만으로 보면 그렇지 않다. 1830년 300만 명을 헤아리던 알제리 원주민이 프랑스의 군사적 정복이 일단락되는 1851년에는 29%에 해당하는 80만 명이 잔인하게 살해되었다. 1850년대에 진행된 '원주민 이주정책'(이라고 쓰고 '원주민의 땅을 빼앗아서 프랑스 이주자에게 분배 한다'로 읽는다)의 여파로 1860년대 중반에는 당시 420만 이슬람의 20~25%가 굶주림으로 사망했다.[53]

프랑스 정부가 알제리 원주민에게 저지른 수많은 잔인하고 반인권적인 폭력 가운데 1840년 남부 알제리 시골에서 발생한 '동굴학살 사건'을 대표로 꼽을 수 있다. 뷔죠Thomas-Robert Bugeaud(1748~1849) 장군이 지휘한 이 군사작전에서 프랑스 '아프리카 군대'는 알제리 동굴로 도피하여 저항하는 원주민을 남녀노소 가리지 않고 불을 피워 연기로 질식시켰다. 이 무자비한

51) 육영수, 「식민지 계몽주의: 제국주의 문명화 사명의 도구」, 『지식의 세계사』, pp.72~73 참조.
52) Sessions, *By Sword and Plow*, p.6.
53) Pilbeam, *Saint-Simonians in Nineteenth-Century France*, p.149 & Sessions, *By Sword and Plow*, p.319.

'동굴 오소리 작전' 직후에 알제리 총독으로 임명된(1840. 12~1847. 9) 그는 한 잡지와의 인터뷰에서 "동굴의 모든 입구를 밀폐시켜 거대한 묘지로 만들었다"고 진술했다.[54)]

회고적으로 다시 생각해 보면, '아파르트헤이트'Apartheid는 20세기 중반 영국제국의 식민지 남아프리카에서 시작된 것이 아니라, 그보다 1세기 전에 프랑스식민지 알제리에서 그 씨앗이 먼저 뿌려졌다는 야박한 평가는 결코 과장만은 아니다.[55)] 유감스럽게도, 프랑스 정부의 알제리 이주·식민 정책에 대한 국내외 여론을 이끌며 평화적 공존을 위한 일종의 싱크탱크로서 활약했던 앙팡탱, 바로, 위르뱅은 '실패한 식민지 계몽주의자'였을까. 생시몽주의자들이 아프리카를 떠나고 한 세기 후까지도 프랑스 제국과 알제리 식민지 사이의 갈등과 투쟁은 계속되었지만,[56)] 그것은 이 책의 범주 너머에 있는 또 다른 이야기이다.

---

54) 로버트 영, 김용규 옮김, 『아래로부터의 포스트식민주의』(현암사, 2013), p.91.

55) 질 망스롱, 우무상 옮김, 『프랑스 공화국 식민사 입문: 인권을 유린한 식민침탈』(경북대학교출판부, 2013), p.211.

56) 노서경, 『알제리전쟁, 1954~1962: 생각하는 사람들의 식민지 항쟁』(문학동네, 2017) 참조.

맺음말

생시몽과 생시몽주의자들이 품었던 사상의 특징은 '개방성'과 '유기성'이라는 두 단어로 집약될 수 있다. 이들은 변하지 않는 어떤 보편적인 원칙이나 신념으로 똘똘 뭉친 폐쇄적인 집단이 아니다. 자신을 둘러싼 시대 환경과 역사적 조건에 유연하게 대처하면서 사상의 그릇을 만들어갔다.

1789년 프랑스대혁명, 나폴레옹 1세의 제1제정, 부르봉 왕정복고와 1830년의 7월 혁명, 1848년 혁명, 나폴레옹 3세의 제2제정 등을 '경험'하면서 생시몽주의는 더욱 견고하고 개혁적인 지적 운동으로 성숙했다. 생시몽주의자들이 외부적으로는 잦은 정치체제의 흥망성쇠에 호응하고, 내부적으로는 '학파'와 '교회'의 분열을 딛고 이집트와 알제리 등지에서 이합집산한 것은 약점이 아니라 이들의 개방적인 생명력으로 재인식되어야 한다. 당대의 예민하고도 절박한 '사회문제'와 치열하게 마주하면서 '홀로 그리고 함께' 싸우며 해결책을 모색했기 때문이다.

다른 한편, 1800년~1870년 사이에 생시몽주의자들이 상호 경쟁·갈등하면서 조탁했던 사회사상은 '한 뭉치'en bloc로 접근해서 전체적으로 이해·비평되어야 한다. 실증주의와 사회신학, 산업주의와 사회미학, 서양통합주의와 오리엔탈리즘, 식민주의와 문명화사명, 페미니즘과 보편적 연합 등

-생시몽주의자들이 걸었던 이질적인 사상적 발자취는 변화무쌍했던 국내외 정치외교적인 상황, 사회경제적인 위기, 사상과 세계관의 혁신 등에 대한 종합적인 문제인식의 결과물이다. 다시 말하면, 생시몽주의자들이 남긴 넓고 깊은 사상적 스펙트럼은 현실과 이상, 이론과 실제, 동양과 서양, 남성과 여성, 영혼과 물질, 주체와 객체, 개인과 사회 사이의 간격을 유기적으로 결합하고 변증법적으로 횡단하려는 총체적인 프로젝트였다.

생시몽과 생시몽주의자들은 근대 유럽시스템의 사상적 설계자였다. 프랑스혁명이 봇물을 터트린 '자유주의'와 '사회주의', 개인능력과 사회적인 연대, 민족주의적 욕망과 보편적인 세계문명 사이에서 균형을 잡으려고 이들은 노력했다. 생시몽이 1814년에 초안을 잡았던 '유럽연방'은 1993년에 '유럽연합'으로 공식화되었다. 슈발리에가 과학기술적인 연결망으로 전세계를 평화롭게 재건축하자고 1832년에 제안한 '지중해 시스템'은 1851년에 런던에서 처음 개최된 세계박람회로 열매 맺었다. 그리고 생시몽주의자들이 이집트와 알제리에서 씨 뿌렸던 '문명화 사명'은 '동화정책'과 '연합정책'으로 순서를 바꿔가며 20세기 중반까지 제국의 식민지정책으로 실험되었다.

생시몽과 생시몽주의자들이 디자인했던 근대 유럽체제의 청사진에 결점과 한계가 없는 것은 아니다. 무엇보다도, 산업주의를 견인할 핵심세력으로 금융-은행가를 지목함으로써 이들은 자본에 종속되는 노동의 위험성을 과소평가했다. 19세기 유럽의 거대금융 가문인 로스차일드는 J. P. 모건Morgan과 골드만 삭스Goldman Sachs로 대변되는 미국계 다국적 투자-약탈 금융제국으로 계승되어 세계질서를 쥐락펴락한다. 그 연장선에서, 생시몽주의자들은 "바보야, 정치는 결국 경제문제로 수렴되는 거야"라는 국가

통치관의 비정상화를 심화시켰다. 정치와 지배구조의 목표를 국가 경제 성장과 취업률로 환산함으로써 정치(인)의 '고전적인' 책무인 정의, 공정성, 신체의 안전보장, 처벌과 심판, 인간의 존엄성 보호 등과 같은 주요 이슈에 소홀하도록 방조했던 것이다.

또한, 생시몽과 생시몽주의자들이 미래의 만능키처럼 옹호했던 산업주의는 21세기가 직면한 자연파괴와 생태계 무질서의 원흉이었다. 이들은 "인간에 의한 인간의 착취"를 "인간에 의한 자연의 착취"로 대체하는 것을 지상의 목표로 삼았었다. 생산, 발전, 축적 등 가시적이고 현실적인 것에 정신을 빼앗김으로써 생명, 보존, 순환 등과 같은 장기 지속적이며 교환 불가능한 가치에 눈을 감았다. 생태주의가 던지는 중요함과 절박함에 까막눈이었던 점이야말로 생시몽과 생시몽주의자들이 후대에 남긴 치명적인 약점이다.

위와 같은 장단점을 갖는 '생시몽주의'라는 이름의 지식재산권을 우리는 어떻게 지금 이곳에서도 '쓸모 있는' 사상적 도구 또는 투쟁의 무기로 삼을 것인가? 조금 거칠게 주관적으로 비유하자면, 프랑스 '1820년 세대'가 주류를 이룬 생시몽주의자들은 이 땅의 '70~80세대'(또는 386/586세대)에 선행했던 행동하는 지식인이 아니었을까. 나는 청년 생시몽주의자들이 중늙은이가 될 때까지 포기하지 않고 포옹한 시대적인 화두를 '프랑스혁명 이후의 프랑스혁명의 완결'이라고 요약한다.

파괴와 창조, 해체와 재조직, 자유와 평등, 형제애와 자매애, 개인주의와 공동체주의, 민족주의와 연합주의, 오리엔트와 옥시덴트, 자유주의와 제국주의—1789년 첫 발을 딛은 '길고 긴' 프랑스혁명이 남긴 성긴 생채기를 보듬고 날카로운 양극단을 시대의 흐름과 요청에 맞춰 고쳐서 꿰매려고

했던 집단이 생시몽주의자들이었다. 이들이 저지른 시행착오와 남긴 과제는 '민주주의 이후의 민주주의', '여성해방 이후의 여성운동', '인종주의 없는 인종차별', '식민지 이후의 탈식민주의', '근대화 이후의 로컬·멀티플·레트로 근대성' 등을 성찰하려는 우리에게 좋은 이정표와 디딤돌이 될 것이다.

이 땅의 '386/586세대'는 역사변혁의 어느 지점을 통과하고 있을까? 1960년 4.19 민주혁명(프랑스대혁명)을 전후로 출생하여, 박정희(나폴레옹 1세) 군사독재-권위주의 정권시절에 청소년과 성인으로 성장했고, 중장년 나이에 1987년 시민항쟁(1830년 7월 혁명)에 동참했으며, 중늙은이가 되어서는 2016년 촛불혁명(1848년 혁명)에 올라타서 부패하고도 기회주의적인 '꼰대세대'로 전락하지는 않았는지 역사의 거울을 닦아 자기 얼굴을 비쳐 봐야 한다.

19세기 프랑스라는 '낯선 과거의 먼 나라'에서 생로병사 했던 생시몽주의의 역사를 재조명해서 다시 읽어야 할 황혼의 시간이다. 그리고 '촛불혁명 이후의 또 다른 촛불혁명'을 고민하고 실천하기 위해 그의 아들딸 세대가 송골매처럼 솟구쳐야 할 새벽이 성큼 왔다. 혁명은 실패하거나 시대착오적으로 갈무리되는 낡은 사건이 아니며, 사상은 텍스트에만 각인된 흑백의 창백한 활자가 아니라 역사적 콘텍스트를 움직이는 힘이며 행위이기 때문이다.

참고문헌

생시몽주의자들이 남긴 많은 1차 사료는 프랑스 파리에 있는 국립아스날도서관(Bibliothèque de l'Arsenal)에 보관되어 있다. 바르텔르미 앙팡탱이 사망한 30년 후에 만들어진 《앙팡탱 서고(Le Fonds Enfantin)》에는 4만 개가 넘는 생시몽주의자들의 사료가 있다. 그 후 《데슈탈 서고(Le Fonds d'Eichthal)》 등이 아스날도서관에 추가되었다. 최근에 진행된 1차 사료의 디지털화 작업 덕분에 프랑스국립도서관(Bibliothèque Nationale de France, BNF) 포털을 방문하여 생시몽·생시몽주의자들의 1차 사료를 온라인으로 검색하여 읽을 수 있다. 1965년까지 출간된 생시몽·생시몽주의자들에 관한 저서와 논문 목록은 Jean Walch, *Bibliographie du Saint-Simonisme* (Paris: Librairie Philosophique Jean Vrin, 1967), 이를 수정 보완한 Anton Gerits, *Additions and Corrections to Jean Walch Bibliographie du Saint-Simonisme* (Amsterdam: A. Gerots & Son, 1986)이 여전히 유용하다.

아카이브 작업이 부담스러운 사람에게는 다행스럽게도 생시몽과 생시몽주의자들이 남긴 자료는 『생시몽 전집』과 『생시몽·앙팡탱 전집』으로 편집·(재)출간되었다. 두 전집으로 엮였지만 내가 이 책에서 직접 인용·언급한 생시몽과 개별 생시몽주의자의 사료도 1차 사료 목록에 포함시켰다. 생시몽·생시몽주의자들과 당대인이지만 생시몽주의 학파와 밀접한 관계가 없는 사람들이 남긴 자료는 2차 사료로 분류했다. 가장 최신의 출판물과 학술대회 등에 대한 정보는 〈생시몽주의자연구협회〉(Société des études saint-simoniennes)가 운영하는 포털(https://www.societe-des-etudes-saint-simoniennes.org/colloques)에서 얻을 수 있다.

1차 사료

전집

Œuvres complètes de Saint-Simon. Introduction, notes et commentaires par Juliette Grange, Pierre Musso, Philippe Régnier et Franck Yonnet, 총 4권. (Paris: Presses Universitaires de France, 2012).

Œuvres de Saint-Simon et d'Enfantin, précédées de deux Notices Historiques et publiée par les membres du Conseil institué par Enfaintin pour l'exécution de ses dernières volontés (Paris: E. Dentu, 1865~78). 총 47권. 1963~1964에 재출간.

신문

Le Globe, 1829~1832.

Le Tocsin des Travailleurs, 1848. 6. 1.~1848. 6. 24.

Tribune des Femmes, 1832. 8~1834. 4.

문헌 자료

Lettres sur la Religion et la Politique, 1829 (Paris: Au Bureau de L'Organisatuer, 1831).

Moniteur Universel (Paris: Panckoucke, 1851).

Religion Saint-Simonienne: Recueil de Prédications (Paris: Chez Jahanneau, Libraire, 1828~1832) 3권.

Réunion générale de la famille (Paris: Bureau du Globe, 1832).

Barrault, Émile. *1833, ou L'Année de Mére* (Lyon: Mne. S. Surval, 1833).

______, *Occident et Orient: Études, politiques, morales, religieuses, pendant*

1833~34 de l'ère Chrétienne, 1249~50 l'Hégyre (Paris: Desessart, 1835).

______, *La Coalition et Le Ministère* (Paris: Desessart, 1839).

______, *Le Christ* (Paris: Imprimerie Balitout, 1865).

Brrault, Émile & Alex. *Mémoire à sa Majesté Napoléon III, à l'appui de projet de colonisation de la compagnie des cotons d'Afrique* (Paris: Lanour, 1853).

Bazard, Saint-Amand. *Religion Saint-Simonienne, Discussions morales, politiques et religieuses qui ont amenés la séparation qui s'est effectuée au mois de novembre, 1831, dans le sein de la société Saint-Simonienne* (Paris: Paulin, Delaunay et Heideloff, 1831).

Bouglé, C. & Halévy, Elie. (ed.) *Doctrine de Saint-Simon: Exposition, Première année, 1828~1829* (Paris: l'Oraganisateur, 1829).

______, *Doctrine de Saint-Simon: Deuxième année* (Paris: l'Oraganisateur, 1830).

Charton, Édouard. *Mémoires d'un prédicateur saint-simonien* (Paris: Au Bureau de la Revue Encyclopédique, 1831).

Chevalier, Michel. *Religion Saint-Simonienne. Politique Industrielle et Système de la Méditerranée* (Paris: Imprimerie d'Éverat, 1832).

Enfantin, Barthélemy-Prosper. *Colonisation de l'Algérie* (Paris: P. Bertrand, 1843).

Halévy, Léon. & Rodrigues, Olinde. *Opinions littéraires, philosophiques et industrielles* (Paris: Galerie de Bossange Père, 1825).

______, "Souvenirs de Saint-Simon," *Revue d'histoire économique et société*, XIII (1925).

Sainte-Beuve, Charles-Augustin. *Portraits Contemporains II* (Paris: Calmann-Lévy, 1860).

Urbain, Thomas Ismaÿl, *L'Algérie pour les Algériens* (Paris: Michel Lévy frères, 1861).

______, *L'Algérie française: indigènes et immigrants* (Paris: Challamel aîné, 1862).

Vinçard, Pierre. *Mémoires Épisodiques d'un vieux chansonnier saint-simonien* (Paris: E. Dentu Libraire, 1878).

Voilquin, Suzanne. *Souvenirs d'une fille du peuple, ou la Saint-Simonienne en Égypte* (Paris: François Maspero, 1978).

편집·번역된 1차 사료

Bulciolu, Maria T. (ed.) *L'École Saint-Simonienne et la Femme: Notes et Documents pour une histoire du rôle de la femme dans la société saint-simonienne, 1828~1833* (Pisa, Italy: Goliardica, 1980).

D'Eichthal, Eugène. (ed,) *John Stuart Mill. Correspondance inédite avec Gustave d'Eichthal* (Paris: Alcan, 1898).

Iggers, Georg G. (trans.), *The Doctrine of Saint-Simon: An Exposition, First Year, 1828~1829* (New York: Schocken Books, 1972).

Markham, Felix M. (ed. & trans) *Henri Comte de Saint-Simon: Selected Writings* (Oxford: Basil Blackwell, 1952).

______, (ed & trans), *Henri de Saint-Simon: Social Organization, The Science of Man and Other Writings* (New York: Harper Torchbooks, 1964).

Régnier, Philippe. (ed.) *Le Livre nouveau de saint-simoniens : Manuscrits d'Émile Barrault, Michel Chevalier, Charles Duveyrier, Prosper Enfantin, Charles Lambert, Léon Simon et Thomas Ismaÿl-Urbain, 1832~1833* (Paris: Du Lérot, 1992).

Taylor, Keith. (ed.) & (trans.) *Henri Saint-Simon(1760~1825): Selected Writings on Science, Industry and Social Organization* (London & New York: Routledge, 2015).

생시몽·최선주 옮김, 『새로운 그리스도교』(좁쌀한알, 2018).

로버트 오웬·쌩 시몽·사르르 푸리에/이문창 옮김, 『사회에 관한 새 견해·산업자의 정치적 교리문답· 산업적 협동사회적 새 세계』(형설출판사, 1983).

2차 사료

Abi-Mershed, Osama W. *Apostles of Modernity. Saint-Simonians and the Civilizing Mission in Algeria* (Stanford: Stanford University Press, 2010).

Alem, Jean-Pierre. *Enfantin: Le Prophète aux Sept Visages* (Paris: Jean-Jacques Pauvert, 1963).

Alexandrian, Sarane. *Le Socialisme romantique* (Paris: Seuil, 1979).

Altman, Simon. & Ortiz, Eduardo L. (eds.) *Mathematics and Social Utopians in France: Olinde Rodrigues and His Times* (Providence: American Mathematical Society, 2005).

Anceau, Éric. *Napoléon III: Un Saint-Simon à cheval* (Paris: Tallandier, 2008).

Arcidiacono, Bruno. "Un précurseur de l'Union européenne? Le comte de Saint-Simon et la réorganisation de l'Europe en 1814," in Andre Liebich and Basil Germond (ed.) *Construire l'Europe* (Genève: Graduate Institute Publications, 2008).

Arrous, Pierre. "Saint-Simon, le Siant-Simonisme et les Saint-Simoniens vus par Auguste Comte," *Economies et Sociétés* (1970).

Beik, Doris & Paul eds & trans, *Flora Tristan. Utopian Feminist: Her Travel Diaries and Personal Crusade* (Bloomington: Indiana University Press, 1993).

Bellelt M. "On the Utilitarian Roots of Saint-Simonism: From Bentham to Saint-Simon," *History of Economic Ideas*, XVII(2009. 2).

Blanc, Louis. *The History of Ten Years, 1830~1840* (London: Chapman and Hall, 1844).

Booth, Arthur. *Saint-Simon and Saint-Simonism: A Chapter in the History of Socialism in France* (London: Longmans, 1871).

Bovens, Luc. & Lutz, Adrien. "'From Each according to Ability; To Each according to Needs': Origin, Meaning, and Development of Socialist Slogans," *History of Political Economy*, vol. 51-2(April, 2019).

Briscoe, James Bland. "Saint-Simonism and the Origins of Socialism in France, 1816~1832." Columbia University Dissertation (Ann Arbor: University Microfilms, 1980).

Butler, E. M. "Heine and the Saint-Simonians," *The Modern Language Review* XVIII(1923).

_____, *The Saint-Simonian Religion in Germany: A Study of the Young German Movement* (Cambridge: Cambridge University Press, 1926).

Carlisle, Robert B. *The Proffered Crown: Saint-Simonianism and the Doctrine of Hope* (Baltimore: The Johns Hopkins University Press, 1987).

Charléty, Sébastien. *Histoire du Saint-Simonisme, 1825~1864* (Paris: Paul Hatmann, 1931).

Coilly, N. & Régnier, P. *Le Siècle des Saint-Simoniens: du Nouveau Christianisme au Canal de Suez* (Paris: BNF Edition, 2006).

Coller I. *Arab France. Islam and the Making of Modern Europe, 1798~1831* (Berkely: University of California Press, 2007).

Collins, Irene. *The Government and the Newspaper in France, 1814~1881* (London: Oxford University Press, 1959).

Conrad, Lawrence I. (ed.), *The Formation and Perception of the Modern Arab World* (Princeton: The Darwin Press, 1989).

D'Allemagne, Henry-René. *Les Saint-Simoniens, 1827~1837* (Paris: Labrairie Gründ, 1930).

Daughton, J. P. *An Empire Divided: Religion, Republicanism and the Making of French Colonialism, 1880~1914* (Oxford: Oxford University Press, 2006).

Despois, Eugène. "Sainte-Beuve saint-simonien," *La Revue politique et littéraire 51* (June, 1875).

Durkheim, Émile. *Le Socialisme: sa définition, ses débuts, la doctrine Saint-Simonienne* (1928?). Émile Durkheim, *Socialism and Saint-Simon* (Yellow Springs, Ohio: The Antioch Press, 1955), trans. by Charlotte Sattler.

Duroselle, Jean-Baptiste. *Les Débuts du Catholicisme social en France, 1822~1870* (Paris: Presses Universitaires de France, 1951).

Duveau, Georges. *1848: The Making of a Revolution* (Cambridge: Harvard University Press, 1984). trans. by Anne Carter. 김인중 옮김 『1848년 프랑스 2월혁명』(탐구당, 1993).

Egbert, Donald D. "The Idea of 'Avant-garde' in Art and Politics," *American Historical Review*, vol. LXXⅢ #2 (Dec. 1967).

______, *Social Radicalism and the Arts. Western Europe: A Cultural History from the French Revolution to 1968* (New York: Alfred A. Knopf. 1970).

Emerit, Marcel. *Les Saint-Simoniens en Algérie* (Paris: Société d'édition «des Belles lettres», 1941).

Evans, David Owen. *Social Romanticism in France, 1830~1848* (New York: Octagon Books, 1969).

Fakkar, Rouchdi. *L'influence internationale de Saint-Simon et ses Disciples. Bilan en Europe et portée extra-européenne* (Geneva, 1967).

______, "L'influence de Saint-Simon et de ses Disciples en Égypte," *Économies et Sociétés* VII (1972).

______, "Le Saint-Simonisme en Afrique du Nord," *Économies et Sociétés* VII (1972)

Fichet-Poitrey, Françoise. *Saint-Simonisme, libéralisme et socialisme: La Doctrine du Producteur* (Paris: École des hautes études en sciences sociales, 1992).

Friedmann, G. "Faust et Saint-Simon," *Europe* XXVI (1948).

Frobert, Ludovic. "François Perrout: Saint-Simon Rather Than Marx," *French History* Vol. 32, No. 3 (2018).

Gallissot, René. *Algérie: Engagements sociaux et question nationale: De la colonisation à l'indépendance de 1830 à 1962* (Ivry-sur-Seine: Atelier, 2006).

Grogan, Susan K. *French Sexual Difference: Women and New Society, 1803~44* (London: Macmillan, 1992).

Grunner, Shirley M. *Economic Materialism and Social Moralism: A Study in the History of Ideas in France from the Latter Part of the 18th Century to the Middle of the 19th Century* (the Hague: Mouton Studies in the Social Sciences, 1973).

Hadjinicolaou, Nicos. "Sur l'Idéologie de l'Avant-Gardisme," *Histoire et Critique des Art*, Vol. 6 (1978).

Hannoum, A. *Violent Modernity: France in Algeria* (Boston: Harvard University Press, 2010).

Herold, Christopher. *Bonaparte in Egypt* (New York: Harper & Row, Publishers, (1962)

Hunt, Herbert. *Le Socialisme et le Romantisme en France: Étude de la Presse socialiste de 1830 à 1848* (Oxford: Clarendon Press, 1935).

Iggers, Georg G. "Elements of a Sociology of Ideas in the Saint-Simonist Philosophy on History", *The Sociological Quarterly*, #1-4 (Oct. 1960).

________, *The Cult of Authority: The Political Philosophy of the Saint-Simonians. A Chapter in the Intellectual History of Totalitarianism* (The Hague: Martinus Nijhoff, 1958).

________, "The Social Philosophy of Saint-Simonians," Ph. D. Dissertation (University of Chicago, 1951).

Jacoud, Gilles. (ed.) *Political Economy and Industrialism: Banks in Saint-Simonian*

Economic Thought (New York: Routledge, 2010).

Jardin, Andre-Jean Tudesq, *Restoration and Reaction, 1815~1848* (Cambridge: Cambridge University Press, 1983).

Jouve, Bernard. *Épopée Saint-Simonienne. Saint-Simon, Enfantin et leur Disciple, Alexis Petit, De Suez au Pays de George Sand* (Paris: Guénégaud, 2001).

Judt, Tony. *Marxism and the French Left: Studies in Labour and Politics in France, 1830~1981* (New York: New York University Press, 2011).

Lamartine, Alphonse de. *A Pilgrimage to the Holy Land: Comprising Recollections, Sketches, and Reflections made during a Tour in the East in 1832~1833* (New York: Scholar's Facsimiles & Reprint, 1978).

Le Bret, Hervé. *Les Frères d'Eichthal: Le Saint Simonien et le Financier au XIXe Siècie* (Paris: Presse de l'Université Paris-Sorbonne, 2012)

Leroy, Maxime. *La Vie du Comte de Saint-Simon, 1760~1825* (Paris: Gasset, 1925).

Levallois, Michel & Moussa, Sarga (eds.) *L'Orientalisme des Saint-Simoniens* (Paris: Maisonneuve & Larose, 2006).

Levallois, Michel. & Régnier, Philippe. (ed.) *Les Saint-Simoniens dans l'Algérie du XIXe Siècle: Le Combat du Français Musulman Ismaÿl Urbain* (Paris: Riveneuve édition, 2016).

Levallois, Michel. *Ismaÿl Urbain, une autre conquête de l'Algérie* (Paris: Maisonneuve et Larose, 2001).

______, *Ismaÿl Urbain, Royaume arabe ou Algérie franco-musulmane?* (Paris: Riveneuve, 2012).

Lichtheim, George. *The Origins of Socialism* (New York: Praeger, 1969).

Locke, Ralph P. *Music, Musicians and the Saint-Simonians* (Chicago: The University of Chicago Press, 1986).

Mabire, Jean-Christophe. (ed.) *L'Exposition Universelle de 1900* (Paris: L'Harmattan, 2000).

Manuel, Frank. E. *The Prophets of Paris* (New York: Harper & Row, 1965).

Manuel, Frank E. & Fritzie P. *Utopian Thought in the Western World* (Oxford: Basil Blackwell, 1979).

Mason, Laura & Rizzo, Tracey. *The French Revolution: A Document Collection* (Boston: Houghton Mifflin, 1999).

Melzer, Sara & Rabine, Leslie. (eds.) *Rebel Daughters: Women and the French Revolution* (Oxford: Oxford University Press, 1992).

Merriman, John. (ed.) *1830 in France* (New York: New Viewpoints, 1975).

Moon, Joan S. "The Saint-Simonian Association of Working-class Women, 1830~50," in *Proceedings of the Fifth Annual Meetings of the Western Society for French History* (Las Cruces, 1978).

Morsy, Magali. (ed.), *Les Saint-Simoniens et l'Orient: vers la Modernité* (Paris: Edisud, 1989).

Moses, Claire Goldberg & Rabine, Leslie W. (ed.) *Feminism, Socialism, and French Romanticism* (Bloomington: Indiana University Press, 1993).

Moses, Claire G. *French Feminism in the Nineteenth Century* (Albany: State University of New York Press, 1984).

Musso, Pierre. *Saint-Simon et le Saint-Simonisme* (Paris: Éditions Manucius, 2020)

______, *La Réligion du Monde Industriel: Analyse de la Pensée de Saint-Simon* (Paris: Aube, 2006).

Nochlin, Linda. "The Invention of the Avant-Garde: France, 1830~80", *Art Review Annual* Vol. 34 (1968).

Pankhurst, Richard. *The Saint-Simonians, Mill and Carlyle: A Preface to Modern*

Thought (London: Lalibela Books, 1965).

Phillips, Roderick. *Untying the Knot: A Short History of Divorce* (Cambridge: Cambridge University Press, 1991).

Pilbeam, Pamela. *Saint-Simonians in Nineteenth-Century France: From Free Love to Algeria* (London: Palgrave Macmillan, 2014).

Pascal, Ory. *1889, l'Expo universelle, coll. «La mémoire des siècles»* (Bruxelles: Editions Complexe, 1989).

Pétré-Grenouilleau, Olivier. *Saint-Simon: L'Utopie ou la Raison en Actes* (Paris: Biographie Payot, 2001).

Picon, Antoine. *Les Saint-Simoniens: Raison, Imaginaire et Utopie* (Paris: Belin, 2002).

Pinkney, David. *The French Revolution of 1830* (Princeton: Princeton University Press, 1971).

Price, Roger. (ed.) *1848 in France* (Ithaca: Cornell University Press, 1975).

Prochasson, Christophe. *Saint-Simon ou l'anti-Marx. Figures du Saint-Simonisme français, XIXe- XXe siècles* (Paris: Perrin, 2005).

Puryear, Vernon J. *France and the Levant: From the Bourbon Restoration to the Peace of Kutiah* (Berkeley: University of California Press, 1941).

Régnier, Philippe. *Les Saint-Simoniens en Égypte, 1833~1851* (Cairo: Banque de l'Union Européenne, 1989).

______, (ed.) *Regards sur le Saint-Simonisme et les Saint-Simoniens* (Lyon: Presses Université de Lyon, 1986).

Rèmond, Renè. *The Right Wing in France: From 1815 to De Gaulle* (Philadelphia: University of Philadelphia Press, 1966).

Rendall, Jane. *The Origins of Modern Feminism: Women in Britain, France and the United States, 1789~1860* (London: Macmillan, 1985).

Roderick, Phillips. *Untying the Knot: A Short History of Divorce* (Cambridge: Cambridge Univ. Press, 1991).

Said, Edward. *Orientalism* (New York: Vintage Books, 1979)

Sand, George. *Questions d'art et de littérature* (Paris: Calmann-Léky, 1878).

Schwab, Raymond. *The Oriental Renaissance: Europe's Rediscovery of India and the East* (New York: Columbia University Press, 1984), trans. by Gene Patterson-Black &. Bictor Reinking.

Scott, Joan W. *Gender and the Politics of History* (New York: Columbia University Press, 1988).

Sessions, Jennifer E. *By Sword and Plow: France and the Conquest of Algeria* (Cornell: Cornell University Press, 2011).

Sewell, William. *Work & Revolution in France: The Language of Labor From the Old Regime to 1848* (Cambridge: Cambridge University Press, 1980).

Shanley, Mary L. & Pateman, Carole. (eds.) *Feminist Interpretations and Political Theory* (University Park: The Pennsylvania State University Press, 1991).

Silvera, Alain. *Daniel Halévy and His Times: A Gentleman-Commoner in the Third Republic* (Ithaca: Cornell University Press, 1966).

Simitopol, Anca. "The European Union Project of Claude-Henri de Saint-Simon: Between Utopian Imagination and Technocratic Reality," *Sfera Politicii* Vol 22-3 (2014).

Soliani, Riccardo. "Claude-Henri de Saint-Simon: Hierarchical Socialism," *History of Economic Ideas* XVII (2009. 2).

Spitzer, Alan B. *Old Hatreds and Young Hopes: The French Carbonari against Bourbon Restoration* (Cambridge: Harvard University Press, 1971).

______, *The French Generation of 1820* (Princeton: Princeton University Press, 1987).

Swedberg, Richard. "Saint-Simon's Vision of a United Europe," *European Journal of Sociology* Volume 35-1 (May 1994).

Taboulet, Georges. "Le Rôle des Saint-Simoniens dans le Percement de l'Isthme de Suez," *Économies et Sociétés* Tome V, #7 (Jullet 1971).

Talmon, J. L. *Political Messianism: the Romantic Phase* (New York: Frederick A. Praeger, 1960).

Taylor, Barbara. *Eve and the New Jerusalem: Socialism and Feminism in the Nineteenth Century* (New York: Pantheon Books, 1983).

Télmine, Émile. *Un Rêve Méditerranéen: des saint-simoniens aux intellectuels des années trente, 1832~1862* (Paris: Actes sud, 2002).

Thibert, Marquerite. *Le Rôle social de l'art d'après les Saint-Simoniens* (Paris: Marcel Rivière, 1927).

Tocqueville, Alexis de. *Recollections: The French Revolution of 1848* (New Brunswick: Transaction Books, 1990), trans. by George Lawrence.

Tolley, Bruce. "The Social Role of Art and Literature according to the Saint-Simonians, 1825~1833," 옥스퍼드대학 박사학위논문(1967~1968).

Tucker, Reboert C. (ed.) *The Marx-Engels Reader* (New York: W. W. Norton & Company, 1978).

Verdès-Leroux, Jeannine. *Les Français d'Algérie de 1830 à Aujourd'hui: Une page d'histoire déchirée* (Paris: Fayard, 2001).

Weill, George. *L'École Saint-Simonienne: Son Histoire, son Influence jusqu'à nos jours* (Paris: F. Alcan, 1896).

_______, *Un Précurseur Du Socialisme: Henri Saint-Simon et Son Œuvres* (Paris: Perrin et Cie, 1894).

Wilson, Edmund. *To the Finland Station: A Study in the Writing and Acting of History* (New York: The Moonday Press, 1972).

Yacine, Jean-Luc. *La Question sociale chez Saint-Simon* (Paris: L'Harmattan, 2001).

Zeldin, Theodore. *France, 1848~1945: Politics and Anger* (Oxford: Oxford University Press, 1979). 국내 번역본 테오도르 젤딘·김태우 옮김, 『인간의 내밀한 역사』(강, 1999).

Zouache A. "The Political Economy of Saint-Simonism," *History of Economic Ideas* XVII(2) (2009).

______, "Socialism, Liberalism and Inequality: The Colonial Economics of the Saint-Simonians in Nineteenth-Century Algeria," *Review of Social Economy* LXVII(4) (2008).

강인철, 『시민종교의 탄생: 식민성과 전쟁의 상흔』(성균관대학교출판부, 2019).

김영한 엮음, 『서양의 지적 운동 II-르네상스에서 포스트모더니즘까지』(지식산업사, 1998).

김인중, 「1848년 2월 혁명과 공화주의」, 『서양사론』 제51호(1996. 12).

_____, 「1848년 6월봉기와 빠리의 노동자들」, 『서양사연구』 제3집(1982).

노서경, 『알제리전쟁, 1954~1962: 생각하는 사람들의 식민지 항쟁』(문학동네, 2017).

칼 마르크스·김수행 옮김, 『자본론 제III권: 자본주의적 생산의 총과정(하)(비봉출판사, 2004).

_______, 임지현/이종훈 옮김, 『프랑스혁명 3부작』(소나무, 1991).

질 망스롱·우무상 옮김, 『프랑스 공화국 식민사 입문: 인권을 유린한 식민침탈』(경북대학교출판부, 2013).

문지영, 「19세기 파리 로스차일드은행의 설립과 성장」, 『서양사론』 104(2010. 3).

문지영, 「19세기 프랑스 생시몽주의자·엔지니어들의 산업프로젝트-에콜폴리테크닉 출신을 중심으로」, 『프랑스사 연구』 25(2011. 8).

문지영, 「19세기 중반 프랑스 주식합자은행의 출현과 크레디모빌리에(Crédit

Mobilier)」,『프랑스사연구』 26(2012. 2).
존 스튜어트 밀·최명관 옮김,『스튜어트 밀 자서전』(창, 2011).
_______, 서병훈 옮김,『여성의 종속』(책세상, 2006).
박규현.「생시몽의 사상과 유대인들」,『프랑스어문교육』, 33(2010. 2).
박단,「프랑스 내 무슬림 차별 기원으로서의 식민주의 유산-프랑스의 알제리 식민지 동화정책과 시민권 문제를 중심으로」,『통합유럽연구』 11-3(2020. 11).
에드먼드 버크·이태숙 옮김,『프랑스혁명에 관한 성찰』(한길사, 2008).
변기찬,「"페미니즘" 및 "페미니스트" 용어의 기원」,『중앙사론』 18(2003. 12).
로베르 솔레·이상빈 옮김,『나폴레옹 이집트 원정기, 백과전서의 여행 : 파라오의 나라에서 나폴레옹과 167명의 학자들, 1798~1801』(아테네, 2013).
서울대 프랑스사 연구회 엮음,『프랑스 노동운동과 사회주의』(느티나무, 1989).
세이무어 립셋·문지영 외 옮김,『미국 예외주의』(후마니타스, 2006).
이치노카와 야스타카·강광문 옮김,『사회』(푸른역사, 2015).
양재혁,「수잔 부알캥의 이집트 체류-숭고미와 오리엔탈리즘」,『프랑스사연구』 33(2015. 8).
_____.「생시몽(Saint-Simon) 그리고 동양-"정신 진보"의 거대서사와 동양의 부재」,『사림』 45(2013. 6).
_____,「생시몽주의 운동 담론에서의 동양의 여성성(1825~1832년)」,『프랑스사연구』 30(2014. 2).
_____,「앙팡탱주의(Enfantinisme)의 보편적 연합 담론에 관한 연구-동·서양 문명화해 관념을 중심으로」,『서양사론』 123(2014. 12).
_____,「유럽 문명에 대한 앙리 생시몽(Henri Saint-Simon)의 역사 분석」,『서양사론』 127(2015. 12).
_____,「이스마일 위르뱅(Ismaÿl Urbain)의 동양 관련 담론 연구」,『서양사론』 144(2020. 3).
_____,「제3공화국 이전 프랑스의 알제리 '연합' 식민 정책에 대한 소고-바르텔르미 앙팡탱(Barthèlemy Enfantin)의 알제리 식민 이론을 중심으로」,『서양사론』 131(2016. 3).

양희영, 「차이와 평등의 공화국–프랑스의 1848년 혁명과 여성의 정치적, 경제적 권리」, 『서양사론』 133(2017. 6).
_____. 「폴린 롤랑, 19세기 사회주의자 페미니스트의 삶」, 『여성과 사회』 27(2017. 12).
로버트 영·김용규 옮김, 『아래로부터의 포스트식민주의』(현암사, 2013).
오주환 외, 『혁명·사상·사회변동』(경북대학교출판부, 1991).
스테판 욘손·양진비 옮김, 『대중의 역사: 세 번의 혁명 1789, 1889, 1989』(그린비, 2013).
에릭 울프·박광식 옮김, 『유럽과 역사 없는 사람들 : 인류학과 정치경제학으로 본 세계사 1400~1980』(뿌리와이파리, 2015).
육영수, 『지식의 세계사 : 베이컨에서 푸코까지, 지식권력은 어떻게 세계를 지배해 왔는가』(휴머니스트, 2019).
______, 『혁명의 배반, 저항의 기억: 프랑스혁명의 문화사』(돌베개, 2013).
______, 「생시몽주의의 "총체성"과 현실참여, 1828년~32년」, 『서양사론』 47(1995. 12).
______, 「생시몽주의의 페미니즘–3가지 모델」, 『역사학보』 150(1996. 6).
______, 「생시몽주의자들과 1848년 혁명: 두 갈래 길」, 『역사학보』 161(1999. 3).
______, 「생시몽주의자들의 동양관 연구 1825~1850–에밀바로를 중심으로」, 『프랑스사연구』 창간호(1999. 6).
______, 「생시몽주의자들의 사회미학, 1802~1830: 이론」, 『서양사학연구』 7(2002. 12).
이매뉴얼 월러스틴·박구병 옮김, 『근대세계체제 IV: 중도적 자유주의의 승리, 1789~1914년』(까치, 2017).
레이먼드 윌리엄스·김성기 외 옮김, 『키워드』(민음사, 2010).
이민호 외, 『노동계급의 형성: 영국·프랑스·독일·미국에 있어서』(느티나무, 1989).
이삼성, 『제국』(소화, 2015).
이용재, 「나폴레옹의 이집트 원정: 신화와 현실」, 『통합유럽연구』 11-1(2020).
제프 일리·유강은 옮김, 『The Left, 1848~2000: 미완의 기획, 유럽좌파의 역사』(뿌리와이파리, 2008).
디페시 차크라바르티·김택현과 안준범 옮김, 『유럽을 지방화하기: 포스트식민 사상과 역사적 차이』(그린비, 2014).
최갑수, 「문화혁명으로서의 '신기독교론': 생시몽의 사회주의에 대한 하나의 접근」, 『서양사연구』 11(1990).
______, 「생시몽의 계급이론」, 『서양사연구』 2(1980).
______, 「생시몽주의와 전체주의: 생시몽주의자들의 정치사상을 전체주의로 파악하려는 시도에 관한 일고찰」, 『서양사연구』 5(1983).
라이너 촐·최성환 옮김, 『오늘날 연대란 무엇인가: 연대의 역사적 기원, 변천 그리고 전망』(한울, 2008).
미셸 페로·전수연 옮김, 『사생활의 역사 4: 프랑스혁명에서 제1차 세계대전까지』(새물결, 2002).
베르너 콘체·이진모 옮김, 『코젤렉의 개념사 사전 10: 노동과 노동자』(푸른역사, 2014).
E. P. 톰슨·나종일 외 옮김, 『영국 노동계급의 형성』(창비, 2000).
샤를 푸리에·변기찬 옮김, 『사랑이 넘치는 신세계 외』(책세상, 2007).
피에르 조제프 프루동·이용재 옮김, 『소유란 무엇인가』(아카넷, 2003).

찾아보기

ㅇ

ㅈ

ㅎ